Ausgestaltungsformen
der Erwerbsmethode

Regensburger Beiträge zur betriebswirtschaftlichen Forschung

Herausgegeben vom Institut für Betriebswirtschaftslehre
an der Universität Regensburg

Kurt Bohr, Michael Dowling, Jochen Drukarczyk,
Hans Jürgen Drumm, Harald Hruschka, Dirk Meyer-Scharenberg,
Andreas Otto, Klaus Röder, Gerhard Scherrer, Helmut Steckhan

Band 40

PETER LANG

Frankfurt am Main · Berlin · Bern · Bruxelles · New York · Oxford · Wien

Sigrid Kühn

Ausgestaltungsformen der Erwerbsmethode

Eine Analyse unter Berücksichtigung
der Wahlrechte nach IFRS
und der fair value-Bewertung

PETER LANG
Europäischer Verlag der Wissenschaften

Bibliografische Information Der Deutschen Bibliothek
Die Deutsche Bibliothek verzeichnet diese Publikation in der
Deutschen Nationalbibliografie; detaillierte bibliografische
Daten sind im Internet über <http://dnb.ddb.de> abrufbar.

Zugl.: Regensburg, Univ., Diss., 2004

Gedruckt auf alterungsbeständigem,
säurefreiem Papier.

D 355
ISSN 1430-7375
ISBN 3-631-53157-5

© Peter Lang GmbH
Europäischer Verlag der Wissenschaften
Frankfurt am Main 2004
Alle Rechte vorbehalten.

Printed in Germany 1 2 3 4 5   7

www.peterlang.de

Meinen Eltern

Geleitwort

Die Erwerbsmethode gilt als die für die Kapitalkonsolidierung im Rahmen der Aufstellung des Konzernabschlusses maßgebende Methode. Sie geht von der Fiktion aus, dass mit dem Erwerb der Anteile an einem Tochterunternehmen durch das Mutterunternehmen nicht die Anteile, sondern die Vermögensgegenstände und Schulden des Tochterunternehmens erworben wurden. Allerdings bestehen mit dem Proprietary Concept, dem Parent Company Concept und dem Parent Company Extension Concept sowie dem Entity Concept mehrere Varianten der Erwerbsmethode, deren Anwendung bei der Erst-, Folge- und Endkonsolidierung zu unterschiedlichen Darstellungen der Vermögens- und Ertragslage des Konzerns führt. Unterschiede bestehen vor allem bei der Bewertung der Vermögensgegenstände und Schulden, die stille Reserven beinhalten, bezüglich der Höhe eines anzusetzenden Goodwills und Minderheitenanteils. Bei dieser unbefriedigenden Rechtslage setzt die vorliegende Arbeit an.

Die alternativen Ausgestaltungsformen der Erwerbsmethode werden bei Berücksichtigung der Wahlrechte der IFRS und einer fair value-Bewertung aus Sicht der Informationsfunktion des Konzernabschlusses analysiert. Als Grundprinzipien für die Beurteilung einer Erfüllung der Informationsfunktion werden dynamische Stetigkeit und Objektivität festgelegt. Sie werden ergänzt durch die Qualitative Characteristics des Framework des IASB.

Ein Schwerpunkt der Arbeit ist dem Aufzeigen der Folgewirkung unterschiedlicher Konsolidierungsmaßnahmen und Konsolidierungsmethoden gewidmet. Die in der Praxis angewandten und der Untersuchung unterliegenden Erwerbskonzepte lassen sich am besten durch Aufzeigen der unterschiedlichen Wirkungen der Erst- und Folgekonsolidierung auf die im Konzernabschluss dargestellte Vermögens- und Ertragslage des Konzern verdeutlichen. Diesen Weg geht die Verfasserin. Die Analyse der Wirkungen erfolgt unter Berücksichtigung konzerninterner Transaktionen, von Anteilszu- und Anteilsverkäufen sowie bei sonstigen Veränderungen der Anteilsquote.

Mit Blick auf die US-GAAP ist die Beurteilung der theoretisch unterschiedlichen Behandlung eines Goodwills und eines negativen Goodwills von Bedeutung. Bezüglich der Bilanzierung folgt die Arbeit bei positivem und negativem Goodwill dem Objektivierungsprinzip mit Festlegung einer pauschalen Abschreibung bzw. Auflösung. Die vom IASB vorgenommenen Änderungen der Goodwillbilanzierung im Konzernabschluss werden vor allem wegen der Folgebewertung und des asymmetrischen Wertkonzeptes kritisiert.

Eine breite Darstellung und Analyse ist den Wirkungen der Ausübung von Wahlrechten bei Mutter- und Tochterunternehmen auf den Konzernabschluss gewidmet. Die Analyse richtet sich auf die Bewertung des Nettovermögens und des anteiligen Eigenkapitals der einbezogenen Tochterunternehmen unter Berücksichtigung von Wahlrechten. Letztere sind mit der Überarbeitung der IFRS im Rahmen des Improvement Project und durch Änderungen des IAS 39 eingeschränkt bzw. eliminiert worden, so dass einzelne Aussagen zur Wirkung der Ausübung von Bewertungswahlrechten zu relativieren sind.

Mit Blick auf die Tendenz einer zunehmenden fair value-Bewertung wurde das Wertproblem in einen Zusammenhang mit der zentralen Fragestellung nach dem der Informationen Außenstehender am besten dienenden Konzept der Erwerbsmethode gebracht. Dabei werden nicht nur Wege der Angleichung geltender Wertkonzeptionen an den fair value aufgezeigt; die vollständige fair value-Bewertung wird vor allem bei unsicherer Wertbestimmung abgelehnt.

Regensburg, im August 2004   Gerhard Scherrer

Inhaltsverzeichnis

Abbildungsverzeichnis

Abkürzungsverzeichnis

Abschn.	Abschnitt
aEK	anteiliges neubewertetes Eigenkapital
a. F.	alte Fassung
AG	Die Aktiengesellschaft (Zeitschrift)
AHGB	Allgemeines Deutsches Handelsgesetzbuch
AktG	Aktiengesetz
APB	Accounting Principles Board
Art.	Article/Artikel
BB	Betriebs-Berater (Zeitschrift)
Bd.	Band
bearb.	bearbeitet
Beck Bil-Komm	Beck'scher Bilanz-Kommentar
Beck HdR	Beck'sches Handbuch der Rechnungslegung
BFuP	Betriebswirtschaftliche Forschung und Praxis
BGBl.	Bundesgesetzblatt
BGH	Bundesgerichtshof
BHR	Bonner Handbuch Rechnungslegung
BilReG	Bilanzrechtsreformgesetz
BiRiLiG	Bilanzrichtlinien-Gesetz
BMF	Bundesministerium der Finanzen
BMJ	Bundesministerium der Justiz
BR	Bundesrat
BT	Bundestag
CON	Statement of Concepts
c. p.	ceteris paribus
DB	Der Betrieb (Zeitschrift)
DBW	Die Betriebswirtschaft (Zeitschrift)
DCF	Discounted Cashflow
DRS	Deutscher Rechnungslegungsstandard
DRSC	Deutsches Rechnungslegungs Standards Committee e.V.
Drs.	Drucksache
DSR	Deutscher Standardisierungsrat
DStR	Deutsches Steuerrecht (Zeitschrift)
DSWR	Datenverarbeitung, Steuer, Wirtschaft, Recht (Zeitschrift)

EBIT	earnings before interests and tax
ED	Exposure Draft
EG	Europäische Gemeinschaft
EGHGB	Einführungsgesetz zum Handelsgesetzbuche
EStG	Einkommensteuergesetz
EU	Europäische Union
EuGH	Europäischer Gerichtshof
e. V.	eingetragener Verein
EWG	Europäische Wirtschaftsgemeinschaft
F.	Framework
FASB	Financial Accounting Standards Board
Fifo	First in first out
FS	Festschrift
GAAP	Generally Accepted Accounting Principles
GmbH	Gesellschaft mit beschränkter Haftung
GmbHG	GmbH-Gesetz
GoB	Grundsätze ordnungsmäßiger Buchführung
grds.	grundsätzlich
GuV	Gewinn- und Verlustrechnung
HB	Handelsbilanz
HdKR	Handbuch der Konzernrechnungslegung
HdR	Handbuch der Rechnungslegung
HFA	Hauptfachausschuss
HGB	Handelsgesetzbuch
HS	Halbsatz
HWB	Handwörterbuch der Betriebswirtschaft
HWR	Handwörterbuch des Rechnungswesens
HWRP	Handwörterbuch der Rechnungslegung und Prüfung
HzW	Handlexikon zur Wissenschaftstheorie
IAS	International Accounting Standards
IASB	International Accounting Standards Boards
IASC	International Accounting Standards Committee
ICG	Implementation Guidance
IDW	Institut der Wirtschaftsprüfer
IFRS	International Financial Reporting Standards
ifrs-Forum	International Financial Reporting Standards Forum
Iss.	Issue

IStR	Internationales Steuerrecht
i. V. m.	in Verbindung mit
JoA	Journal of Accountancy (Zeitschrift)
JWG	Joint Working Group
Kap.	Kapitel
KGaA	Kommanditgesellschaft auf Aktien
KoR	Kapitalmarktorientierte Rechnungslegung (Zeitschrift)
KP	Kaufpreis
LdR	Lexikon des Rechnungswesens
Lfg.	Lieferung
Lifo	Last in first out
NB	Neue Betriebswirtschaft und betriebswirtschaftliche Datenverarbeitung (Zeitschrift)
No.	Number
o. J.	ohne Jahr
OLG	Oberlandesgericht
Par.	Paragraph
PublG	Publizitätsgesetz
PWC	PricewaterhouseCoopers
ref.	reformatted
RegE	Regierungsentwurf
rev.	revised
ROIC	return on invested capital
Rn.	Randnummer
S.	Satz
SFAS	Statement of Financial Accounting Standards
SIC	Standing Interpretations Committee
Sp.	Spalte
ST	Der Schweizer Treuhänder (Zeitschrift)
StuB	Steuern und Bilanzpraxis (Zeitschrift)
StuW	Steuer und Wirtschaft (Zeitschrift)

Tb.	Teilband
TransPuG	Transparenz- und Publizitätsgesetz
u. a.	und andere
Univ.	Universität

vgl.	vergleiche
Vol.	Volume
Vorbem./Vorb.	Vorbemerkungen

WP	Wirtschaftsprüfer
WPg	Die Wirtschaftsprüfung (Zeitschrift)
WPK-Mitt.	Wirtschaftsprüferkammer-Mitteilung

ZEW	Zukunftserfolgswert
ZfB	Zeitschrift für Betriebswirtschaft (Zeitschrift)
ZfbF	Zeitschrift für betriebswirtschaftliche Forschung (Zeitschrift)
ZGR	Zeitschrift für Unternehmens- und Gesellschaftsrecht (Zeitschrift)
zugl.	zugleich

1. Grundlagen

1.1. Problemstellung und Gang der Untersuchung

Seit einigen Jahren zeigt sich eine Tendenz der weltweiten Annäherung der Konzernrechnungslegungsvorschriften. So beschloss die EU-Kommission im Juni 2002, dass grundsätzlich alle kapitalmarktorientierten EU-Unternehmen ihren Konzernabschluss spätestens ab dem Jahr 2005 nach International Financial Reporting Standards (IFRS) aufstellen müssen.[1]

Aktuell gibt es in den unterschiedlichen Rechnungslegungssystemen verschiedene Methoden zur Konzernabschlusserstellung. Das IASB und das FASB arbeiten an einem gemeinsamen Projekt zur Vereinheitlichung der Konzernrechnungslegung, wobei mehrere Konsolidierungsmethoden diskutiert werden.[2] Die G 4+1 Group of Standard Setters, ein Zusammenschluss von Standardsettern verschiedener Länder, kam in ihrem Projekt zur Angleichung von Konsolidierungsmethoden zu dem Schluss, dass die Anwendung von nur einer Methode, nämlich der Erwerbsmethode, die Zielsetzung von Konzernabschlüssen am besten erfüllt.[3] Die Erwerbsmethode ist die international vorherrschende Methode der Kapitalkonsolidierung. Jedoch wird sie in den einzelnen Rechnungslegungssystemen in unterschiedlichen Ausgestaltungsformen angewandt.

Hier setzt das Promotionsvorhaben an. Ziel der Arbeit ist es, eine Empfehlung abzugeben, in welcher Ausgestaltungsform die Erwerbsmethode anzuwenden ist, damit der Konzernabschluss die ihm zugeschriebene Funktion bestmöglich erfüllen kann.

Die Arbeit gliedert sich in vier Abschnitte:

- Darstellung der Funktionen des Jahres- und des Konzernabschlusses sowie Herleitung von Beurteilungskriterien

- Untersuchung von Ausgestaltungsformen der Erwerbsmethode hinsichtlich der Informationsfunktion des Konzernabschlusses

- Berücksichtigung der Wahlrechte der IFRS

---

[1] Vgl. Europäisches Parlament und Rat der europäischen Union, Verordnung Nr. 1606/2002, 2002, Art. 4.

[2] Vgl. IASB, Business Combinations II, 2004, S. 1 f.

[3] Vgl. IASC, G4+1 Position Paper, 1998, S. iii u. Par. 192.

- Untersuchung der Wirkungen einer fair value-Bewertung im Jahresabschluss auf die Informationsfunktion und auf die Beurteilung der Ausgestaltungsformen der Erwerbsmethode

Ausgangspunkt der Arbeit ist die Rechtslage des HGB und der IFRS als nationales und internationales Regelungswerk, deren aktuelle und künftige Anwendbarkeit im Jahresabschluss und im Konzernabschluss in Deutschland
vorab kurz erläutert werden. Anschließend werden die Funktionen des Jahres-
und des Konzernabschlusses dargestellt und untersucht, inwieweit zwischen
Bewertungs- und Konsolidierungsmethoden und den Funktionen des Jahresabschlusses und Konzernabschlusses ein Zusammenhang besteht. Aus den
Funktionen werden anschließend Kriterien abgeleitet, nach denen spätere Be-
urteilungen vorgenommen werden.

Im zweiten Abschnitt werden zunächst die theoretisch möglichen Ausgestaltungsformen der Erwerbsmethode aus den Konzepten des Konzernabschlusses abgeleitet, die anhand der im ersten Abschnitt ermittelten Kriterien beurteilt werden. Nach diesem theoretischen Teil werden die Regelungen zur Erwerbsmethode des HGB und der IFRS betrachtet. Neben einer Darstellung
der Methoden und deren Unterschiede wird untersucht, welchem Konzept des
Konzernabschlusses sie folgen. Unter Berücksichtigung der Erkenntnisse aus
der Beurteilung der möglichen Ausgestaltungsformen werden Vorschläge für
die Änderung der Regelungen der Konsolidierungsmethoden nach HGB und
nach IFRS formuliert.

Für die Beurteilung der Frage, ob die Anschaffungskostenrestriktion, die nach
HGB noch für die Buchwertmethode gilt, aufgehoben werden sollte, ist es
von Relevanz, nach welchen Regelungen ein negativer Goodwill[4] aufgelöst
wird. Deshalb wird nach Untersuchung möglicher Entstehungsursachen ein
Auflösungskonzept entwickelt. Gleiches Vorgehen wird bezüglich des Goodwills gewählt.

Das IASB führt aktuell das Business Combinations Project zur Verbesserung
der Konzernrechnungslegungsvorschriften durch.[5] Die erste Phase des Projektes endete mit der Verabschiedung des IFRS 3 (2004), IAS 36 (rev. 2004) und
IAS 38 (rev. 2004). Die Darstellung und Beurteilung der Regelungen erfolgt
zunächst auf Grundlage der IFRS vor Beendung der ersten Phase. Die Änderungen der ersten Phase des Business Combinations Project sowie Vorschläge

---

[4] Vgl. Kapitel 3.4.1. für alternative Bezeichnungen.
[5] Vgl. IASB, Business Combinations II, 2004, S. 1.

der zweiten Phase werden danach im Hinblick auf die gewonnenen Erkenntnisse beurteilt. Zudem werden die Vorschläge des Deutschen Standardisierungsrates (DSR) hinsichtlich der handelsrechtlichen Konzernrechnungslegung betrachtet.

Die IFRS weisen viele Wahlrechte auf, die im Jahresabschluss Wirkungen auf die Darstellung der Vermögens-, Finanz- und Ertragslage haben können. Die Aussage trifft auch auf den Konzernabschluss zu. Vor diesem Hintergrund wird im dritten Abschnitt untersucht, inwiefern sich die aus der Alternativenwahl resultierenden Unterschiede im Konzernabschluss durch die Wahl der Ausgestaltungsform der Erwerbsmethode verändern. Als Ausgangssituation werden zwei Konzernabschlüsse betrachtet, die sich nur in einer alternativen Ausübung des betreffenden Wahlrechts unterscheiden. Die Konzernabschlüsse werden nach der unbegrenzten und der beteiligungsproportionalen Neubewertungsmethode, jeweils ohne und mit Anschaffungskostenrestriktion, aufgestellt. Auf diese Weise wird ermittelt, ob die Ausübung der Wahlrechte einen Einfluss auf den Konzernabschluss hat und ob sich dieser Einfluss durch die Anwendung der verschiedenen Kapitalkonsolidierungsmethoden verstärkt, abschwächt oder er von ihnen unberührt bleibt. Betrachtet werden sowohl der Erstkonsolidierungszeitpunkt als auch die Folgeperioden. Ziel ist es, die Beurteilung der Ausgestaltungsformen der Erwerbsmethoden aus dem ersten Abschnitt um eine Berücksichtigung der Wahlrechte der IFRS zu erweitern, um daraus Schlussfolgerungen über die Kapitalkonsolidierungsmethoden hinsichtlich der Informationsfunktion von Konzernabschlüssen zu ziehen. Die Änderungen hinsichtlich der Wahlrechte der am 18. Dezember 2003 im Rahmen des Improvement Project veröffentlichten Standards[6] werden in die Untersuchung einbezogen.

In dem vierten Abschnitt wird eine aktuelle Entwicklung der IFRS in der Untersuchung der Erwerbsmethode berücksichtigt, nämlich die der zunehmenden fair value-Bewertung im Jahresabschluss. Die Entwicklung und deren Wirkungen auf den Konzernabschluss werden untersucht, um die zuvor gezogenen Schlussfolgerungen bezüglich der Ausgestaltungsformen der Erwerbsmethode zu ergänzen.

---

[6] Vgl. IASB, press release, 2003.

1.2. Rechtliche Rahmenbedingungen

Die Verordnung Nr. 1606/2002 des Europäischen Parlaments und des Rates vom Juli 2002 schreibt in Artikel 4 für alle kapitalmarktorientierten Unternehmen in Europa eine verpflichtende Anwendung der IFRS ab dem 1.1.2005 bei der Aufstellung des Konzernabschlusses vor. Für alle anderen Konzernabschlüsse und für den Jahresabschluss enthält die Verordnung ein Wahlrecht, das es den Mitgliedstaaten ermöglicht, die Anwendung der IFRS zu gestatten oder vorzuschreiben. Dabei können für den Jahresabschluss von kapitalmarktorientierten Unternehmen, die einen Konzernabschluss aufstellen, für alle übrigen Jahresabschlüsse und für Konzernabschlüsse, die nicht unter Artikel 4 der Verordnung fallen, unterschiedliche Vorschriften erlassen werden. Eine Übergangsfrist von zwei Jahren zur Konzernabschlussaufstellungspflicht nach IFRS darf für Unternehmen eingeräumt werden, „von denen lediglich Schuldtitel zum Handel in einem geregelten Markt eines Mitgliedstaats im Sinne von Artikel 1 Absatz 13 der Richtlinie 93/22/EWG zugelassen sind oder deren Wertpapiere zum öffentlichen Handel in einem Nichtmitgliedstaat zugelassen sind und die zu diesem Zweck seit einem Geschäftsjahr, das vor der Veröffentlichung dieser Verordnung im Amtsblatt der Europäischen Gemeinschaften begann, international anerkannte Standards anwenden"[7]. Der zweite Teil der Regelung zielt auf Unternehmen ab, die in den USA börsennotiert sind und ihre Konzernabschlüsse nach US-GAAP aufstellen.[8]

Für die Umsetzung der EU-Verordnung in Deutschland liegt ein Referentenentwurf über ein Gesetz zur Einführung internationaler Rechnungslegungsstandards und zur Sicherung der Qualität der Abschlussprüfung (Bilanzrechtsreformgesetz - BilReG) vor. Dieser räumt nicht kapitalmarktorientierten Unternehmen ein Wahlrecht ein, ihren Konzernabschluss nach HGB oder nach IFRS aufzustellen. Lediglich für Konzernabschlüsse von Unternehmen, die den Antrag auf Zulassung zum geregelten Kapitalmarkt bereits gestellt haben, soll die Anwendung der IFRS über die EU-Verordnung hinaus vorgeschrieben werden.[9] Die Übergangsvorschriften wurden aus der EU-Verordnung übernommen.[10] Der Jahresabschluss nach HGB soll bestehen bleiben. Ein nach IFRS aufgestellter Abschluss könne nach Meinung der Bundesregierung den Aufgaben des Jahresabschlusses im Gesellschafts-, Aufsichts- und Steuerrecht nicht gerecht werden. Insbesondere zur Bemessung der Gewinnaus-

---

[7] Europäisches Parlament und Rat der europäischen Union, Verordnung (EG) Nr. 1606/2002, 2002, Art. 9.

[8] Vgl. Herzig/Bär, DB, 2003, S. 1.

[9] Vgl. BMJ, Entwurf BilReG, 2003, S. 9 f.

[10] Vgl. BMJ, Entwurf BilReG, 2003, S. 27.

schüttung als auch für steuerliche Zwecke sei ein HGB-Abschluss weiterhin notwendig. Zudem sei die Aufstellung eines Abschlusses nach IFRS aufwendig und kostenintensiv.[11] Allerdings darf dem Entwurf zufolge ein IFRS-Abschluss zur Erfüllung der Informationsfunktion des Jahresabschlusses aufgestellt werden, der im Handelsregister einzureichen ist und bei großen Kapitalgesellschaften im Bundesanzeiger veröffentlicht wird.[12]

Mittelfristig soll geprüft werden, ob die Pflicht zur Anwendung der IFRS auf Konzernabschlüsse großer, nicht kapitalmarktorientierter Unternehmen ausgeweitet werden soll.[13]

---

[11] Vgl. BMJ, Entwurf, 2003; BMJ/BMF, 2003, Pressemitteilung Nr. 10/03.
[12] Vgl. BMJ, Entwurf BilReG, 2003, S. 16.
[13] Vgl. BMJ/BMF, 2003, Pressemitteilung Nr. 10/03.

2. Jahresabschluss und Konzernabschluss: Funktionen und Bilanzierungsmethoden

2.1. Definition von Bewertungsmethoden und Konsolidierungsmethoden

Das Wort „Bewertungsmethode" besteht aus den Begriffen „Methode" und „Bewertung". Unter „Bewertung" versteht man den „process of determining the monetary amounts at which the elements of the financial statements are to be recognised and carried in the balance sheet and income statement"[14]. „Methode" bezeichnet das einen bestimmten Weg aufzeigende Verfahren, um ein vorgesetztes Ziel zu erreichen. Verbindet man diese beiden Begriffe in dem Wort „Bewertungsmethode", bezeichnet es den Vorgang der Ermittlung des Nominalwertes der Jahresabschlusspositionen, um Addierbarkeit der Positionen zu gewährleisten.

Konsolidierung bezeichnet „die additive Zusammenfassung der einzelnen Jahresabschlusspositionen mehrerer Unternehmen mit anschließender Aufrechnung der aus Rechtsbeziehungen zwischen diesen Gesellschaften entstandenen Jahresabschlusspositionen zur Erstellung eines zusammengefassten Jahresabschlusses"[15]. Konsolidierung bezeichnet somit den Vorgang der Erstellung eines Konzernabschlusses aus den Jahresabschlüssen der in den Konzernabschluss einzubeziehenden Unternehmen unter Eliminierung von innerkonzernlichen Beziehungen. In diesem Zusammenhang können verschiedene Konsolidierungsmaßnahmen unterschieden werden. Die Konsolidierungsmethode bestimmt, nach welchen Regeln die Konsolidierung vorzunehmen ist.[16]

2.2. Funktionen des Jahresabschlusses

„Der Begriff Funktion bezeichnet die einem Teil innerhalb eines geordneten Ganzen (eines Systems) zukommende Aufgabe."[17] Es ist folglich zu untersuchen, welche Aufgaben dem Jahresabschluss im Geflecht zwischen Unternehmensleitung und Unternehmensexternen zukommen, da beide Gruppen Jahresabschlussadressaten darstellen.[18]

---

[14] F.99.
[15] Busse von Colbe/Pellens (Hrsg.), LdR, 1998, S. 413.
[16] Vgl. Küting/Dusemond/Nardmann, BB, 1994, S. 5.
[17] Thiel, in: HzW, 1992, S. 86.
[18] Vgl. Baetge/Thiele, FS Beisse, 1997, S. 13; F.9.

Der Jahresabschluss kann je nach Rechtssystem eine

- Dokumentationsfunktion,
- Ausschüttungsbemessungsfunktion und
- Informationsfunktion haben.[19]

Dokumentation bedeutet „Bündelung von Buchführungszahlen zur Sicherung von Urkundenbeständen gegen nachträgliche Inhaltsänderung im Interesse der Rechtspflege"[20]. In der unterjährigen Buchführung werden Zahlungsvorgänge und Realgüterströme[21] niedergeschrieben, die im Falle von Rechtsstreitigkeiten als Beweismittel eingesetzt werden können.[22] Aus diesem Grund wäre für die Erfüllung des Dokumentationszweckes theoretisch die Buchführung mit einer periodischen Zusammenfassung der Konten in einer Abschlussübersicht ausreichend und kein Jahresabschluss erforderlich.[23]

Dem Jahresabschluss kann eine Ausschüttungsbemessungsfunktion zugewiesen werden und teilweise wird er als Steuerbemessungsgrundlage herangezogen. Letzteres ist im deutschen Recht indirekt der Fall, da die Handelsbilanz grundsätzlich für die Steuerbilanz maßgeblich ist.[24] Nach deutschem Recht hat der Jahresabschluss eine Ausschüttungsbemessungsfunktion. Er dient als Grundlage für die Entscheidung über die Gewinnverwendung.[25] Hintergrund der Ausschüttungsbemessungsfunktion ist der Gläubigerschutzgedanke.[26] Mit der Reglementierung der Ausschüttung wird die Zugriffsmöglichkeit der Anteilseigner auf das Eigenkapital des Unternehmens begrenzt.[27] Allerdings soll

---

[19] Vgl. Coenenberg, Jahresabschluss, 2003, S. 14 f.; Pellens, in: LdR, 1998, S. 367 f.; Ballwieser, FS Clemm, 1996, S. 1; Wysocki, in: HWR, 1993, Sp. 991-993, führt zudem noch die Lenkungsfunktion an, die hier als Zwang zur Selbstinformation zur Informationsfunktion gezählt wird; lediglich von einer Ausschüttungsbemessungs- und Informationsfunktion sprechen: Siepe, FS Kropff, 1997, S. 624 f.; Wagner, Zfbf, 1982, S. 749; Egner, Bilanzen, 1974, S. 11 f. u. 18, der die Dokumentationsfunktion diskutiert und ablehnt.

[20] Stützel, ZfB, 1967, S. 314.

[21] Vgl. Baetge/Kirsch, in: HdR, 2003, Kap. 4 Rn. 30.

[22] Vgl. Leffson, GoB, 1987, S. 48.

[23] Vgl. Egner, Bilanzen, 1974, S. 18.

[24] Vgl. § 5 I EStG.

[25] Vgl. § 58 AktG für die AG, § 278 III i. V. m. § 58 AktG für die KGaA, § 29 I GmbHG für die GmbH.

[26] Vgl. Ballwieser, FS Clemm, 1996, S. 8; Stützel, Zfb, 1967, S. 324.

[27] Vgl. Leffson, GoB, 1987, S. 52.

nach deutschem Recht auch eine Mindestausschüttung an die Anteilseigner gewährleistet werden.[28]

Im deutschen Recht soll die Ausschüttungsbegrenzung durch die Orientierung am Vorsichtsprinzip,[29] das im Realisations- und Imparitätsprinzip (§ 252 I Nr. 4 HGB) seinen Ausdruck findet, gewährleistet werden.[30] Die Prinzipien haben Einfluss auf die Bewertung von Vermögensgegenständen, da das Anschaffungswertprinzip, das nach Interpretation des HGB das Realisationsprinzip konkretisiert, die Anschaffungs- bzw. Herstellungskosten, vermindert um Abschreibungen nach § 253 II und III HGB, als Wertobergrenzen von Vermögensgegenständen festlegt (§ 253 I S. 1 HGB).[31] Weitere Bewertungsprinzipien sind das Niederstwertprinzip auf der Aktivseite und das Höchstwertprinzip auf der Passivseite, die das Imparitätsprinzip konkretisieren.[32] Bewertungsregeln spielen demnach im Rahmen der Ausschüttungsbemessungsfunktion eine Rolle.

Die IFRS weisen dem Jahresabschluss keine direkte Ausschüttungsbemessungsfunktion zu.[33] Gläubigerschutz soll durch die Bereitstellung von Informationen über das Unternehmen gewährleistet werden,[34] so dass sich Kreditoren privatrechtlich in ihren Verträgen absichern können und eine Grundlage für Kreditvergabeentscheidungen haben.[35]

Demnach ist die Hauptaufgabe eines nach IFRS aufgestellten Jahresabschlusses die Vermittlung von Informationen.[36] Auch nach deutschem Recht spielt die Informationsfunktion eine Rolle.[37] Ihr Hauptziel ist die Vermittlung von Informationen an unternehmensexterne Adressaten.[38] Darunter fallen Gläubi-

---

[28] Vgl. Moxter, Bilanzlehre, 1976, S. 56; für eine Aufzählung von Normen, die eine Mindestausschüttung gewährleisten vgl. Pfitzer/Oser, in: HdR, 2003, Kap. 2 Rn. 9.

[29] Vgl. Kübler, FS Budde, 1995, S. 363 f.

[30] Vgl. § 252 I Nr. 4 HGB; Hense/Geißler, in: Beck Bil-Komm., 2003, § 252 Rn. 29.

[31] Vgl. Karrenbauer/Döring/Buchholz, in: HdR, 2003, § 253 Rn. 7; Selchert, in: HdR, 2003, § 252 Rn. 101.

[32] Vgl. ausführlicher hierzu Moxter, in: HWRP, 2002, Sp. 1047-1049.

[33] Vgl. Baetge/Thiele, FS Beisse, 1997, S. 17.

[34] Vgl. F.10; Niehues, WPg, 2001, S. 1219.

[35] Vgl. Wüstemann, WPg, 1996, S. 424; Kübler, FS Budde, 1995, S. 369, in Bezug auf die US-GAAP.

[36] Vgl. F.10.

[37] Vgl. Moxter, FS Heigl, 1995, S. 31; Ballwieser, FS Wittmann, 1985, S. 21; Leffson spricht von Rechenschaft, was aber weitgehend der Informationsfunktion entspricht, vgl. Leffson, GoB, 1987, S. 55-58.

[38] Vgl. Leffson, GoB, 1987, S. 55 f.

ger, von der Geschäftsführung ausgeschlossene Eigentümer, Arbeitnehmer und Marktpartner.[39] Zwischen unternehmensinternen und -externen Personen besteht auf Grund der Unvollkommenheit der Kapitalmärkte ein Informationsgefälle, das durch die Informationsvermittlung des Jahresabschlusses abgeschwächt werden soll, um Ineffizienzen in der Funktionsweise des Kapitalmarktes zu mildern[40] und agency costs, die aus der Trennung und den unterschiedlichen Interessen von Kapitalgebern und Unternehmensleitung resultieren, möglichst gering zu halten.[41] Insbesondere bei Aktiengesellschaften findet man vielfach eine Trennung von Kapitalgebern und Unternehmensleitung.

Die Informationen sind darauf gerichtet, den Adressaten als Grundlage für Entscheidungen zu dienen,[42] so dass sie anhand der veröffentlichten Daten künftige Entwicklungen des Unternehmens prognostizieren können.[43] Allerdings haben die genannten Adressatenkreise in der Regel unterschiedliche Entscheidungen zu treffen und somit unterschiedliche Informationsbedürfnisse.[44]

Die Informationsvermittlung des Handelsrechts ist darauf gerichtet, „ein den tatsächlichen Verhältnissen entsprechendes Bild der Vermögens-, Finanz- und Ertragslage zu vermitteln"[45]. Die Vermögenslage gibt Auskunft über die Zusammensetzung und Höhe des Vermögens sowie über dessen Finanzierung.[46] Die Höhe des bilanziellen Vermögens hängt von den Regelungen zum einen hinsichtlich des Ansatzes und zum anderen hinsichtlich der Bewertung der angesetzten Posten ab.

Die Finanzlage informiert über Kapitalherkunft und -verwendung, die Fristigkeit des Kapitals sowie über die Liquidität eines Unternehmens. Anhand einer Analyse der Liquidität lässt sich feststellen, ob das Unternehmen seinen Zahlungsverpflichtungen nachkommen kann. Ein umfassender Einblick in die Finanzlage müsste folglich auch Informationen über die künftige Zahlungsfähigkeit des Unternehmens beinhalten, die von dem nach allgemeiner Auffas-

---

[39] Vgl. Baetge/Thiele, FS Beisse, 1997, S. 13; ähnliche Aufzählung in Leffson, GoB, 1987, S. 56; F.9.

[40] Vgl. Baetge/Thiele, FS Beisse, 1997, S. 16.

[41] Vgl. Drukarczyk, Finanzierung, 2003, S. 230-232.

[42] Vgl. Ballwieser, FS Clemm, 1996, S. 8.

[43] Vgl. Coenenberg/Haller, FS Witte, 1993, S. 567.

[44] Für eine umfassende Darstellung der verschiedenen Informationsbedürfnisse vgl. Rentschler, Kapitalkonsolidierung, 1988, S. 29-53; Egner, Bilanzen, 1974, S. 24-38.

[45] §§ 264 II S. 1 (Jahresabschluss), 297 II S. 1 (Konzernabschluss) HGB.

[46] Vgl. Baetge/Zülch, in: HWRP, 2002, Sp. 2519-2521.

sung vergangenheitsorientierten Jahresabschluss nicht geliefert werden. Tat-sächlich ist die einzige rein vergangenheitsbezogene Position des Jahresab-schlusses die Position Kassenbestand, die übrigen Positionen enthalten An-nahmen über künftige Entwicklungen, wie es sich bei Rückstellungen deutlich zeigt. Jedoch lässt der Jahresabschluss trotz seiner zukunftsbezogenen Be-standteile keine unmittelbaren Rückschlüsse auf die künftige Zahlungsfähig-keit zu. Es fehlen zum einen wichtige Informationen, zum anderen sind die Annahmen des Managements, auf denen zum Beispiel die Rückstellungsbe-wertung basiert, nicht vollständig aus dem Jahresabschluss ablesbar.

Um Prognosen anstellen zu können, sind Finanzpläne oder prospektive Kapi-talflussrechnungen notwendig,[47] die jedoch nicht Teil des Jahresabschlusses sind. Die Kapitalflussrechnung stellt Zahlungsmittelbestände sowie Ein- und Auszahlungen, also pagatorische Größen,[48] dar. Diese hängen nicht von Be-wertungsmethoden ab, es sei denn die Bewertung der in der Bilanz ange-setzten Posten beeinflusst den ausschüttbaren und in der Folge den ausge-schütteten Gewinn. Ebenso wird die Kapitalfristigkeit nicht durch Bewer-tungsmethoden beeinflusst.

Die Ertragslage gibt Auskunft über die Veränderung des Reinvermögens in einer bestimmten Periode, also über den Periodenerfolg.[49] Da die Höhe des Vermögens durch Bewertungsmethoden beeinflusst wird, gilt diese Aussage auch hinsichtlich der Änderung des Reinvermögens. Bewertungsmethoden beeinflussen folglich die Vermögens- und Ertragslage über die der Jahresab-schluss im Rahmen der Informationsfunktion informieren soll.

Analog zum HGB ist es Ziel der IFRS, Informationen über „the financial po-sition, performance and changes in financial position of an enterprise"[50] zu geben und ein „true and fair view" der Unternehmenslage zu vermitteln.[51]

Fraglich ist, ob der Jahresabschluss der Informationsfunktion gerecht werden kann. Es wird kritisiert, dass er auf Grund seiner Vergangenheitsorientierung nicht als Grundlage für künftige Entscheidungen herangezogen werden

---

[47] Vgl. Baetge/Commandeur, in: HdR, 2003, § 264 Rn. 24-28; Leffson, GoB, 1987, S. 81.
[48] Vgl. Busse von Colbe/Pellens (Hrsg.), LdR, 1998, S. 533.
[49] Vgl. Baetge/Commandeur, in: HdR, 2003, § 264 Rn. 16-20; Hense/Schellhorn, in: Beck Bil-Komm., 2003, § 264 Rn. 37.
[50] F.12.
[51] Vgl. Strobl, FS Clemm, 1996, S. 392.

könne.[52] Wie oben erwähnt ist der Jahresabschluss nicht rein vergangenheits-bezogen. Zudem ist es nicht Anspruch des Jahresabschlusses, Prognosen über künftige Ereignisse zu liefern, sondern Daten zu vermitteln, die der Adressat zu Prognosen über die Zukunft verarbeiten kann. Allerdings können die Daten des Jahresabschlusses durch Vorgaben der jeweiligen Rechnungslegungssysteme verzerrt werden.[53] Zum Beispiel verbietet das HGB gemäß § 253 I S. 1 HGB eine Bewertung von Vermögensgegenständen oberhalb der Anschaffungs- bzw. Herstellungskosten, vermindert um Abschreibungen nach § 253 II und III HGB, auch wenn ihr Wert über diesen liegt.

Die Informationsvermittlung ist Hauptfunktion der IFRS, wohingegen die Normen des HGB neben der Informationsvermittlung auch dem Gläubigerschutz dienen. Es stellt sich die Frage, in welchem Verhältnis die beiden Funktionen zueinander stehen. Im Hinblick auf die Ausschüttungsbemessungsfunktion soll der Jahresabschluss einen vorsichtig bemessenen Gewinn ermitteln, was dem Kaufmann die Möglichkeit eröffnet, sich ärmer zu rechnen als er tatsächlich ist.[54] Als Folge des Vorsichtsprinzips dürfen keine unrealisierten Marktwertsteigerungen, mit Ausnahme von Wertaufholungen, am Vermögen ausgewiesen werden.[55] Es besteht folglich ein Zielkonflikt zwischen Ausschüttungsbemessungs- und Informationsfunktion, der nicht abschließend geklärt ist. Traditionell wurde dem Gläubigerschutz (Ausschüttungsbemessungsfunktion) Priorität eingeräumt.[56] Allerdings wird in der modernen Literatur eine Vorrangigkeit der Informationsfunktion vertreten[57] oder zumindest eine Gleichrangigkeit beider Funktionen angenommen.[58] In der Abkopplungsthese wird der Zielkonflikt bestritten. Danach bestimmt der Jahresabschluss einen ausschüttbaren Betrag unter Berücksichtigung des Gläubi-

---

[52] Vgl. Schneider, Betriebswirtschaftslehre, Bd. 2, 1997, S. 201 f.; Krumnow, FS Moxter, 1994, S. 695.

[53] Vgl. Schneider, Betriebswirtschaftslehre, Bd. 2, 1997, S. 201 f.; Leffson, GoB, 1987, S. 69 f.

[54] Vgl. Hense/Schellhorn, in: Beck Bil-Komm., 2003, § 264 Rn. 44; Claussen, FS Kropff, 1997, S. 441.

[55] Vgl. Berger/Schramm/M. Ring, in: Beck Bil-Komm., 2003, § 253 Rn. 16; zur Wertaufholung vgl. § 280 HGB.

[56] Vgl. Hense/Schellhorn, in: Beck Bil-Komm., 2003, § 264 Rn. 35; Beisse, FS Müller, 2001, S. 741-744; Claussen, FS Kropff, 1997, S. 441; Ballwieser, FS Clemm, 1996, S. 4-6; Beisse, FS Beusch, 1993, S. 82; Moxter, Bilanzlehre, Bd. II, 1986, S. 17 f.; Moxter, Bilanzlehre, Bd. I, 1984, S. 156-159.

[57] Vgl. F.10; CON1.9; Raupach, FS Müller, 2001, S. 811-813; Budde, FS Clemm, 1996, S. 88 f.; Strobl, FS Clemm, 1996, S. 408; Kübler, FS Budde, 1995, S. 367.

[58] Vgl. Baetge/Thiele, FS Beisse, 1997, S. 19 f.; Claussen, FS Kropff, 1997, S. 443; Deutscher Bundestag, Drucksache 10/317, 1983, S. 76.

gerschutzes und zur Erfüllung der Informationsfunktion können Angaben im Anhang gemacht werden.[59] Informationsvermittlung und Erfolgsermittlung zur Ausschüttungsbemessung stellen keine rein konfliktionären Ziele dar. Die Erfolgsermittlung dient auch der Information von Jahresabschlussadressaten.[60]

Ein Ansatz sowohl die Informations- als auch die Ausschüttungsbemessungsfunktion des Jahresabschlusses zu berücksichtigen wurde im Zuge der Aktienrechtsreformen von 1959 und 1965[61] unter den Schlagwörtern der „gläsernen aber verschlossenen Taschen" diskutiert. Es wurde ein „echter Gewinnausweis" durch die Einschränkung der Bildung von stillen Reserven vorgeschlagen. Um eine übermäßige Ausschüttung von Kapital zu verhindern, sollte im Gegenzug die Gewinnverteilungskompetenz von der Hauptversammlung auf den Vorstand und Aufsichtsrat übergehen.[62]

Eine andere Möglichkeit ist es, den Jahresabschluss primär hinsichtlich der Informationsfunktion auszurichten und den verteilbaren Gewinn mittels zusätzlicher Vorschriften zu bestimmen. Diese Idee wurde in den USA umgesetzt, wobei die Regelungsbefugnis hinsichtlich des ausschüttbaren Betrages bei den Einzelstaaten liegt. Die Ermittlung des verteilbaren Betrages orientiert sich zwar am Ergebnis des Konzernabschlusses, allerdings müssen noch weitere Rechnungen durchgeführt werden, um den ausschüttbaren Betrag zu bestimmen. Die Anteilseigner haben grundsätzlich keinen Anspruch auf eine Dividendenzahlung. So sieht der Revised Model Business Corporation Act, den 31 Einzelstaaten grundsätzlich übernommen haben, ein zweistufiges Verfahren vor. Zum einen ist ein Insolvenztest vorgeschrieben, der sicherstellt, dass das Unternehmen durch die Ausschüttung nicht insolvent wird und zum anderen muss ein Bilanztest durchgeführt werden. Dieser sieht vor, dass maximal der Betrag ausgeschüttet werden darf, um den die assets die Summe des Fremdkapitals zuzüglich der bei Auflösung der Gesellschaft zu zahlenden Vorzugsdividenden (preferential rights) übersteigen.[63]

Dem gleichen Ansatz, wie er den Regelungen in den USA zugrunde liegt, folgt der Vorschlag der Bundesregierung zur Umsetzung der Verordnung Nr. 1606/2002. Er sieht ebenso eine mögliche Trennung der Erfolgsermittlung

---

[59] Vgl. Moxter, FS Budde, 1995, S. 426 f.; Moxter, BB, 1970, S. 1630 f.
[60] Vgl. Leffson, GoB, 1987, S. 60 f.
[61] Vgl. Ballwieser, FS Clemm, 1996, S. 6.
[62] Vgl. Kronstein/Claussen, Publizität, 1960, S. 136-139.
[63] Vgl. Wüstemann, WPg, 1996, S. 424-427; Merkt, Gesellschaftsrecht, 1991, Rn. 454 u. 456-464.

und der Ermittlung der Ausschüttungsbemessungsgrundlage vor. Der HGB-
Abschluss soll zur Erfüllung der Ausschüttungsbemessungsfunktion bestehen
bleiben. Zur Erfüllung der Informationsfunktion darf ein Abschluss nach
IFRS aufgestellt werden.[64]

2.3. Funktionen des Konzernabschlusses

Hauptfunktion des Konzernabschlusses ist die Informationsvermittlung. Dabei hat er den Jahresabschluss zu ergänzen, aber auch selbständig Informationen zu vermitteln.[65] Die Ergänzung ist notwendig, da eine reine Addition der
Einzelabschlüsse auf Grund von innerkonzernlichen Beziehungen nicht die
wirtschaftliche Lage des Konzerns wiedergibt.[66]

Weder nach deutschem Recht noch nach IFRS dient der Konzernabschluss als
Ausschüttungsbemessungsgrundlage. Er kann bei Ausschüttungsentscheidun-
gen insofern berücksichtigt werden,[67] als aus Konzernsicht nicht erwirtschaftete Gewinne, die durch Lieferungen zwischen Konzernunternehmen entstanden sind, nicht an die Anteilseigner verteilt werden.[68]

2.4. Herleitung von Beurteilungskriterien

Der Jahresabschluss kann in Abhängigkeit von dem jeweiligen Rechnungsle-
gungssystem eine Ausschüttungsbemessungs- und Informationsfunktion haben, wohingegen der Konzernabschluss nur der Informationsvermittlung
dient. Informationen haben keinen absoluten Wert, wie die umstrittene[69]
Definition als „zweckorientiertes Wissen"[70] impliziert. Untersuchungen haben
ergeben, dass Jahresabschlussadressaten Informationen zu unterschiedlichen

---

[64] Vgl. BMJ, Entwurf BilReG, 2003, S. 16.

[65] Vgl. Kropff, FS Claussen, 1997, S. 665-670.

[66] Vgl. Baetge/Kirsch/Thiele, Konzernbilanzen, 2002, S. 34 f.; Adler/Düring/Schmaltz,
1996, Vorbem. zu §§ 290-315 HGB Rn. 12 f.; Deutscher Bundestag, Drucksache 4/171,
1962, S. 241.

[67] Vgl. Förschle/Kroner, in: Beck Bil-Komm., 2003, § 297 Rn. 1; Adler/Düring/Schmaltz,
1996, Vorbem. zu den §§ 290-315 HGB Rn. 15 f.; Kropff (Hrsg.), AktG a. F. Textausgabe, 1965, S. 437.

[68] Vgl. Baetge/Kirsch/Thiele, Konzernbilanzen, 2002, S. 32-34; IDW (Hrsg.), WP-Handbuch, Bd. I, 2000, M Rn. 3.

[69] Zur Kritik vgl. Schneider, Entscheidungstheorie, 1995, S. 49.

[70] Wittmann, Information, 1959, S. 14; vgl. auch Zdrowomyslaw, Jahresabschlussanalyse,
2001, S. 29.

Zwecken benötigen[71] und somit Informationen für sie von unterschiedlichem Nutzen sind. Eine Information hat bezogen auf ihren Adressaten dann einen Nutzen, wenn sie „die Alternativenauswahl des Entscheidenden beeinflussen kann"[72], also entscheidungsrelevant ist. Entscheidungen gehen dem Handeln voraus, sie sind also zukunftsgerichtet. Dafür müssen Prognosen über die Zukunft angestellt werden, indem vorhandenes Wissen ausgewertet wird.[73] Um auf der Grundlage von Jahresabschlussdaten Prognosen anstellen zu können, ist die Entwicklung der Daten über mehrere Perioden zu analysieren, wie es bei der Diskriminanzanalyse der Fall ist. Die Betrachtung von nur einem Jahresabschluss kann zu Verzerrungen führen.[74] Voraussetzung einer mehrperiodischen Analyse ist die Vergleichbarkeit der Daten im dynamischen Sinne, also im Zeitablauf. Um die Jahresabschlüsse verschiedener Unternehmen analysieren zu können, muss auch die Vergleichbarkeit im statischen Sinne, also zwischen verschiedenen Unternehmen bzw. Konzernen gewährleistet sein.[75] Vergleichbarkeit ist eine Voraussetzung dafür, dass Informationen entscheidungsrelevant sind. Die Vergleichbarkeit kann somit als Beurteilungskriterium für Bewertungs- bzw. Konsolidierungsmethoden aufgenommen werden.

Aus der Vorgabe, dass der Jahresabschluss ein zutreffendes Bild der wirtschaftlichen Lage des Unternehmens zu vermitteln hat, kann gefolgert werden, dass die Abbildung der Realität im Jahresabschluss wahr sein muss, also in „Übereinstimmung mit den Tatsachen"[76]. Es lässt sich jedoch nicht feststellen, ob und wann der Jahresabschluss ein „wahres" Bild der tatsächlichen Lage wiedergibt.[77] Es existiert zum Beispiel kein wahrer Wert eines Vermögensgegenstandes oder asset.[78] Bewertungen sind immer subjektiv.[79]

Dagegen ist nachprüfbar, ob die Geschäftsvorfälle in Bezug auf festgelegte Regeln richtig abgebildet wurden.[80] Allerdings kann die Forderung nach Richtigkeit nicht als Beurteilungskriterium für Bewertungs- und Konsolidierungsmethoden verwendet werden. Es kann lediglich überprüft werden, ob

---

[71] Vgl. Rentschler, Kapitalkonsolidierung, 1987, S. 29-53; Egner, Bilanzen, 1974, S. 24-38.

[72] Löbler, in: LdR, 1998, S. 212.

[73] Vgl. Schneider, Entscheidungstheorie, 1995, S. 1 u. 69.

[74] Vgl. Bleier, Insolvenzfrüherkennung, 1985, S. 3.

[75] Vgl. Baetge/Kirsch, in: HdR, 2003, Kap. 4 Rn. 66; F.39; Leffson, GoB, 1987, S. 186 u. 426-428.

[76] Popper, Logik, 1989, S. 219.

[77] Vgl. zur Diskussion des Prinzips der Bilanzwahrheit: Leffson, GoB, 1987, S. 193-200.

[78] Vgl. Zdrowomyslaw, Jahresabschlussanalyse, 2001, S. 328.

[79] Vgl. Henselmann, Unternehmensrechnungen, 1999, S. 19.

[80] Vgl. Leffson, GoB, 1987, S. 193-200.

Geschäftsvorfälle gemäß der geltenden Bewertungs- und Konsolidierungsmethoden richtig abgebildet wurden, jedoch können die Regelungen selber
nicht auf Richtigkeit überprüft werden. Es fehlt eine Vergleichsgröße.

Richtigkeit umfasst auch Objektivität, was bedeutet, dass eine Information
nachprüfbar sein muss.[81] Eine Information hat „für den Informationsempfän-
ger nur dann einen Wert, wenn der Empfänger sie für glaubwürdig hält"[82].
Nur wenn bekannt ist, nach welchen Regeln Jahresabschlussdaten ermittelt
wurden und man die Regeln nachvollziehen kann, die Ermittlung also nicht
von subjektiven Wertvorstellungen abhängt,[83] ist eine Information „glaubhaft". Das Kriterium der Objektivität stellt damit ein Beuteilungskriterium für
Bewertungs- und Konsolidierungsmaßnahmen dar.

Allerdings findet der Grundsatz der Objektivität dort eine Grenze, wo eine
Datenermittlung nicht unabhängig von subjektiven Einschätzungen möglich
ist, wie es bei der Rückstellungsbewertung für einmalige Prozesse der Fall
sein kann. In solchen Fällen wird gefordert, dass zumindest die Abbildung der
Realität im Jahresabschluss nach Einschätzung des Bilanzierenden zutreffend
sein muss, was mit Willkürfreiheit bezeichnet wird.[84] Dieser Begriff ist nicht
zutreffend, da mit der Bilanzierung eine bestimmte Strategie verfolgt wird
und die Datenermittlung und -festsetzung in den wenigsten Fällen willkürlich
ist. Zudem lässt sich auf Grund der subjektiven Komponente die Datenermittlung eben nicht überprüfen. Somit eignet sich die Willkürfreiheit nicht als
Kriterium zur Beurteilung von Informationen.

Damit eine Information glaubhaft ist, muss sie dem Grundsatz der Vollständigkeit genügen. Vollständigkeit bedeutet zum einen die Erfassung aller buchungspflichtigen Vorgänge,[85] zum anderen die Verarbeitung aller verfügbaren Informationen.[86] Ein Konflikt zwischen der Forderung nach Vollständigkeit und dem Grundsatz der Objektivität kann dann entstehen, wenn Vorgänge nicht objektiv erfassbar sind. So kann sich die Frage stellen, ob nicht
hinreichend objektiv bewertbare Vermögensposten angesetzt werden dürfen.[87]
In den obigen Ausführungen fehlt ein Kriterium, das Informationen hinsichtlich ihrer Aussagefähigkeit beurteilt. Aussagefähigkeit an sich ist nicht mess-

---

[81] Vgl. Popper, Logik, 1989, S. 18.

[82] Franke/Laux, NB, 1970, S. 4; vgl. auch Moxter, Bilanzlehre, 1976, S. 433.

[83] Vgl. Leffson, GoB, 1987, S. 81 f.

[84] Vgl. Baetge/Kirsch, in: HdR, 2003, Kap. 4 Rn. 65; Leffson, GoB, 1987, S. 202 f.

[85] Vgl. Coenenberg, Jahresabschluss, 2003, S. 39.

[86] Vgl. Moxter, FS Leffson, 1976, S. 92.

[87] Vgl. Moxter, Bilanzlehre, Bd. II, 1986, S. 21.

bar.[88] Hilfsweise kann die Eignung von Informationen als Grundlage zum Treffen von Entscheidungen herangezogen werden. „Information can make a difference to decisions by improving decision makers' capacities to predict or by confirming or correcting their earlier expectations."[89] Danach kann eine Information nach ihrem predictive value, also ihrer Eignung als Grundlage für Prognosen, und ihrem feedback value, ihrer Fähigkeit schon angestellte Prognosen über künftige Ereignisse zu bestätigen oder zu korrigieren, beurteilt werden.[90] Problematisch an den Kriterien ist, dass sie adressatenbezogen sind und unterschiedliche Jahresabschlussleser unterschiedliche Entscheidungen zu treffen haben und dafür verschiedene Prognosen anstellen und Annahmen treffen. Vereinfachend werden Investoren stellvertretend für alle Jahresabschlussadressaten betrachtet. Man kann der Annahme der IFRS folgen, dass die Informationsbedürfnisse der Investoren einen Großteil der Informationsbedürfnisse der übrigen Jahresabschlussadressaten abdecken.[91]

Zwischen dem predictive und feedback value und der Objektivität kann es zu einem ähnlichen Konflikt wie zwischen den Grundsätzen der Objektivität und der Vollständigkeit kommen, wenn eine grundsätzlich entscheidungsrelevante Information nicht intersubjektiv nachprüfbar ermittelbar ist.[92] Der predictive und feedback value von nicht objektivierbaren Daten ist nicht zwingend gewährleistet. Eine subjektive Beeinflussung der Jahresabschlussdaten kann zu Prognosen der Adressaten führen, die bei Kenntnis des Vorgehens hinsichtlich der Datenbeschaffung so nicht angestellt werden würden. Folglich ist dem Kriterium der Objektivität Vorrang vor den Kriterien des predictive und des feedback value zu geben. Nach obigen Erläuterungen ist die Entscheidungsrelevanz von Informationen, die das Kriterium der Objektivität nicht erfüllen, eingeschränkt. Dem Kriterium Objektivität wird deshalb Vorrang vor dem Kriterium der Vollständigkeit gegeben.

Weitere Kriterien für die Beurteilung von Informationen können Aktualität und Kosten-Nutzen-Überlegungen sein. Aktualität stellt eine Einschränkung des Grundsatzes der Vollständigkeit dar. Die Beschaffung und Verarbeitung aller Informationen beansprucht Zeit, was zu Lasten der Aktualität geht.[93] Auch Kosten-Nutzen-Überlegungen schränken die genannten Kriterien ein. Es muss abgewogen werden, ob der Informationsnutzen, der allerdings nicht

---

[88] Vgl. F.44; CON2.135 u. 138; Baetge/Kirsch, in: HdR, 2003, Kap. 4 Rn. 73.

[89] CON2.51.

[90] Vgl. F.26; CON2.51-53.

[91] Vgl. F.10.

[92] Vgl. Pellens, Internationale Rechnungslegung, 2001, S. 140.

[93] Vgl. F.43 f.

messbar ist, höher ist als die Kosten, die bei der Datenbeschaffung und -auswertung entstehen.[94]

Die Herleitung der Beurteilungskriterien erfolgte auf Grundlage der Zielsetzung des Konzernabschlusses nach HGB und nach IFRS, jedoch unabhängig von den Rechnungslegungssystemen. Mittels der Kriterien wird beurteilt, inwieweit Konsolidierungs- und Bewertungsmethoden die Informationsfunktion, die dem Konzernabschluss sowohl nach HGB als auch nach IFRS zukommt, erfüllen. Die definierten Kriterien sollen somit nicht gegen Grundsätze des HGB und der IFRS verstoßen.

Im deutschen Recht ist der Grundsatz der Vergleichbarkeit Bestandteil der Grundsätze ordnungsmäßiger Buchführung.[95] Aus ihm folgt der Grundsatz der Stetigkeit, der im HGB als Grundsatz der formellen Bilanzkontinuität,[96] als Bewertungsstetigkeit (§ 252 I Nr. 1 und 6 HGB) und für Konzernabschlüsse als Stetigkeit von Konsolidierungsmethoden (§ 297 III S. 2 HGB) kodifiziert ist. Zudem ist die Abgrenzung des Konsolidierungskreises stetig vorzunehmen, was aus der Generalnorm des § 297 II S. 2 HGB gefolgert wird.[97]

Die Forderung der Objektivität ist in den Grundsätzen ordnungsmäßiger Buchführung im Grundsatz der Richtigkeit und der Willkürfreiheit implizit enthalten. Richtigkeit ist in Bezug auf die Führung von Handelsbüchern in § 239 II HGB kodifiziert.[98] Vor dem In-Kraft-Treten des HGB wurde der Grundsatz der Bilanzwahrheit[99] auf Bewertungen in dem Sinne angewandt, dass Bilanzposten weder unter- noch überbewertet werden durften, sondern zum „gemeinen Wert" zu bilanzieren waren.[100] Eine so verstandene Bewer-

---

[94] Vgl. F.44; CON2.135 u. 138.

[95] Vgl. Baetge/Kirsch, in: HdR, 2003, Kap. 4 Rn. 66; Zdrowomyslaw, Jahresabschlussanalyse, 2001, S. 132; Leffson bezeichnet den Grundsatz der Vergleichbarkeit als allgemeine Voraussetzung für die Aufstellung von Jahresabschlüssen, was eine Vorstufe der Grundsätze ordnungsmäßiger Buchführung darstellt, vgl. Leffson, GoB, 1987, S. 180 u. 186.

[96] Vgl. Hense/Geißler, in: Beck Bil-Komm., 2003, § 252 Rn. 3.

[97] Vgl. Claussen/Scherrer, in: Kölner Kommentar zum AktG, 2000, § 297 Rn. 103.

[98] Vgl. Baetge/Kirsch, in: HdR, 2003, Kap. 4 Rn. 59.

[99] Dieser Grundsatz wird hier als Grundsatz der Richtigkeit interpretiert, da die Forderung nach Wahrheit in dem Sinne, dass die Abbildung im Jahresabschluss der Wirklichkeit entspricht nicht einhaltbar ist, vgl. Schneider, Betriebswirtschaftslehre, Bd. 2, 1997, S. 96; Leffson, GoB, 1987, S. 193-197.

[100] Vgl. Schneider, Betriebswirtschaftslehre, Bd. 2, 1997, S. 96.

tungswahrheit ist mit dem heute im HGB geltenden Vorsichtsprinzip nicht vereinbar.

Der predictive und feedback value sind im Handelsrecht nicht kodifiziert. Allerdings ist das Kriterium der Entscheidungsrelevanz in den Grundsätzen ordnungsmäßiger Buchführung enthalten.[101]

Im Framework der IFRS ist die comparability (Vergleichbarkeit) als qualitative characteristic of financial statements aufgeführt. Die qualitative characteristics sind nach IFRS Voraussetzung für eine decision usefulness von Informationen.[102] Ebenso ist die Forderung nach reliability (Verlässlichkeit) Bestandteil der qualitative characteristics. Sie ist erfüllt, wenn die Informationen keine materiellen Fehler enthalten und unvoreingenommen ermittelt wurden. Dieser Grundsatz enthält die Forderung nach faithful representation (Richtigkeit) und neutrality (Willkürfreiheit).[103] Der predictive value und der feedback value sind in dem qualitative characteristic relevance (Relevanz) enthalten.[104]

---

[101] Vgl. Baetge/Kirsch, in: HdR, 2003, Kap. 4 Rn. 75, die relevance zum Grundsatz der Wirtschaftlichkeit rechnen; Pellens, Internationale Rechnungslegung, 2001, S. 138 f., der relevance und reliability zu den Grundsätzen Vollständigkeit und Richtigkeit zählt; Moxter, FS Leffson, 1976, S. 97, der den Grundsatz der „entscheidungsrelevanten Information" dem Kerngrundsatz der Rechenschaft zuordnet.

[102] Vgl. F.24 u. 39-42.

[103] Vgl. F.31-36; Pellens, Internationale Rechnungslegung, 2001, S. 439.

[104] Vgl. F.26-28.

3. Konsolidierungsmaßnahmen und Konsolidierungsmethoden

3.1. Konsolidierungsmaßnahmen

Der Konzernabschluss stellt sowohl nach HGB als auch nach IFRS den Abschluss einer wirtschaftlichen Einheit von rechtlich selbständigen Unternehmen dar. Dieser wird aus den Jahresabschlüssen bzw. Zwischenabschlüssen der Konzernunternehmen durch Konsolidierungsmaßnahmen und vorbereitende Konsolidierungsmaßnahmen hergeleitet.[105]

Zur Vorbereitung der eigentlichen Konsolidierung müssen die Jahresabschlüsse so angepasst werden, dass sie nach konzernweit einheitlich ausgeübten Bilanzierungs- und Bewertungsmethoden aufgestellt werden. Zudem sind Währungsumrechnungen vorzunehmen.[106] Anschließend werden die korrigierten Abschlüsse (Handelsbilanz II[107] bzw. Handelsbilanz III[108]) zu einer Summenbilanz bzw. Summen-Gewinn- und Verlustrechnung zusammengefasst. Eine reine Addition würde jedoch zu Doppelzählungen führen.[109] Die Korrektur der summierten Abschlüsse erfolgt durch Konsolidierungsmaßnahmen. Im Einzelnen muss im Rahmen der Kapitalkonsolidierung das anteilige Eigenkapital des Tochterunternehmens mit den Anteilen des Mutterunternehmens[110] verrechnet werden, da die Anteile den auf das Mutterunternehmen[111] entfallenden Teil des Nettovermögens des Tochterunternehmens zei-

---

[105] Vgl. Scherrer, Konzernrechnungslegung, 1994, S. 177 u. 182.

[106] Vgl. IAS 27.21 (rev. 2000); IAS 21 (rev. 1993); Claussen/Scherrer, in: Kölner Kommentar zum AktG, 2003, § 308 Rn. 16-21; Berger/Lütticke, in: Beck Bil-Komm., 2003, § 308 Rn. 72; Schildbach, handelsrechtlicher Konzernabschluß, 1994, S. 135; Scherrer, in: BHR, 1986/2004, § 308 Rn. 20-24.

[107] Dieser Begriff wird im Folgenden zur Vereinfachung auch dann verwendet, wenn es sich um einen nach IFRS aufgestellten Abschluss handelt.

[108] In der Handelsbilanz III sind im Gegensatz zur Handelsbilanz II die stillen Reserven und stillen Lasten schon zugeschrieben bzw. verrechnet.

[109] Vgl. Busse von Colbe u. a., Konzernabschlüsse, 2003, S. 197.

[110] Zu den Anteilen des Mutterunternehmens zählen auch Anteile, die von in den Konzernabschluss einbezogenen vollkonsolidierten Tochterunternehmen und von quotal konsolidierten Gemeinschaftsunternehmen gehalten werden; vgl. Claussen/Scherrer, in: Kölner Kommentar zum AktG, 2003, § 301 Rn. 28 f.

[111] Im Folgenden wird „Mutterunternehmen" vereinfachend für Mutterunternehmen und/ oder vollkonsolidierte Tochterunternehmen und/oder quotal konsolidierte Gemeinschaftsunternehmen verwendet.

gen. Dieser Teil würde bei einem Ansatz der Anteile und der Aktiva und Passiva des Tochterunternehmens doppelt ausgewiesen werden.[112]

Zwecke der Kapitalkonsolidierung sind die technische Transformation der Jahresabschlüsse in einen Abschluss des Konzerns sowie die Ermittlung der Konzernanschaffungskosten der in der Konzernbilanz anzusetzenden Aktiv- und Passivposten des Tochterunternehmens.[113] Kapitalkonsolidierungsmethoden sind somit auch Bewertungsmethoden. Bewertungsmethoden beeinflussen die Darstellung der Vermögens- und Ertragslage des Konzerns. Aus diesem Grund können Kapitalkonsolidierungsmaßnahmen nach den aus der Informationsfunktion abgeleiteten Kriterien beurteilt werden.

Neben der Kapitalkonsolidierung sind in den Folgeperioden weitere Konsolidierungsmaßnahmen durchzuführen, um konzerninterne Transaktionen zu eliminieren. Dies sind insbesondere die Aufwands- und Ertragskonsolidierung, die Zwischenergebniseliminierung und die Schuldenkonsolidierung.[114] Außerdem können Umgliederungen von einzelnen Posten der Gewinn- und Verlustrechnung und der Bilanz notwendig sein, um den Konzernabschluss so darzustellen, als wäre der Konzern ein rechtlich selbständiges Unternehmen. Befinden sich zwischen Konzernunternehmen gelieferte, von einem Konzernunternehmen in der Periode der Lieferung selbsterstellte Vorräte am Stichtag des Konzernabschlusses noch im Bestand des Konzernunternehmens, stellen Innenumsatzerlöse aus Konzernsicht eine Erhöhung des Bestands an fertigen oder unfertigen Erzeugnissen dar und sind entsprechend umzugliedern. Enthalten die Innenumsatzerlöse Zwischengewinne, ist nur ein Teil umzugliedern. Das Beispiel bezieht sich auf die Anwendung des Gesamtkostenverfahrens in der Gewinn- und Verlustrechnung.[115]

3.2. Grundlagen der Kapitalkonsolidierung mittels Erwerbsmethode

Eine Methode der Kapitalkonsolidierung ist die Erwerbsmethode. Sie stellt nach IFRS die einzige und nach HGB die vorrangige Methode zur Durchführung der Kapitalkonsolidierung bei Tochterunternehmen dar.[116]

---

[112] Vgl. Focken/Lenz, DB, 2000, S. 2437; Busse von Colbe u. a., Konzernabschlüsse, 2003, S. 191.

[113] Vgl. Scherrer, Konzernrechnungslegung, 1994, S. 240.

[114] Vgl. IAS 27.18 (rev. 2000); §§ 303-305 HGB.

[115] Vgl. Claussen/Scherrer, in: Kölner Kommentar zum AktG, 2003, § 305 Rn. 22 f.; Scherrer, Konzernrechnungslegung, 1994, S. 419; Scherrer, in: BHR, 1986/2004, § 301 Rn. 11 f.

[116] Vgl. IAS 22.17 (rev. 1998); § 301 HGB.

3.2.1. Einzelerwerbsfiktion

Ein Konzern im handelsrechtlichen Sinne liegt vor, wenn mindestens zwei rechtlich selbständige Unternehmen eine wirtschaftliche Einheit bilden, indem sie unter einheitlicher Leitung stehen und das Mutterunternehmen eine Beteiligung nach § 271 I HGB an dem Tochterunternehmen hält oder dem Mutterunternehmen Einflussrechte[117] nach § 290 II Nr. 1-3 HGB zustehen.[118]

Die IFRS stellen ebenso auf eine wirtschaftliche Einheit ab. Diese kann entweder dadurch entstehen, dass sich zwei Unternehmen zu einer neuen wirtschaftlichen Einheit zusammenschließen (Interessenzusammenführung oder uniting of interests) oder der Erwerber (Mutterunternehmen) die Möglichkeit erlangt, ein anderes Unternehmen (Tochterunternehmen) zu leiten bzw. zu beherrschen (control-Prinzip). Vernachlässigt man den Fall des Interessenzusammenschlusses, stellen beide Regelungswerke auf das Vorliegen eines Mutter[119]-Tochter-Verhältnisses ab.

Ein Mutter-Tochter-Verhältnis kann durch unterschiedliche rechtliche Tatbestände begründet werden, wie durch Anteilskauf[120] (share deal), Anteilstausch,[121] Satzungsbestimmungen oder durch den Abschluss eines Beherrschungsvertrages.[122] Kauft der Erwerber lediglich die einzelnen Aktiv- und Passivposten eines anderen Unternehmens, was als asset deal[123] bezeichnet wird, entsteht keine Mutter-Tochter-Beziehung. Der Erwerber erlangt lediglich Eigentum an den Aktiv- und Passivposten, kann aber das andere Unternehmen nicht leiten oder beherrschen.[124]

Der Erwerbsmethode liegt die Idee zugrunde, dass das Mutterunternehmen durch den Übergang der Leitung/Beherrschung (control) indirekt über die einzelnen Aktiv- und Passivposten des Tochterunternehmens verfügen kann. Aus Sicht des Konzerns als wirtschaftliche Einheit hat kein Erwerb von An-

---

[117] Vgl. Claussen/Scherrer, in: Kölner Kommentar zum AktG, 2000, § 290 Rn. 51.
[118] Vgl. § 290 I u. II HGB.
[119] Im deutschen Recht können dies nur Kapitalgesellschaften (vgl. § 290 I u. II HGB), Kreditinstitute (vgl. § 340 i HGB), Versicherungsunternehmen (vgl. § 341 i HGB) und Großkonzerne (vgl. § 11 PublG) sein, vgl. Scherrer, Konzernrechnungslegung, 1994, S. 15 f.; die IFRS stellen nicht auf die Rechtsform der Muttergesellschaft ab, vgl. IAS 27.6 f. (rev. 2000); Pellens, Internationale Rechnungslegung, 2001, S. 492 f.
[120] Vgl. IAS 22.10 (rev. 1998).
[121] Vgl. IAS 22.2 (rev. 1998); Krawitz/Klotzbach, WPg, 2000, S. 1166.
[122] Vgl. § 290 II Nr. 3 HGB.
[123] Vgl. Busse von Colbe/Pellens (Hrsg.), LdR, 1998, S. 58.
[124] Vgl. IAS 22.4 (rev. 1998).

teilen, sondern ein Zugang der Aktiv- und Passivposten des Tochterunternehmens stattgefunden.[125] Es wird ein asset deal fingiert. Auf dieser Fiktion basiert die Erwerbsmethode (purchase method), auch angelsächsische Methode der Kapitalkonsolidierung genannt.[126]

Die Einzelerwerbsfiktion wirkt sich auf den Ansatz und die Bewertung der Bilanzposten des Tochterunternehmens in der Konzernbilanz aus. Im Rahmen der Erstkonsolidierung muss geprüft werden, ob und in welcher Höhe bisher nicht bilanzierte Aktivposten auf Grund der Einzelerwerbsfiktion angesetzt werden müssen.[127] Dies kann im deutschen Recht zum Beispiel für selbsterstellte immaterielle Vermögensgegenstände des Anlagevermögens der Fall sein, da wegen der Einzelerwerbsfiktion das Aktivierungsverbot des § 248 II HGB nicht greift.[128] Im Gegenzug dürften bei konsequenter Umsetzung der Einzelerwerbsfiktion nicht werthaltige Posten im Jahresabschluss des Tochterunternehmens, wie beispielsweise nicht werthaltige Bilanzierungshilfen, nicht in den Konzernabschluss übernommen werden. Ein Erwerber erbringt für diese Posten keine Gegenleistung. Eine solche Einschränkung der im Konzernabschluss anzusetzenden Posten enthält das deutsche Recht jedoch nicht.[129]

Nach IFRS stellt sich dieses Problem nicht, da es Voraussetzung für das Vorliegen eines asset ist, dass der Zufluss von künftigem ökonomischen Nutzen erwartet wird.[130] Lediglich die Übernahme eines im Jahresabschluss des Tochterunternehmens bilanzierten Goodwills in den Konzernabschluss ist verboten. Er erfüllt die Ansatzvoraussetzung der identifiability nicht.[131]

Die Einzelerwerbsfiktion hat zudem zur Folge, dass Aktiv- und Passivposten im Rahmen der Erstkonsolidierung mit den Anschaffungskosten des Konzerns zu bewerten sind.[132] Da beim Anteilserwerb ein asset deal nur fingiert

---

[125] Vgl. Claussen/Scherrer, in: Kölner Kommentar zum AktG, 2003, § 301 Rn. 49; Adler/ Düring/Schmaltz, 1996, § 301 Rn. 37; Scherrer, in: BHR, 1986/2004, § 301 Rn. 9.

[126] Vgl. Claussen/Scherrer, in: Kölner Kommentar zum AktG, 2003, § 201 Rn. 14; Küting/ Zündorf, BB, 1985, S. 1302.

[127] Vgl. Scherrer, Konzernrechnungslegung, 1994, S. 184 f.

[128] Vgl. Claussen/Scherrer, in: Kölner Kommentar zum AktG, 2003, § 301 Rn. 59; Busse von Colbe, in: HWRP, 2002, Sp. 1318.

[129] Vgl. Claussen/Scherrer, in: Kölner Kommentar zum AktG, 2003, § 301 Rn. 58.

[130] Vgl. F.49 (a).

[131] Vgl. IAS 22.26 f. (rev. 1998); Förschle/Deubert, in: Beck Bil-Komm., 2003, § 301 Rn. 317.

[132] Vgl. Pahler/Mori, Accounting, 2000, S. 123; Schildbach, handelsrechtlicher Konzernabschluß, 1994, S. 146; Harms/Küting, AG, 1980, S. 95.

wird, tatsächlich jedoch ein share deal vorliegt und somit nur die Anschaffungskosten der Anteile bekannt sind, liegen die Zugangswerte der Aktiv- und Passivposten in der Konzernbilanz nicht unmittelbar vor. Die Bewertung der im Konzernabschluss anzusetzenden Aktiv- und Passivposten ist zudem insofern schwierig, als sich der Kaufpreis der Anteile nicht an dem Wert des Nettovermögens des Tochterunternehmens bemisst, sondern sich vom Zukunftserfolgswert herleitet.[133]

Wurde das Mutter-Tochter-Verhältniss durch Anteilskauf begründet, fingiert die Einzelerwerbsfiktion, dass statt der Anteile die einzelnen Aktiv- und Passivposten des Tochterunternehmens erworben wurden. Die Fiktion ist nicht zutreffend, wenn das Mutter-Tochter-Verhältniss durch einen Vertrag begründet wurde und kein Anteilskauf stattfand. Es stellt sich die Frage, ob in diesem Fall die Einzelerwerbsfiktion aufrecht erhalten bleiben und damit die Erwerbsmethode konzeptionell angewandt werden kann. Nach obigen Erläuterungen wird die Einzelerwerbsfiktion nicht direkt aus dem Erwerb von Anteilen hergeleitet. Vielmehr wird auf den Übergang der Leitung/Beherrschung abgestellt, durch den die indirekte Verfügungsmacht des Mutterunternehmens über die Bilanzposten begründet wird. Es kann also auch bei Begründung des Mutter-Tochter-Verhältnisses durch Vertrag ein Zugang der Bilanzposten fingiert werden. Die Einzelerwerbsfiktion trifft zu. Bei der Kapitalkonsolidierung entstehen 100 % Minderheitsanteile.

Ein Unternehmenserwerb kann auch durch Anteilstausch erfolgen. Ein Unternehmen gibt als Gegenleistung für Anteile eines anderen Unternehmens eigene Anteile bzw. Anteile von anderen Konzernunternehmen hin, so dass die ehemaligen Gesellschafter des Tochterunternehmens Gesellschafter eines Konzernunternehmens bleiben. Der Unterschied zum Anteilskauf besteht darin, dass als Gegenleistung für den Anteilserwerb keine Ressourcen aus dem Konzern abfließen.[134] Es ist fraglich, ob die Einzelerwerbsfiktion bei Anteilstausch aufrechterhalten werden kann oder ob aus theoretischer Sicht eine andere Methode anzuwenden ist. Nach obigen Erläuterungen stellt die Einzelerwerbsfiktion auf ein Leitungs-/Beherrschungsverhältnis ab. Liegt es vor, ist die Einzelerwerbsfiktion auch bei Anteilstausch zutreffend.

---

[133] Vgl. IDW S1, WPg, 2000, S. 826 f.; Sieben, in: HWB, 1993, Sp. 4321; vgl. auch Kapitel 3.4.1.1.

[134] Vgl. Claussen/Scherrer, in: Kölner Kommentar zum AktG, 2003, § 302 Rn. 6; Förschle/Deubert, in: Beck Bil-Komm., 2003, § 302 Rn. 4; Peffekoven, WPg, 2001, S. 192 f.

Die Voraussetzungen für das Vorliegen eines Mutter-Tochter-Verhältnisses sind in § 290 HGB und in IAS 22.8 (rev. 1998) genannt. Weder nach HGB[135] noch nach IFRS[136] ist das Halten von Anteilen Voraussetzung für das Vorliegen eines Mutter-Tochter-Verhältnisses. Die Erwerbsmethode ist sowohl nach HGB[137] als auch nach IFRS[138] anwendbar, wenn Anteile durch Anteilstausch erworben werden, solange dadurch ein Leitungs-/Beherrschungsverhältnis begründet wird. Sind neben dem Anteilstausch die Voraussetzungen des § 302 I HGB erfüllt, darf nach HGB die pooling of interets-Methode angewandt werden.[139]

3.2.2. Konzepte des Konzernabschlusses und Ausgestaltungsformen der Erwerbsmethode

3.2.2.1. Erstkonsolidierung

Aus der Einzelerwerbsfiktion folgt, dass Aktiva und Passiva im Erstkonsolidierungszeitpunkt zu Konzernanschaffungskosten zu bewerten sind. Die Höhe der Konzernanschaffungskosten wird durch die Kapitalkonsolidierungsmethode festgelegt.

Der Konzernabschluss kann aus unterschiedlichen Perspektiven aufgestellt werden, nämlich aus Sicht der Mehrheitsgesellschafter oder aus Sicht der wirtschaftlichen Einheit, die die Konzernunternehmen bilden. In diesem Zusammenhang wurden verschiedene Konzepte des Konzernabschlusses entwickelt, deren Anwendung zu unterschiedlichen Konsolidierungsmethoden führt.

Grundsätzlich können alle Jahresabschlussadressaten der Konzernunternehmen Informationsinteressen an dem Konzernabschluss haben.[140] In Bezug auf die Eigenkapitalgeber der einzelnen Konzernunternehmen besteht ein Unterschied zum Jahresabschluss. Der Konzern ist im Gegensatz zur Kapitalgesellschaft keine eigenständige juristische Person. Es gibt weder direkte Vertragspartner noch Gesellschafter bzw. Aktionäre des Konzerns.[141] Man kann ledig-

---

[135] Vgl. § 290 II Nr. 3 HGB; Berger/Lütticke, in: Beck Bil-Komm., 2003, § 290 Rn. 61.

[136] Vgl. IAS 22.8, 10 u. 17 (rev. 1998).

[137] Vgl. § 290 I u. II HGB.

[138] Vgl. IAS 22.8 (rev. 1998).

[139] Vgl. § 302 HGB.

[140] Für eine Darstellung der unterschiedlichen Interessen vgl. Müller, konsolidierte Bilanzen, 1974, S. 21.

[141] Vgl. Wentland, Konzern, 1979, S. 33-35 u. 42.

lich Anteile unterscheiden, die von Konzernunternehmen, also letztlich von den Gesellschaftern des Mutterunternehmens (Mehrheitsgesellschafter), oder von anderen Gesellschaftern (Minderheitsgesellschafter) gehalten werden bzw. der jeweiligen Gruppe zugerechnet werden können.[142] Es stellt sich die Frage, wem die Konzernleitung vorrangig zur Rechenschaft verpflichtet ist. Grundsätzlich kann die Konzernleitung die Verpflichtung gegenüber allen Gesellschaftern der Konzernunternehmen oder vorrangig gegenüber den Gesellschaftern des Mutterunternehmens haben.[143] Die Ausrichtung auf die jeweiligen Interessen beeinflusst die Aufstellung des Konzernabschlusses. Zur Beantwortung der Fragen, können

(a) das entity concept (economic unit concept) und
(b) das proprietary concept

herangezogen werden.[144] Beide Konzepte wurden Anfang des 20. Jahrhunderts[145] in den USA in Hinblick auf die Frage, in welcher Höhe Zwischengewinne bei Vorhandensein von Minderheitsgesellschaftern zu eliminieren sind, entwickelt.[146]

(a) Das entity concept stellt die wirtschaftliche Einheit der Konzernunternehmen in den Vordergrund. Der Konzernabschluss wird als Abschluss der Einheit und nicht als erweiterter Abschluss des Mutterunternehmens betrachtet. Die einzelnen Konzernunternehmen werden trotz ihrer rechtlichen Selbständigkeit als unselbständige Betriebsstätten betrachtet. Das Konzept strebt eine Gleichbehandlung von Minderheits- und Mehrheitsgesellschaftern an[147] und unterstellt eine homogene Interessenslage.[148] Als Folge ergibt sich aus dem entity concept, dass die Minderheitsgesellschafter wirtschaftlich als Eigenkapitalgeber des Konzerns angesehen werden[149] und somit der auf sie entfallende Teil der Aktiv- und Passivposten sowie der Erträge und Aufwendungen

---

[142] Vgl. Wentland, Konzern, 1979, S. 35; Kropff (Hrsg.), AktG a. F. Textausgabe, 1965, S. 441.

[143] Vgl. Adler/Düring/Schmaltz, 1996, Vorbem. zu den §§ 290-315 Rn. 19-22.

[144] Vgl. Baxter/Spinney, CA magazine, 1975, S. 32; für alternative Bezeichnung: vgl. Pahler/Mori, Accounting, 2000, S. 80.

[145] Vgl. Baetge/Kirsch/Thiele, Konzernbilanzen, 2002, S. 8.

[146] Vgl. Bores, konsolidierte Erfolgsbilanzen, 1935, S. 129 f.

[147] Vgl. Förschle/Lust, in: Beck Bil-Komm., 2003, § 297 Rn. 190 f.; Pahler/Mori, Accounting, 2000, S. 80; Adler/Düring/Schmaltz, 1996, Vorbem. zu den §§ 290-315 Rn. 19 f.

[148] Vgl. Bores, konsolidierte Erfolgsbilanzen, 1935, S. 130, als Umkehrschluss aus seinen Ausführungen zur Interessentheorie.

[149] Vgl. Pahler/Mori, Accounting, 2000, S. 80.

der Tochterunternehmen in den Konzernabschluss einbezogen werden, soweit
sie nicht aus Konzernsicht eliminiert werden müssen.[150] Die Aktiv- und
Passivposten werden zu Zeitwerten (fair value) bewertet, was bedeutet, dass
auch der Teil der stillen Reserven,[151] der auf die Minderheitsgesellschafter
entfällt, den Aktivposten zugeschrieben oder mit Passivposten verrechnet
wird.[152] Das Konzernergebnis umfasst auch den auf die Minderheitsgesellschafter entfallenden Teil. Bei konsequenter Anwendung des Konzepts muss
auf Grund der Gleichbehandlung von Mehr- und Minderheitsgesellschaftern
der Goodwill[153] auf die Minderheitsgesellschafter hochgerechnet werden,[154]
was ihre Anteile, die Konzerneigenkapital darstellen,[155] erhöht.[156]

Die aus dem entity concept resultierende Ausgestaltungsform der Erwerbsmethode wird hier als unbegrenzte Neubewertungsmethode mit Hochrechnung
des Goodwills auf die Minderheitsgesellschafter bezeichnet. Das entity concept wird auch dahingehend interpretiert, dass nur der auf die Mehrheitsgesellschafter entfallende Teil des Goodwills angesetzt wird.[157]

(b) Das proprietary concept stellt die Interessen der Mehrheitsgesellschafter in
den Vordergrund, wohingegen Minderheitsgesellschafter wie Konzernfremde
behandelt werden. Aus diesem Konzept folgt, dass nur der Teil der Aktiv- und
Passivposten bzw. der Erträge und Aufwendungen des Tochterunternehmens,
der den Mehrheitsgesellschaftern zuzurechnen ist, in den Konzernabschluss
einbezogen wird. In der Konzernbilanz werden keine Minderheitenanteile angesetzt.[158] Dieses Konzept liegt der Quotenkonsolidierung zugrunde.[159]

---

[150] Vgl. Adler/Düring/Schmaltz, 1996, Vorbem. zu den §§ 290-315 Rn. 20.
[151] Mit stillen Lasten ist analog zu verfahren. Die folgenden Ausführungen hinsichtlich der
Konzepte beschränken sich aus Gründen der Übersichtlichkeit auf stille Reserven; der
Fall des Vorliegens von stillen Lasten tritt nur selten auf; vgl. Claussen/Scherrer, in:
Kölner Kommentar zum AktG, 2003, § 301 Rn. 83 f.
[152] Vgl. Pahler/Mori, Accounting, 2000, S. 80 u. 219.
[153] Vgl. zur Definition und zu weiteren Erläuterungen Kapitel 3.4.2.1.
[154] Die Ausführungen beschränken sich auf den Goodwill; zur Hochrechnung eines negativen Goodwills vgl. Kapitel 3.4.3.
[155] Vgl. Pahler/Mori, Accounting, 2000, S. 220; Baxter/Spinney, CA magazine, 1975,
S. 36.
[156] Vgl. Wentland, Konzern, 1979, S. 42.
[157] Vgl. Pahler/Mori, Accounting, 2000, S. 220.
[158] Vgl. Baxter/Spinney, CA magazine, 1975, S. 32.
[159] Vgl. Otte, BB, 1988, S. 101.

Die tatsächlich angewandten Konsolidierungsmethoden folgten allerdings nicht diesen Konzepten in ihrer ursprünglichen Form. Um den angewandten Methoden eine theoretische Basis zu geben, wurden

(c) das parent company concept und
(d) das parent company extension concept

entwickelt,[160] die Ideen aus den ursprünglichen Konzepten kombinieren.

(c) Das parent company concept ist aus dem proprietary concept entstanden.[161] Man geht davon aus, dass die Mehrheitsgesellschafter zum einen kein Bruchteilseigentum haben und zum anderen über das Vermögen des Tochterunternehmens vollständig und nicht nur in der Höhe der Anteilsquote verfügen können.[162] Es wird folglich auch der Anteil, der den Minderheitsgesellschaftern an den Aktiv- und Passivposten aus der Handelsbilanz II des Tochterunternehmens zusteht, sowie der Anteil, der ihnen an Aufwendungen und Erträgen zufällt, in den Konzernabschluss einbezogen. Es erfolgt jedoch keine Gleichsetzung der Minderheits- mit den Mehrheitsgesellschaftern.[163] Die stillen Reserven werden nur zugeschrieben bzw. verrechnet, soweit sie auf Mehrheitsgesellschafter entfallen. Die Bewertung der Anteile der Minderheitsgesellschafter leitet sich aus den Buchwerten der im Konzernabschluss angesetzten Bilanzposten des Tochterunternehmens ab. Der auf die Minderheitsgesellschafter entfallende Jahresüberschuss wird außerhalb der Gruppe der wirtschaftlichen Eigentümer des Konzerns erwirtschaftet. Er ist als Aufwand zu behandeln und vor dem Konzernergebnis auszuweisen.[164] Der Ausweis der Minderheitenanteile erfolgt entweder in einem gesonderten Fremdkapitalposten oder zwischen dem Eigen- und Fremdkapital.[165] Der daraus resultierende Konzernabschluss stellt eine Erweiterung des Jahresabschlusses des Mutterunternehmens dar. Den Gesellschaftern des Mutterunternehmens sollen Informationen über die Anteile des Mutterunternehmens an dem Tochterunternehmen gegeben werden.[166]

---

[160] Vgl. Otte, BB, 1988, S. 101; Baxter/Spinney, CA magazine, 1975, S. 32.
[161] Vgl. Baxter/Spinney, CA magazine, 1975, S. 32.
[162] Vgl. Wentland, Konzern, 1979, S. 47 f.; Bores, konsolidierte Erfolgsbilanzen, 1935, S. 47 f.
[163] Vgl. Baxter/Spinney, CA magazine, 1975, S. 33 f.
[164] Vgl. Pahler/Mori, Accounting, 2000, S. 79 f. u. 219; Baxter/Spinney, CA magazine, 1975, S. 33 f.
[165] Vgl. Pahler/Mori, Accounting, 2000, S. 79.
[166] Vgl. Pahler/Mori, Accounting, 2000, S. 79; Scherrer, in: US-amerikanische Rechnungslegung, 2000, S. 357 f.

Für die auf dem parent company concept basierende Ausgestaltungsform der Erwerbsmethode sind je nach Vorgehensweise bei der Konsolidierung zwei Bezeichnungen möglich. Gehen die Buchwerte aus der Handelsbilanz II in die Summenbilanz ein und werden die stillen Reserven erst im Rahmen der Kapitalkonsolidierung zugeschrieben bzw. verrechnet, wird diese Vorgehensweise Buchwertmethode genannt. Werden die stillen Reserven hingegen schon vor der Konsolidierung im Rahmen der Aufstellung einer Handelsbilanz III den Bilanzposten zugeschrieben bzw. mit ihnen verrechnet, wird dieses Vorgehen als Neubewertungsmethode bezeichnet. Beide Vorgehensweisen führen zu demselben Ergebnis, wenn die stillen Reserven in gleichem Umfang zugeschrieben bzw. verrechnet werden.[167] Im Folgenden wird der Begriff beteiligungsproportionale Neubewertungsmethode verwendet, um eine Einheitlichkeit der Begriffe im Vergleich zu den übrigen Konzepten zu gewährleisten.[168]

(d) Das parent company extension concept stellt, wie der Name impliziert, eine Erweiterung des parent company concept dar. Die Herleitung des Konzeptes erfolgte dadurch, dass im Hinblick auf ein gewünschtes Ergebnis einige Bestandteile des entity concept in das parent company concept integriert wurden. Zu letztgenanntem Konzept bestehen Unterschiede in den Bereichen der Bewertung der Bilanzposten und folglich auch des Minderheitenanteils, der Zwischenergebniseliminierung sowie des Ausweises des Anteils der Minderheitsgesellschafter am Konzernerfolg. Im Zuge der Erstkonsolidierung sind die angesetzten Aktiv- und Passivposten des Tochterunternehmens mit Zeitwerten zu bewerten, d. h. auch die auf die Minderheitsgesellschafter entfallenden stillen Reserven werden zugeschrieben bzw. verrechnet. Entsteht ein Goodwill, ist dieser nicht auf die Minderheitsgesellschafter hochzurechnen. Nur die Mehrheitsgesellschafter haben dafür ein Entgelt entrichtet. Der Anteil der Minderheitsgesellschafter am Konzernerfolg ist von diesem in Abzug zu bringen.[169] Die Ausgestaltungsform der Erwerbsmethode des parent company extension concept wird hier als unbegrenzte Neubewertungsmethode bezeichnet.

Nachstehende Tabelle gibt einen Überblick über die Unterschiede zwischen den Konzepten.

---

[167] Vgl. Wohlgemuth/Ruhnke, WPg, 1997, Fn. 26 auf S. 805 u. S. 809 f.

[168] Bei Zuschreibung bzw. Verrechnung der stillen Reserven sowohl auf die Mehrheits- als auch auf die Minderheitsgesellschafter werden die stillen Reserven i.d.R. vor Durchführung der Kapitalkonsolidierung zugeschrieben bzw. verrechnet, so dass allgemein der Begriff Neubewertungsmethode verwendet wird.

[169] Vgl. Baxter/Spinney, CA magazine, 1975, S. 34 f.

Konsolidierung nach dem / Auf Minderheiten	proprietary concept	parent company concept	parent company extension concept	entity concept
entfallende Aktiva und Passiva werden angesetzt	nein	ja	ja	ja
entfallende stille Reserven und Lasten werden zugeschrieben/verrechnet	nein	nein	ja	ja
entfallende sonstige Konsolidierungsmaßnahmen werden durchgeführt	nein	nein	ja	ja
entfallender Goodwill wird durch Hochrechnung angesetzt	nein	nein	nein	ja

Abbildung 1: Konzepte des Konzernabschlusses

3.2.2.2. Folgekonsolidierung

Die grundsätzliche Vorgehensweise zur Durchführung der Folgekonsolidierung ist bei allen Konzepten identisch. Die Anschaffungskosten der einzelnen Bilanzposten werden fortgeschrieben, d. h., die stillen Reserven, die abnutzbaren Bilanzposten zugeschrieben wurden, sowie der Goodwill werden abgeschrieben und mit Passivposten verrechnete stille Reserven werden erfolgswirksam aufgelöst. Unterschiede zwischen den Konzepten bestehen in Bezug auf die Behandlung von Transaktionen innerhalb der Konzernunternehmen und in Bezug auf die Bilanzierung bei Veränderung der Anteilsquote. Daneben wirken sich die Konzepte auf die Höhe des Konzernerfolges aus bis alle im Konzernabschluss zugeschriebenen bzw. verrechneten stillen Reserven abgeschrieben bzw. aufgelöst sind. Das auf das Mutterunternehmen entfallende Konzernergebnis ist in allen vier Fällen identisch. Bei Anwendung des entity concept umfasst das Konzernergebnis zudem noch den auf die Minderheitsgesellschafter entfallenden Teil des Konzernergebnisses.[170]

---

[170] Vgl. Baxter/Spinney, CA magazine, 1975, S. 35.

3.2.2.2.1. Konzerninterne Transaktionen

Das entity concept stellt die wirtschaftliche Einheit des Konzerns in den Vordergrund. Innerhalb einer rechnungslegenden Einheit können Lieferungen, Kapitaltransfers und sonstige Transaktionen, die sich in den Jahresabschlüssen der Konzernunternehmen niederschlagen, keine Wirkung auf den Konzernabschluss haben. Somit ist die Zwischenergebniseliminierung, die Aufwands- und Ertragskonsolidierung sowie die Schuldenkonsolidierung sowohl für Mehr- als auch Minderheitsgesellschafter vorzunehmen. Dies bedeutet, dass auch der auf die Minderheitsgesellschafter entfallende Teil zu eliminieren ist.[171]

Im Gegensatz dazu muss bei Anwendung des proprietary concept nur der Teil der konzerninternen Transaktionen, der auf die Mehrheitsgesellschafter entfällt, eliminiert werden. Der auf die Minderheitsgesellschafter entfallende Teil stellt ein Geschäft mit Konzernfremden dar. Gleiches gilt für das parent company concept, bei dessen Anwendung die Minderheitsgesellschafter ebenso als Konzernfremde betrachtet werden.

Die Regeln der Zwischenergebniseliminierung des parent company extension concept wurden retrograd aus dem gewünschten Ergebnis abgeleitet. Da keine Transaktion zwischen unabhängigen Parteien und somit keine objektive Wertfindung stattfand, wurde eine Bewertung der Bilanzposten mit den fortgeführten Konzernanschaffungskosten angestrebt. Folglich ist eine vollständige Eliminierung der Zwischenergebnisse vorzunehmen.[172]

3.2.2.2.2. Anteilszukauf

Hält das Mutterunternehmen im Erstkonsolidierungszeitpunkt weniger als 100 % der Anteile an einem Tochterunternehmen, besteht in den Folgeperioden die Möglichkeit, zusätzliche Anteile zu erwerben.

Ändert sich die Anteilsquote bei Anwendung des proprietary concept durch Anteilszukauf, ist in den Konzernabschluss ein zusätzlicher Anteil der Bilanzposten einzubeziehen. Das bedeutet, dass die erworbenen Anteile im Konzernabschluss erstkonsolidiert werden müssen und auch anteilige stille Reser-

---

[171] Vgl. Förschle/Lust, in: Beck Bil-Komm., 2003, § 297 Rn. 190; Bores, konsolidierte Erfolgsbilanzen, 1935, S. 129 f.

[172] Vgl. Baxter/Spinney, CA magazine, 1975, S. 32 u. 34 f.

ven, die im Zeitpunkt des Anteilszukaufs vorhanden sind, zugeschrieben bzw. verrechnet werden.

Ähnlich verhält es sich bei Anwendung des parent company concept, allerdings mit dem Unterschied, dass schon vor der Erstkonsolidierung der neuen Anteile die Bilanzposten vollständig im Konzernabschluss angesetzt wurden. Bei Erstkonsolidierung der neuen Anteile werden damit nur zusätzliche stille Reserven zugeschrieben bzw. verrechnet. Der Minderheitenanteil verringert sich, da sich die Anteilsquote der Minderheitsgesellschafter reduziert.

Das entity concept hingegen besagt, dass Mehrheits- und Minderheitsgesellschafter gleich zu behandeln sind. Beide Gesellschaftergruppen stellen Konzerngesellschafter dar. Somit kann kein Anteilszukauf von Dritten stattfinden und die Einzelerwerbsfiktion ist nicht anwendbar. Es hat eine Transaktion zwischen Konzerngesellschaftern stattgefunden. Ebenso entsteht kein zusätzlicher Goodwill durch die Transaktion. Der Goodwill wurde im Zuge der Erstkonsolidierung auf die Minderheitsgesellschafter hochgerechnet. Der Anteilszukauf stellt sich aus Sicht des Konzerns als wirtschaftliche Einheit als Kapitaltransfer zwischen Konzerngesellschaftern dar. Der Anteilszukauf wirkt sich nur auf das Konzerneigenkapital aus.[173] Ist der Kaufpreis der Anteile höher als das anteilige Eigenkapital des Tochterunternehmens zuzüglich des anteiligen Buchwertes des Goodwills im Erwerbszeitpunkt der neuen Anteile, stellt die Differenz eine Kapitalrückzahlung des Konzerns an die bisherigen Gesellschafter des Tochterunternehmens dar. Andernfalls liegt eine Kapitaleinzahlung vor.[174]

Die Kapitaleinzahlung bzw. Kapitalrückzahlung kann den Konzernrücklagen oder den Minderheitenanteile zugeschrieben bzw. mit ihnen verrechnet werden, da trotz angestrebter Gleichbehandlung der Mehr- und Minderheitsgesellschafter ein getrennter Eigenkapitalausweis für beide Gruppen vorzunehmen ist. Es handelt sich somit um eine Ausweisfrage innerhalb des Konzerneigenkapitals. Die Minderheitenanteile stellen den Anspruch der Minderheitsgesellschafter auf das Nettovermögen des Tochterunternehmens zuzüglich des ihnen zuzurechnenden Goodwills dar. Ihr Anspruch verändert sich lediglich durch die Verringerung der Anteilsquote, nicht jedoch durch die Kapitaleinzahlung bzw. -rückzahlung. Folglich ist eine Kapitaleinzahlung in die Kapitalrücklage des Konzerns einzustellen bzw. mit ihr zu verrechnen.

---

[173] Vgl. Busse von Colbe, FS Scherrer, 2004, S. 53; Küting/Elprana/Wirth, KoR, 2003, S. 478; IASB, Update Dezember 2002, 2002.
[174] Vgl. Busse von Colbe, FS Scherrer, 2004, S. 53 f.; Weber/Zündorf, BB, 1989, S. 1854.

Das parent company extension concept übernimmt Bestandteile des parent company concept und des entity concept. Es ist kein in sich geschlossenes Konzept. Aus ihm ist keine eindeutige Vorgehensweise bei Anteilszukauf durch die Mehrheitsgesellschafter ableitbar. Es kann die Vorgehensweise des parent company oder des entity concept übernommen und an das parent company extension concept angepasst werden.

Stellt man das parent company concept in den Vordergrund, liegt aus Konzernsicht ein Anteilszukauf von Dritten vor. Die Vorgehensweise des parent company concept kann angewandt und eine Erstkonsolidierung der Anteile durchgeführt werden. Fraglich ist, ob lediglich die auf die zusätzlichen Anteile entfallenden stillen Reserven zugeschrieben bzw. verrechnet werden oder ob analog zur Erstkonsolidierung eine vollständige Zuschreibung bzw. Verrechnung vorgenommen werden muss. Im Erstkonsolidierungszeitpunkt wird unterstellt, dass der Konzern statt des gesamten Tochterunternehmens die einzelnen Aktiv- und Passivposten gekauft hat. Die Unterstellung kann nicht auf einen Anteilszukauf übertragen werden. Es findet kein Übergang der Leitung/Beherrschung statt, wie es bei der Erstkonsolidierung der Fall ist. Es kommt nur eine anteilige Zuschreibung bzw. Verrechnung der seit der Erstkonsolidierung entstandenen stillen Reserven in Frage.[175]

Daneben kann der Anteilszukauf auch analog zum entity concept als Kapitaltransaktion zwischen Konzerngesellschaftern betrachtet werden. Im Gegensatz zum entity concept wird bei Anwendung des parent company extension concept der Goodwill nicht auf die Minderheiten hochgerechnet, so dass er sich bei Anteilszukauf erhöhen könnte. Die Minderheitsgesellschafter werden jedoch als Konzerngesellschafter betrachtet, so dass kein Kauf von Dritten stattgefunden hat und kein Goodwill angesetzt wird.

3.2.2.2.3. Anteilsverkauf

Werden Anteile veräußert, lassen sich aus den Konzepten unterschiedliche Vorgehensweisen ableiten. Erfüllt das Unternehmen auch nach Anteilsverkauf die Voraussetzungen eines Tochterunternehmens, stellt der Anteilsverkauf bei Anwendung des entity concept eine Transaktion zwischen Konzerngesell-

---

[175] In Bezug auf die Neubewertungsmethode vgl. Claussen/Scherrer, in: Kölner Kommentar zum AktG, 2003, § 301 Rn. 182; Förschle/Deubert, in: Beck Bil-Komm., 2003, § 301 Rn. 194.

schaftern dar, die nur die Kapitalseite betrifft,[176] wohingegen das proprietary und das parent company concept eine Anteilsveräußerung an Dritte annehmen. Die Anteile müssen in diesem Fall endkonsolidiert werden, da sich der Veräußerungsgewinn der Anteile aus Sicht des Mutterunternehmens und aus Sicht des Konzerns unterscheiden. Die Notwendigkeit der Endkonsolidierung ergibt sich aus der unterschiedlichen Periodisierung von Aufwendungen und Erträgen im Jahres- und im Konzernabschluss. So können Erfolgsbestandteile des Tochterunternehmens im Veräußerungserlös vergütet sein, die im Konzernabschluss schon während der Konzernzugehörigkeit des Tochterunternehmens vereinnahmt wurden. Diese Bestandteile wären im Konzernabschluss ohne Durchführung der Endkonsolidierung doppelt erfasst.[177] Zudem können negative Erfolgsbestandteile aus dem Tochterunternehmen das Konzernergebnis vor Anteilsveräußerung belastet haben, die im Jahresabschluss des Mutterunternehmens noch nicht erfolgwirksam wurden.

Im Einzelnen handelt es sich bei den Periodisierungsunterschieden um die Abschreibung der zugeschriebenen stillen Reserven und des Goodwills bzw. um die erfolgswirksame Auflösung der verrechneten stillen Reserven und des negativen Goodwills. Zudem wird das Jahresergebnis des Tochterunternehmens im Konzernabschluss schon im Entstehungszeitpunkt vereinnahmt.[178] Im Sonderfall eines ausländischen Tochterunternehmens werden Umrechnungsdifferenzen bei Anwendung der Zeitbezugsmethode zur Umrechnung eines in fremder Währung aufgestellten Jahresabschlusses des Tochterunternehmens während der Konzernzugehörigkeit des Tochterunternehmens im Konzernabschluss erfolgswirksam verrechnet.[179]

Bei Anwendung des proprietary concept stellt die Veräußerung der Anteile aus Konzernsicht den Abgang anteiliger Bilanzposten des Tochterunternehmens zuzüglich eines anteiligen Goodwills, bewertet zu Buchwerten des Konzerns am Veräußerungstag, dar. Der Veräußerungsgewinn entspricht dem Veräußerungsgewinn des Mutterunternehmens korrigiert um Periodisierungsunterschiede von Aufwendungen und Erträgen.

Im Unterschied zum proprietary concept wird beim parent company concept kein Abgang von anteiligen Bilanzposten fingiert, da sowohl das auf das Mutterunternehmen als auch das auf die Minderheitsgesellschafter entfallende

---

[176] Vgl. Dusemond/Weber/Zündorf, in: HdKR, 1998, § 301 Rn. 221; Weber/Zündorf, BB, 1989, S. 1862 f.
[177] Vgl. Baetge/Kirsch/Thiele, Konzernbilanzen, 2002, S. 471 f.
[178] Vgl. Baetge, Konzernbilanzen, 2002, S. 472.
[179] Vgl. Claussen/Scherrer, in: Kölner Kommentar zum AktG, 2003, § 308 Rn. 29.

bilanzielle Vermögen des Tochterunternehmens in der Konzernbilanz angesetzt wird. Der Anteilsverkauf stellt aus Konzernsicht einen Abgang anteiliger stiller Reserven sowie eines anteiligen Goodwills unter Berücksichtung bisheriger Abschreibungen dar. Der Veräußerungsgewinn aus Konzernsicht ist identisch mit dem des proprietary concept.

Bei Anwendung des entity concept stellt der Anteilsverkauf analog zum Anteilszukauf eine Kapitaltransaktion zwischen Konzerngesellschaftern dar. Es hat kein Anteilsverkauf an Dritte stattgefunden.[180] Aus Konzernsicht fand eine Kapitalerhöhung mit Agio durch Kapitaleinzahlung der Minderheitsgesellschafter statt. Die Kapitaleinzahlung entspricht der Höhe des im proprietary und parent company concept ermittelten Veräußerungsgewinns. Die Kapitalerhöhung kann den Kapitalrücklagen des Konzerns[181] oder den Minderheitenanteilen zugeschrieben werden.[182] Analog zum Anteilszukauf ist die Kapitalerhöhung in den Konzernrücklagen zu erfassen.

Bei Anwendung des parent company extension concept sind zwei Vorgehensweisen möglich. Geht man davon aus, dass ein Verkauf an Dritte stattgefunden hat, ist eine erfolgswirksame Endkonsolidierung der veräußerten Anteile vorzunehmen.[183] Im Gegensatz zum parent company concept liegt kein Abgang stiller Reserven vor. Bei Anwendung des Konzeptes werden stille Reserven sowohl auf die Mehrheits- als auch auf die Minderheitsgesellschafter zugeschrieben bzw. verrechnet. Die Minderheitsgesellschafter erwerben durch den Anteilsverkauf des Mutterunternehmens einen Anspruch in Höhe des Nettovermögens des Tochterunternehmens zum Veräußerungszeitpunkt, wodurch sich die Minderheitenanteile erhöhen.

Stellt man stärker auf das entity concept ab, kann eine erfolgsneutrale Abbildung der Anteilsveräußerung vorgenommen werden. Im Gegensatz zum entity concept wird der Goodwill bei Anwendung des parent company extension concept nicht auf die Minderheiten hochgerechnet, so dass bei teilweiser Anteilsveräußerung ein Abgang des anteiligen Goodwills fingiert wird. Die Höhe

---

[180] Es wird die Annahme getroffen, dass die Anteile aus Konzernsicht bei Anwendung des parent company concept mit Gewinn veräußert wurden, der größer als der auf die veräußerten Anteile entfallende Goodwill ist.

[181] Vgl. Busse von Colbe, FS Scherrer, 2004, S. 55; Ullrich, Endkonsolidierung, 2002, S. 113; Dusemond/Weber/Zündorf, in: HdKR, 1998, § 301 Rn. 221; Weber/Zündorf, BB, 1989, S. 1862 f.

[182] Vgl. Förschle/Hoffmann, in: Beck Bil-Komm., 2003, § 307 Rn. 50.

[183] Vgl. Busse von Colbe u. a., Konzernabschlüsse, 2003, S. 342; Förschle/Deubert, in: Beck Bil-Komm., 2003, § 301 Rn. 207 in Bezug auf die Neubewertungsmethode des HGB.

der Kapitaleinzahlung der Minderheitsgesellschafter entspricht der des entity concept.

3.2.2.2.4. Sonstige Veränderungen der Anteilsquote

Die Anteilsquote des Mutterunternehmens am Tochterunternehmen kann sich neben dem Kauf bzw. dem Verkauf von Anteilen durch eine Kapitalerhöhung beim Tochterunternehmen verändern. Nimmt das Mutterunternehmen nicht in Höhe seiner ursprünglichen Anteilsquote, sondern in geringerem Umfang an einer Kapitalerhöhung eines einbezogenen Tochterunternehmens teil, verringert sich seine Anteilsquote.

Im Rahmen der Folgekonsolidierung ist die Erstkonsolidierung zu wiederholen. Dabei ist der Wertansatz der Anteile des Mutterunternehmens mit dem anteiligen Eigenkapital, das auf die Anteile des Mutterunternehmens entfällt, zu verrechnen. Wurden die neuen Anteile aus der Kapitalerhöhung beim Tochterunternehmen mit Agio ausgegeben, entfällt auf die Anteile des Mutterunternehmens ein höheres Eigenkapital des Tochterunternehmens als dies bei Durchführung der Erstkonsolidierung der Fall war. Bei Wiederholung der Erstkonsolidierung im Rahmen der Folgekonsolidierung verbleibt folglich ein Differenzbetrag als nicht verrechnetes Eigenkapital des Tochterunternehmens. Die Behandlung des Differenzbetrages hängt davon ab, welches Konzept dem Konzernabschluss zugrunde gelegt wird. Lediglich wenn die neuen Anteile zu Nominalbeträgen ausgegeben werden, ergibt sich kein Unterschied im Vergleich zur Erstkonsolidierung.[184]

Bei Anwendung des proprietary concept sind die Bilanzposten des Tochterunternehmens entsprechend der neuen Beteiligungsquote einzubeziehen. Der Teil der stillen Reserven und des Goodwills, um den sich die Beteiligungsquote vermindert hat, ist abzuschreiben bzw. aufzulösen. Die Kapitalerhöhung stellt sich wie eine Anteilsveräußerung dar. Der nicht verrechnete Teil des Eigenkapitals des Tochterunternehmens ist erfolgswirksam auszuweisen.[185]

Die Kapitalerhöhung wird bei Anwendung des parent company concept ebenso wie eine Anteilsveräußerung und damit erfolgswirksam behandelt. Stille Reserven und ein Goodwill sind entsprechend der Verminderung der

---

[184] Vgl. Claussen/Scherrer, in: Kölner Kommentar zum AktG, 2003, § 301 Rn. 189.
[185] Vgl. Baetge/Kirsch/Thiele, Konzernbilanzen, 2002, S. 464, die hinsichtlich der Interessenstheorie argumentieren; vgl. Adler/Düring/Schmaltz, 1996, § 301 Rn. 199.

Anteilsquote abzuschreiben bzw. aufzulösen und der Teil des nicht verrechneten Eigenkapitals ist erfolgswirksam auszuweisen.

Wird der Kapitalkonsolidierung nach dem entity concept durchgeführt, stellt die Kapitalerhöhung eine Kapitaleinzahlung von Konzernunternehmen dar, die erfolgsneutral zu behandeln ist. Die Einzahlung in Höhe des oben beschriebenen nicht verrechneten Eigenkapitals des Tochterunternehmens erhöht die Kapitalrücklage der Konzernbilanz.[186]

Bei Anwendung des parent company extension concept ist die Kapitalerhöhung ebenso wie bei Anwendung des entity concept zunächst erfolgsneutral zu behandeln. Aus Konzernsicht hat eine Kapitaleinzahlung von Konzerngesellschaftern stattgefunden. Es sind zwei Vorgehensweisen denkbar. In Anlehnung an das entity concept kann die Kapitalerhöhung als Einzahlung in die Kapitalrücklage des Konzerns betrachtet werden. Stellt man stärker auf das parent company concept ab, wird statt der Erhöhung der Kapitalrücklage der Betrag als negativer Goodwill ausgewiesen.[187] Der Vorgang stellt sich damit in den Folgeperioden nicht als erfolgsneutrale Einzahlung dar.

Die Anteilsquote des Mutterunternehmens kann sich bei Durchführung einer Kapitalerhöhung des Tochterunternehmens erhöhen, wenn das Mutterunternehmen mit einer höheren Quote als der ursprünglichen an der Kapitalerhöhung teilnimmt.

Bei Anwendung des proprietary und des parent company concept ist der Vorgang analog zum Anteilszukauf abzubilden. Die Erstkonsolidierung der neuen Anteile wird in Bezug auf das gesamte, nach der Kapitalerhöhung vorliegende Eigenkapital durchgeführt.[188] Dabei ergibt sich ein Unterschiedsbetrag, wenn die Anteile des Tochterunternehmens mit Agio ausgegeben wurden.[189] Als Unterschiedsbetrag wird die Differenz zwischen den Anschaffungskosten der Anteile und dem auf sie entfallenden Eigenkapital der Handelsbilanz II bezeichnet.

---

[186] Vgl. Busse von Colbe u. a., Konzernabschlüsse, 2003, S. 336; Claussen/Scherrer, in: Kölner Kommentar zum AktG, 2003, § 301 Rn. 190; Dusemond/Weber/Zündorf, in: HdKR, 1998, § 301 Rn. 228, die hinsichtlich der Einheitstheorie argumentieren.

[187] Vgl. Claussen/Scherrer, in: Kölner Kommentar zum AktG, 2003, § 301 Rn. 190.

[188] Vgl. Förschle/Deubert, in: Beck Bil-Komm., 2003, § 301 Rn. 212; Baetge/Kirsch/Thiele, Konzernbilanzen, 2002, S. 464; Weber/Zündorf, BB, 1989, S. 1854 f.

[189] Vgl. Adler/Düring/Schmaltz, 1996, § 301 Rn. 200.

Auch gemäß dem entity concept ist eine Erstkonsolidierung der Anteile durchzuführen. Aus Sicht der wirtschaftlichen Einheit hat eine Kapitalerhöhung mit Ausgabe von neuen Anteilen stattgefunden. Eine Kapitalerhöhung ist erfolgsneutral abzubilden. Es hat kein Erwerb von Anteilen stattgefunden und somit kann kein Goodwill entstehen. Verbleibt bei der Kapitalkonsolidierung ein Unterschiedsbetrag, ist er in die Kapitalrücklage des Konzerns einzustellen. Die Erhöhung der Anteilsquote bei Kapitalerhöhung wird damit analog zum Anteilszukauf abgebildet.

Eine Einstellung in die Kapitalrücklage kann ebenso bei Anwendung des parent company extension concept vorgenommen werden. Wird hingegen bei Anwendung des parent company extension concept stärker auf das parent company concept abgestellt, ist analog zum Anteilszukauf eine Erstkonsolidierung der neu erworbenen Anteile mit Ausweis eines Goodwills durchzuführen.

3.2.2.3. Einheits- und Interessentheorie

Die theoretische Entsprechung des proprietary, des parent company sowie des parent company extension concept ist im deutschen Schrifttum die Interessentheorie, die verschiedene Ausprägungen aufweist.[190] Sie ist dadurch gekennzeichnet, dass die Interessen der Mehrheitsgesellschafter im Vordergrund stehen und der Konzernabschluss eine Erweiterung des Jahresabschlusses des Mutterunternehmens darstellt.[191] Der Grundgedanke der Interessentheorie entspricht damit dem des proprietary concept. Allerdings wird die Interessentheorie auch dahingehend interpretiert, dass die Jahresabschlussposten des Tochterunternehmens in voller Höhe in den Konzernabschluss einzubeziehen und die Minderheitenanteile als Fremdkapital auszuweisen sind. Ihr Anteil am Konzernerfolg stellt Aufwand dar.[192] Diese Interpretation entspricht sowohl dem parent company als auch dem parent company extension concept. Eine Untersuchung über genauere Übereinstimmungen ist nicht möglich. Im deutschen Schrifttum erfolgt keine eindeutige Festlegung auf ein theoretisches Modell für eine Vollkonsolidierung gemäß der Interessentheorie.[193]

---

[190] Vgl. Baetge/Kirsch/Thiele, Konzernbilanzen, 2002, S. 11-13; Adler/Düring/Schmaltz, 1996, Vorbem. zu den §§ 290-315 Rn. 23 f.

[191] Vgl. Adler/Düring/Schmaltz, 1996, Vorbem. zu den §§ 290-315 Rn. 21-25.

[192] Vgl. Förschle/Lust, in: Beck Bil-Komm., 2003, § 297 Rn. 191; Adler/Düring/Schmaltz, 1996, Vorbem. zu den §§ 290-315 Rn. 21-25; Otte, BB, 1988, S. 101; Wentland, Konzern, 1979, S. 46-48.

[193] Vgl. Wentland, Konzern, 1979, S. 50.

Die Einheitstheorie ist das zweite deutsche Grundkonzept. Ihre Grundidee entspricht der des entity concept. Minderheitsgesellschafter werden als konzernzugehörig betrachtet und es steht die wirtschaftliche Einheit der Konzernunternehmen im Vordergrund.[194]

Im Schrifttum zum HGB wird die Einheitstheorie dahingehend diskutiert, ob aus ihr die Fiktion der rechtlichen Einheit abgeleitet werden könne oder ob die wirtschaftliche Einheit der Konzernunternehmen ausreichend sei.[195] Vereinzelt wird sogar von einer Fiktion der wirtschaftlichen Einheit gesprochen,[196] was unzutreffend ist. Gemäß der Konzerndefinition liegt tatsächlich eine wirtschaftliche Einheit der Konzernunternehmen vor.[197]

Die wirtschaftliche Einheit wird von einem Teil des Schrifttums als ausreichende Voraussetzung für die Konsolidierung angesehen, so dass die Fiktion der rechtlichen Einheit nicht notwendig sei. Zudem würde diese eine Fusion der Konzernunternehmen unterstellen, die auf Grund der rechtlichen Selbständigkeit der Konzernunternehmen nicht vorliegt.[198] § 304 I HGB ist zu entnehmen, dass der deutsche Gesetzgeber die Einheitstheorie im Sinne der Fiktion einer rechtlichen Einheit versteht.[199]

Die Diskussion um die Auslegung der Einheitstheorie hat hinsichtlich ihrer Auswirkungen für Konsolidierungsmaßnahmen wenig Bedeutung. Die Begründung und Auslegung der Konzernabschlussnormen erfolgt meist mit der Einheitstheorie selbst[200] und nur vereinzelt aus der wirtschaftlichen bzw. der Fiktion der rechtlichen Einheit.[201]

---

[194] Vgl. Otte, BB, 1988, S. 101.

[195] Vgl. stellvertretend für viele: Scherrer, Konzernrechnungslegung, 1994, S. 146; vgl. auch die Fußnoten 196-198.

[196] Vgl. Förschle/Lust, in: Beck Bil-Komm., 2003, § 297 Rn. 192; Heinen, Handelsbilanzen, 1986, S. 388.

[197] Vgl. Scherrer, Konzernrechnungslegung, 1994, S. 146; Busse von Colbe u. a., Konzernabschlüsse, 2003, S. 25.

[198] Vgl. Förschle/Lust, in: Beck Bil-Komm., 2003, § 297 Rn. 190; Adler/Düring/Schmaltz, 1996, § 297 Rn. 40; Münstermann, in: Mitteilungen, 1958, S. 43; Käfer, in: Mitteilungen, 1958, S. 10, der anführt, eine Fiktion der rechtlichen Einheit würde dem Recht gegenüber der wirtschaftlichen Betrachtungsweise eine unbegründete Vorrangstellung einräumen.

[199] Vgl. Claussen/Scherrer, in: Kölner Kommentar zum AktG, 2003, § 297 Rn. 97.

[200] Vgl. Claussen/Scherrer, in: Kölner Kommentar zum AktG, 2003, § 297 Rn. 98; Förschle/Lust, in: Beck Bil-Komm., 2003, § 297 Rn. 190 u. 192; IDW (Hrsg.), WP-Handbuch, Bd. I, 2000, M 6-8.

[201] Vgl. Meyer-Landrut/Miller/Niehus, GmbHG, 1987, HGB §§ 238-335 Rn. 1069-1072; Müller, konsolidierte Bilanzen, 1974, S. 24 f.; Schuhmann, Konzernabschluß, 1962,

3.2.3. Beurteilung

3.2.3.1. Konzepte

Die Beurteilung der Konzepte erfolgt hinsichtlich ihrer theoretischen Grundauffassung des Konzernabschlusses. Aus diesem Grund bleiben das parent company und das parent company extension concept bei der Beurteilung unberücksichtigt. Sie stellen eine Modifikation der beiden Grundkonzepte dar. Die Betrachtung richtet sich auf das proprietary concept und das entity concept.

Die beiden Konzepte unterscheiden sich dahingehend, ob die Minderheitsgesellschafter als Eigenkapitalgeber des Konzerns betrachtet werden. Ein Merkmal von Eigenkapitalgebern ist eine Verzinsung ihrer Anteile, die sich am Ergebnis des Unternehmens bemisst, an dem sie Anteile halten. Neben dem Recht auf anteiligen Gewinn haben Eigenkapitalgeber weitere Mitgliedschaftsrechte, wie das Vermögensrecht auf Liquidationserlös und Stimmrechte als Mitwirkungsrechte.[202] Der Konzern ist rechtlich nicht selbständig. Er hat keine rechtlichen Eigenkapitalgeber. Die Untersuchung der Stellung der Minderheitsgesellschafter kann nicht dahingehend erfolgen, ob sie rechtlich Eigenkapitalgeber des Konzerns sind, sondern ob sie in ihrer Stellung vergleichbar mit Mehrheitsgesellschaftern sind. Die Anteile der Mehrheitsgesellschafter unterliegen einer ergebnisabhängigen Verzinsung. Die Verzinsung bemisst sich am Ergebnis des Mutterunternehmens.

Zur Untersuchung der Stellung der Minderheitsgesellschafter als Konzerneigenkapitalgeber müssen Konzernverhältnisse danach unterschieden werden, wie das Mutter-Tochter-Verhältnis begründet wurde. Das Aktiengesetz unterscheidet den Vertragskonzern, d. h., das Konzernverhältnis wurde durch einen Beherrschungsvertrag gemäß § 291 I S. 1 1. HS. AktG begründet, und den faktischen Konzern, bei dem das Konzernverhältnis durch andere Unterneh-

---

S. 33 f.; Wentland, Konzern, 1979, S. 58-70, erläutert mögliche weitere Auswirkungen, die die Fiktion der rechtlichen Einheit auf den Konzernabschluss haben könnte, führt jedoch weiter an, dass eine daraus abgeleitete Bilanz keinen Realitätsbezug mehr hätte; Bores, konsolidierte Erfolgsbilanzen, 1935, S. 14-24, der aus der wirtschaftlichen Einheit Konsolidierungsmaßnahmen ableitet; a.A. Hartle, in: Beck HdR, Bd. II, 2003, C 10 Rn. 90-112, der aus der Einheitstheorie nur das Erfordernis der Aufstellung einer Summenbilanz bzw. Summen-Gewinn- und Verlustrechnung folgert und Konsolidierungsmaßnahmen aus der Theorie der rechtlichen Einheit herleitet.

[202] Vgl. Claussen/Scherrer, in: Kölner Kommentar zum AktG, 2000, § 290 Rn. 40.

mensverträge der §§ 291 und 292 AktG oder durch tatsächlich Verhältnisse begründet wird.[203]

Durch den Beherrschungsvertrag wird gemäß § 291 I S. 1 AktG die Leitung des Unternehmens, hier des Tochterunternehmens, einem anderen Unternehmen, dem Mutterunternehmen, unterstellt. Dabei darf das Mutterunternehmen gemäß § 308 I S. 2 AktG Weisungen erteilen, die für das Tochterunternehmen nachteilig sind, wenn sie im Interesse eines Konzernunternehmens sind. Wird der Beherrschungsvertrag in Kombination mit einem Gewinnabführungsvertrag geschlossen, wird den Minderheitsgesellschaftern das Recht über die Gewinnverwendungsentscheidung entzogen.[204] Auch der alleinige Abschluss eines Beherrschungsvertrages führt zur Beeinträchtigung der Rechte der Minderheitsgesellschafter.[205] Zum Schutz der Minderheitsgesellschafter muss ein Gewinnabführungs- und ein Beherrschungsvertrag gemäß den §§ 304 und 305 AktG Regelungen über einen angemessenen Ausgleich der Nachteile oder über eine Abfindung enthalten. Für den Fall, dass den Minderheitsgesellschaftern eine Abfindung gezahlt wird, geben sie die Aktionärsstellung in Bezug auf das Tochterunternehmen auf.[206]

Handelt es sich bei dem beherrschenden Unternehmen um eine AG oder eine KGaA, kann der Ausgleich gemäß § 304 I S. 2 u. II AktG in variabler oder fester Form erfolgen.[207] Ein fester Ausgleich bedeutet, dass den Minderheitsgesellschaftern ein jährlicher Geldbetrag zugesichert wird, „der nach der bisherigen Ertragslage der Gesellschaft und ihren künftigen Ertragsaussichten [...] voraussichtlich als durchschnittlicher Gewinnanteil auf die einzelne Aktie verteilt werden könnte"[208]. Die Verzinsung der Anteile der Minderheitsgesellschafter ist bei festem Ausgleich nicht mehr ergebnisabhängig. Schuldner der Zahlung ist das Mutterunternehmen.[209]

Der variable Ausgleich stellt einen Anteil an dem vom beherrschenden Unternehmen (Mutterunternehmen) ausgeschütteten Gewinn dar. Der Anteil wird

---

[203] Vgl. Emmerich, in: Aktien- und GmbH-Konzernrecht, 2003, § 18 Rn. 3.

[204] Vgl. Koppensteiner, in: Kölner Kommentar zum AktG, 1987, Vorb. § 291 Rn. 70.

[205] Vgl. Koppensteiner, in: Kölner Kommentar zum AktG, 1987, § 304 Rn. 2; Kropff, AktG a. F. Textausgabe, 1965, S. 380.

[206] Vgl. Schildbach, WPg, 1989 a, S. 162.

[207] Vgl. Emmerich, in: Aktien- und GmbH-Konzernrecht, 2003, § 304 Rn. 24; Koppensteiner, in: Kölner Kommentar zum AktG, 1987, § 304 Rn. 21.

[208] § 304 II S. 1 AktG.

[209] Vgl. Emmerich, in: Aktien- und GmbH-Konzernrecht, 2003, § 304 Rn. 22; Bilda, in: MünchKommAktG, 2000, § 304 Rn. 31 f.; Koppensteiner, in: Kölner Kommentar zum AktG, 1987, § 304 Rn. 15 f.

gemäß § 304 II S. 3 AktG mittels der für die Verschmelzung maßgeblichen Grundsätze bestimmt. Schuldner ist wie beim festen Ausgleich das Mutterunternehmen.[210] Für die Höhe der Ausschüttung des Mutterunternehmens wird das Ergebnis des Konzernabschlusses insofern berücksichtigt, als aus Konzernsicht nicht realisierte Gewinne, die durch Lieferungen zwischen Konzernunternehmen entstanden sind, nicht an die Anteilseigner ausgeschüttet werden.[211] Folglich spielt die Ertragslage des Konzerns eine Rolle bei der Bemessung der Höhe der Ausschüttungen des Mutterunternehmens und für die Höhe der Ausgleichszahlung.[212] Die Verzinsung der Anteile der Minderheitsgesellschafter ist ergebnisabhängig.

Im faktischen Konzern bemessen sich die Ansprüche der Minderheitsgesellschafter weiterhin am Jahresabschluss des jeweiligen Tochterunternehmens, an dem die Minderheitsgesellschafter beteiligt sind. Die Verzinsung der Minderheitenanteile ist ergebnisabhängig.

Eigenkapitalgeber haben neben dem Recht auf einen anteiligen Gewinn weitere Mitgliedschaftsrechte. Mit dem Abschluss eines Beherrschungsvertrages erhält das Mutterunternehmen ein Weisungsrecht, das sich auf alle Maßnahmen, die in den Tätigkeitsbereich des Vorstandes fallen, bezieht. Maßnahmen, die in den Tätigkeitsbereich der Hauptversammlung fallen, unterliegen nicht dem Weisungsrecht.[213] Bei Abschluss eines Gewinnabführungsvertrages entfällt das Recht der Hauptversammlung über die Verwendung des Bilanzgewinns zu bestimmen.[214]

Im faktischen Konzern haben Minderheiten in der Hauptversammlung die in §§ 119 und 131 AktG genannten Rechte. Obige Argumentation gilt analog.

Es zeigt sich, dass die Stellung der Minderheitsgesellschafter weder mit der von Mehrheitsgesellschaftern noch mit der von Fremdkapitalgebern identisch ist. Die Minderheitsgesellschafter haben im Gegensatz zu Fremdkapitalgebern Mitgliedschaftsrechte. Ferner werden ihre Anteile, mit Ausnahme des festen Ausgleichs bei Abschluss eines Gewinnabführungs- und Beherrschungsver-

---

[210] Vgl. Emmerich, in: Aktien- und GmbH-Konzernrecht, 2003, § 304 Rn. 22; Bilda, in: MünchKommAktG, 2000, § 304 Rn. 31 f.

[211] Vgl. Adler/Düring/Schmaltz, 1996, Vorbem. zu den §§ 290-315 HGB Rn. 15 f.; Kropff (Hrsg), AktG a. F. Textausgabe, 1965, S. 437.

[212] Vgl. im Ergebnis: Schildbach, WPg. 1989 a, S. 162.

[213] Vgl. Altmeppen, in: MünchKommAktG, 2000, § 308 Rn. 85-91; IDW (Hrsg.), WP-Handbuch, Bd. I, 2000, T 246.

[214] Vgl. Koppensteiner, in: Kölner Kommentar zum AktG, 1987, Vorb. § 291 Rn. 70.

trages, ergebnisabhängig verzinst. Zudem unterscheiden sich Minderheitsgesellschafter von Fremdkapitalgebern darin, dass im Insolvenzfall der Unternehmensvertrag endet[215] und ihre Einlagen für nach Beendigung des Vertrages entstandene Verluste und Verbindlichkeiten haftet.[216] Minderheitsgesellschafter sind folglich wie Konzerngesellschafter zu behandeln.

3.2.3.2. Ausgestaltungsformen

Aus den dargestellten Konzepten lassen sich vier Kapitalkonsolidierungsmethoden ableiten, die Quotenkonsolidierung, die beteiligungsproportionale Neubewertungsmethode und die beiden Formen der unbegrenzten Neubewertungsmethode, mit und ohne Hochrechnung des Goodwills auf die Minderheitsgesellschafter. Das proprietary concept, auf dem die Quotenkonsolidierung beruht, wurde hinsichtlich seiner theoretischen Grundauffassung abgelehnt.[217]

Als erstes Beurteilungskriterium wurde die Vergleichbarkeit im dynamischen und statischen Sinne festgelegt.[218] Weder die beteiligungsproportionale noch die unbegrenzte Neubewertungsmethode beinhalten ein Wahlrecht, so dass beide Methoden das Kriterium der Vergleichbarkeit erfüllen. Die Vergleichbarkeit ist eingeschränkt, wenn es ein Wahlrecht zwischen mehreren Methoden gibt. Dies gilt auch dann, wenn bei der unbegrenzten Neubewertungsmethode, die auf dem parent company extension concept beruht, nicht festgelegt wird, wie bei Veränderung der Anteilsquote die Folgekonsolidierung durchzuführen ist.

Als zweites Kriterium wurde die Objektivität bzw. Nachprüfbarkeit der durch die Konsolidierungsmethoden ermittelten Konzernabschlussdaten definiert. Es ist der Frage nachzugehen, ob die Wertermittlung bei den Methoden unterschiedlich ist. Die unbegrenzte Neubewertungsmethode schreibt eine Bewertung der Konzernbilanzposten zu Zeitwerten vor, die beteiligungsproportionale Neubewertungsmethode eine Bewertung zu Buchwerten zuzüglich bzw. abzüglich anteiliger stiller Reserven. Es müssen bei beiden Methoden Zeitwerte ermittelt werden. Somit unterscheiden sich die Methoden nicht bezüglich Objektivität der aus ihnen gewonnenen Konzernabschlussdaten. Hin-

---

[215] Vgl. Emmerich/Sonnenschein/Habersack, Konzernrecht, 2001, S. 257 f.

[216] Vgl. Mühlberger, WPg, 2001, S. 1317.

[217] Vgl. Kapitel 3.2.3.1.

[218] Vgl. Kapitel 2.4.

sichtlich der Vollständigkeit bestehen ebenso keine Unterschiede zwischen den Methoden.

Ein drittes Kriterium zur Beurteilung der Methoden hinsichtlich der Informationsfunktion ist der predictive value von Konzernabschlussdaten. Die Methoden müssen durch eine unterschiedliche Darstellung der wirtschaftlichen Lage des Konzerns zu unterschiedlichen Prognosen hinsichtlich der künftigen wirtschaftlichen Entwicklung des Konzerns führen, damit sie sich in Bezug auf den predictive value unterscheiden.

Unterschiede zwischen den Methoden im Hinblick auf die Finanzlage im Sinne der Liquidität eines Unternehmens bestehen nicht. Die Finanzlage wird nicht von Bewertungsmethoden beeinflusst.[219]

Dagegen hat die Anwendung der Methoden Einfluss auf die Vermögenslage. Die unbegrenzte Neubewertungsmethode weist im Erstkonsolidierungszeitpunkt ein höheres Bruttovermögen aus als die beteiligungsproportionale Neubewertungsmethode, wenn die stillen Reserven größer als die stillen Lasten und Minderheitsgesellschafter an dem Tochterunternehmen beteiligt sind. Die Unterschiede in der Vermögensbewertung bestehen solange, bis alle im Konzernabschluss zugeschriebenen bzw. verrechneten stillen Reserven und stillen Lasten abgeschrieben bzw. aufgelöst sind. Es stellt sich die Frage, ob sich aus der unterschiedlichen Darstellung der Vermögenslage unterschiedliche Prognosen ergeben. Das kann dann der Fall sein, wenn aus der Bewertung des Vermögens Rückschlüsse auf die künftige wirtschaftliche Lage des Konzerns gezogen werden können.

Geht man von rational handelnden Entscheidungsträgern aus, wird eine Investition im Unternehmen nur durchgeführt, wenn sie einen positiven Nettokapitalwert aufweist. Der Nettokapitalwert berechnet sich aus den auf den Anschaffungszeitpunkt diskontierten, aus der Investition erwarteten Netto-Cashflows abzüglich der Anschaffungsauszahlung.[220] Unterstellt man den Spezialfall eines Netto-Kapitalwertes der Investition von null, spiegeln die Anschaffungskosten im Sinne der in der Bilanz angesetzten Anschaffungsauszahlungen die minimal aus dem Projekt erwarteten Cashflows wider. Eine Bewertung unterhalb der Anschaffungskosten würde nicht die erwarteten Cashflows zeigen. Betrachtet man den allgemeinen Fall, dass ein Unternehmen bei positivem Nettokapitalwert investiert, nähert eine Bewertung mit den Anschaf-

---

[219] Vgl. Kapitel 2.2.
[220] Vgl. Ross/Westerfield/Jaffe, Corporate Finance, 2002, S. 60-62 u. 78.

fungskosten die aus der Investition erwarteten Cashflows besser an, als eine Bewertung unterhalb der Anschaffungskosten.[221]

Diese Idee lässt sich auf die Bewertung im Konzernabschluss übertragen. Nach der unbegrenzten Neubewertungsmethode werden die im Konzernabschluss anzusetzenden Bilanzposten des Tochterunternehmens mit den Anschaffungskosten des Konzerns bewertet. Es werden die minimal erwarteten Cashflows aus den einzelnen Bilanzposten aus Sicht des Konzerns angenähert. Die beteiligungsproportionale Neubewertungsmethode bewertet die Bilanzposten des Tochterunternehmens nur im Hinblick auf den vom Mutterunternehmen erworbenen Teil des Nettovermögens mit den Konzernanschaffungskosten, der auf die Minderheiten entfallende Teil wird mit einem unterhalb der Anschaffungskosten liegenden Betrag bewertet. Die Bewertung ist nicht interpretierbar. Sie stellt eine Mischung aus Buchwerten (in Bezug auf die Minderheitsgesellschafter) und Zeitwerten (in Bezug auf die Mehrheitsgesellschafter) dar, die zu unterschiedlichen Zeitpunkten ermittelt wurden. Die Anwendung der unbegrenzten Neubewertungsmethode hat im Hinblick auf die dargestellte Interpretation der Anschaffungskosten einen höheren predictive value als die beteiligungsproportionale Neubewertungsmethode.

Als viertes Kriterium ist der feedback value zu betrachten. Im Erstkonsolidierungszeitpunkt kann eine Beurteilung hinsichtlich des feedback value nicht erfolgen. Dies ist erst in den Folgeperioden möglich. Ein feedback value ist hinsichtlich der Bewertung von Aktivposten dann gegeben, wenn sich auf Basis der Anschaffungskosten angestellte Prognosen, zum Beispiel hinsichtlich des Nettokapitalwertes, überprüfen lassen. Dies ist dann möglich, wenn die Bewertung in den Folgeperioden mit dem Nettokapitalwert oder zumindest mit einem Wert, der die Abschätzung des Nettokapitalwertes ermöglicht, erfolgt. Das ist jedoch weder nach HGB noch nach IFRS der Fall. Eine Ausnahme kann sich bei Anwendung der IFRS bei Vorliegen eines impairment ergeben, wenn auf den value in use, der den Barwert der vom Bilanzierenden erwarteten Cashflows darstellt, abgeschrieben wird.[222] Der feedback value der Bewertung der Konzernbilanzposten in den auf die Erstkonsolidierung folgenden Perioden ist sowohl bei der unbegrenzten als auch bei der beteiligungsproportionalen Neubewertungsmethode gering.

Schließlich unterscheiden sich die aus den Konzepten abgeleiteten Ausgestaltungsformen der Erwerbsmethode hinsichtlich des Umfangs sonstiger Konso-

---

[221] Vgl. Streim/Bieker/Leippe, FS Stützel, 2001, S. 196; Ordelheide, FS Busse von Colbe, 1988, S. 280 f.
[222] Vgl. IAS 36.5 u. 58 (1998).

lidierungsmaßnahmen. Die Beurteilung hängt von der Behandlung der Minderheitsgesellschafter ab. Ob ein Konzernunternehmen zum Beispiel Erträge, die es durch Lieferung oder Leistung an ein anderes einbezogenes Tochterunternehmen erzielt hat, vollständig oder nur anteilig eliminiert, ist davon abhängig, inwieweit die Erlöse realisiert sind. Dies wird dadurch bestimmt, ob Minderheitsgesellschafter als konzernzugehörig oder konzernfremd betrachtet werden.

3.2.3.3. Anteilszukauf und Anteilsverkauf

Die unterschiedlichen Vorgehensweisen bei Anteilszukauf können in Folgeperioden zu Erfolgsunterschieden führen. Werden im Rahmen der Erstkonsolidierung der neuen Anteile stille Reserven zugeschrieben bzw. verrechnet und ein Goodwill angesetzt und in den Folgeperioden abgeschrieben bzw. aufgelöst, ist das Konzernergebnis geringer als bei Abbildung des Anteilszukaufs als Kapitaltransfer. Die Erfolgswirkung gleicht sich in späteren Perioden nicht aus.

An der Abbildung der Anteilsveräußerung und des Anteilszukaufs nach dem entity concept zeigt sich, dass eine vollständige Gleichbehandlung der beiden Gesellschaftergruppen nicht erfolgt. Ein Anteilserwerb durch das Mutterunternehmen, bei dem der Kaufpreis über dem anteiligen neubewerteten Nettovermögen inklusive Goodwill des Tochterunternehmens liegt, wird als Kapitalrückzahlung an die bisherigen Eigner des Tochterunternehmens behandelt. Dagegen stellt bei Anteilsveräußerung und folglich Anteilszukauf der Minderheitsgesellschafter, eine positive Differenz zwischen dem Kaufpreis der Anteile aus Minderheitensicht und dem anteiligen neubewerteten Nettovermögen des Tochterunternehmens inklusive Goodwill eine Kapitaleinzahlung dar. Eine Gleichbehandlung beider Gesellschaftergruppen scheitert daran, dass nur der Jahresabschluss des Mutterunternehmens und die darin enthaltene Abbildung der Transaktionen in der Konzernabschlussübersicht enthalten sind. Die Konzeption des entity concept der Gleichbehandlung aller Konzerngesellschafter ist bei Anteilszukauf nicht umsetzbar. Die erfolgsneutrale Abbildung steht konzeptionell im Einklang mit der Grundidee des Konzeptes.[223] Minderheitsgesellschafter werden als Konzerngesellschafter behandelt und somit hat kein Anteilszukauf von Dritten stattgefunden.

---

[223] Vgl. Busse von Colbe, FS Scherrer, 2004, S. 53; Busse von Colbe u. a., Konzernabschlüsse, 2003, S. 331 f. u. 342.

Eine erfolgsneutrale Verrechnung eines Unterschiedsbetrages kann Anreize geben, höhere Preise für Anteile des Tochterunternehmens zu zahlen als bei erfolgswirksamer Abbildung eines Anteilszukaufs. Ein solcher Effekt konnte bei der Pooling of interests-Methode beobachtet werden, bei deren Anwendung eine erfolgsneutrale Verrechnung des Unterschiedsbetrags durchgeführt wird.[224] Im Vergleich zur Erwerbsmethode wurden höhere Aufschläge auf die Börsenkapitalisierung gezahlt als bei der Erwerbsmethode.[225]

Das Unternehmen bzw. die Qualität des Managements wird häufig an Kennzahlen wie der rate of return on invested capital (ROIC) gemessen. Die Kennzahl setzt die earnings before interests and tax (EBIT) ins Verhältnis zum eingesetzten, mit Kapitalkosten zu belastenden Kapital.[226] Der ROIC steigt bei erfolgsneutraler Abbildung des Anteilszukaufs im Vergleich zu einer erfolgswirksamen Behandlung auf Grund von zwei Effekten. Zum einen sinkt bei einer angenommenen Kapitalrückzahlung an die Minderheitsgesellschafter das eingesetzte Kapital, zum anderen steigt die Kennzahl EBIT, da keine Abschreibung bzw. Auflösung stiller Reserven und keine Abschreibung des Goodwills das Konzernergebnis in den Folgeperioden belasten. Die Kennzahl ist umso besser je größer der bei Anteilszukauf vom Mutterunternehmen gezahlte Aufschlag auf das anteilige neubewertete Nettovermögen inklusive Goodwill des Tochterunternehmens ist.

Wird der Anteilszukauf nicht als Transaktion zwischen Mehr- und Minderheitsgesellschafter betrachtet, müssen die Zeitwerte der Bilanzposten des Tochterunternehmens im Zeitpunkt des nachträglichen Anteilserwerbs ermittelt werden. Dies wäre schon bei nachträglichem Zukauf von einer Aktie durch das Mutterunternehmen notwendig. Der Nutzen aus der Zuschreibung bzw. Verrechnung stiller Reserven steht in diesem Fall in keinem Verhältnis zu den Kosten und dem Zeitaufwand, die die Zeitwertermittlung verursacht. Es ist eine Grenze in Bezug auf die nachträglich erworbene Anteilsquote festzulegen, ab der der Nutzen einer Neubewertung die mit ihr verbundenen Kosten rechtfertigt. Bei der Festlegung der Grenze ist das Kriterium der Wesentlichkeit (materiality) zu beachten. Nur bei wesentlichen Anteilszukäufen hat dann eine Zuschreibung bzw. Verrechnung stiller Reserven zu erfolgen. Nach der Definition in den IFRS ist eine Information dann wesentlich, wenn ihre fehlerhafte Bekanntgabe oder die Unterlassung ihrer Bekanntgabe Entscheidungen der Jahresabschlussadressaten beeinflusst. Demnach müsste im Einzelfall entschieden werden, ob es sich um einen wesentlichen Anteilszu-

---

[224] Vgl. § 302 II HGB.
[225] Vgl. Robinson/Shane, Accounting Review, 1990, S. 47.
[226] Vgl. Drukarczyk, Finanzierung, 2003, S. 142.

kauf handelt oder nicht. Dies würde dem Bilanzierenden Ermessensspielräume einräumen. Es ist somit zweckmäßig, Grenzwerte vorzugeben.[227] Es besteht keine Einigkeit darüber, in welcher Höhe diese festzulegen sind. Die vorgeschlagenen Grenzwerte für die Bestimmung von Wesentlichkeit liegen in Bezug auf verschiedene Bezugsgrößen in einem Intervall von 1-15 %.[228] Werden bei Anteilszukauf keine stille Reserven zugeschrieben bzw. verrechnet, kann dies bei einem Anteilszukauf von 15 % bei großen Tochterunternehmen in den Folgeperioden große Wirkungen auf das Konzernergebnis haben. Als Maßgröße für Wesentlichkeit bietet sich folglich ein Wert am unteren Ende der angegebenen Spanne an. Es ist darauf abzustellen, wie viel Prozent der ausgegebenen Anteile am Tochterunternehmen erworben wurden.

Bei Anteilsverkauf durch das Mutterunternehmen führt die Anwendung des entity concept dazu, dass die kumulierten Gewinne des Mutterunternehmens und die kumulierten Konzerngewinne während der Konzernzugehörigkeit des Tochterunternehmens durch die erfolgsneutrale Erfassung des Veräußerungsgewinns nicht übereinstimmen.[229] Dies ist bei Anwendung der anderen Konzepte der Fall. Daran zeigt sich, dass der Konzernabschluss bei Anwendung des entity concept nicht als erweiterter Abschluss des Mutterunternehmens, sondern als ein vom Jahresabschluss des Mutterunternehmens unabhängiger Abschluss betrachtet wird. Die erfolgsneutrale Abbildung des Anteilsverkaufs entspricht der Konzeption des entity concept. Allerdings kann sie ebenso wie bei Anteilszukauf zu Fehlanreizen führen. Ein aus Konzernsicht entstehender Verlust bei Veräußerung von Anteilen eines Tochterunternehmens schmälert nicht das Konzernergebnis.

---

[227] Vgl. Claussen/Scherrer, in: Kölner Kommentar zum AktG, 2003, § 304 Rn. 62 u. § 308 Rn. 57; Scherrer, in: BHR, 1986/2004, § 308 Rn. 33.

[228] Vgl. Woolsey, in: JoA, 1973, S. 48, der hinsichtlich der Einschätzung von Fehlern ein Intervall von 8-11 % des Durchschnittseinkommens vorschlägt; Bernstein, in: Accounting Review, 1967, S. 93, der hinsichtlich der Behandlung von extraordinary gains and losses nach US-GAAP einen Grenzwert innerhalb des Intervalls von 10-15% des net income after taxes vorschlägt; vgl. auch Rossmanith, Materiality-Grundsatz, 1998, S. 54-61, für einen Überblick über empirische Studien; Canadian Institute of Chartered Accountants, Materiality, 1977; Lück, Materiality, 1975, S. 28 f. u. 42, der einen Überblick über materiality in Regulations der SEC gibt; Dyer, norms, 1973, der eine Studie über materiality durchführte.

[229] Vgl. Ullrich, Endkonsolidierung, 2001, S. 114 f.

3.2.4. Folgerungen

Hinsichtlich der Informationsfunktion des Konzernabschlusses ist die unbegrenzte Neubewertungsmethode gegenüber der beteiligungsproportionalen Neubewertungsmethode zu präferieren. Der aus dem parent company extension concept abgeleiteten unbegrenzten Neubewertungsmethode liegt jedoch kein schlüssiges Konzept zugrunde, so dass Unklarheiten bezüglich der Vorgehensweise bei speziellen Konsolidierungsproblemen, wie bei Veränderung der Anteilsquote, bestehen. Um Vergleichbarkeit von Konzernabschlüssen, die gemäß dem parent company extension concept aufgestellt werden, zu gewährleisten, muss bei Anwendung des Konzeptes festgelegt werden, ob auf das entity oder auf das parent company concept abgestellt wird.

Die Kapitalkonsolidierungsmethode des parent company extension concept entspricht bis auf die nicht erfolgende Hochrechnung des Goodwills auf die Minderheitsgesellschafter und dem Ausweis ihrer Anteile am Konzernerfolg und am Konzerneigenkapital dem entity concept. Minderheitsgesellschafter werden nicht als Konzernfremde betrachtet. Konzeptionell müssten Konsolidierungsprobleme somit aus Sicht des entity concept gelöst werden.

In der Vergangenheit hat sich bei der Pooling of interests-Methode gezeigt, dass eine erfolgsneutrale Verrechnung des Goodwills zu Fehlallokationen von Kapital führen kann. Diese Gefahr besteht auch bei erfolgsneutraler Behandlung eines Anteilszu- oder Anteilsverkaufs. Das parent company extension concept ist folglich hinsichtlich des parent company concept auszurichten.

3.3. Erwerbsmethode nach HGB und IFRS

Sowohl nach HGB als auch nach IFRS stellt der Konzernabschluss den Abschluss der wirtschaftlichen Einheit Konzern dar.[230] Dies deutet zunächst auf die Umsetzung des entity concept hin.

---

[230] Vgl. § 297 III S. 1 HGB; IAS 27.15 (rev. 2000); Kropff (Hrsg.), AktG a. F. Textausgabe, 1965, S. 436.

3.3.1. Erwerbsmethode nach HGB

3.3.1.1. Rechtsentwicklung

Vor der Umsetzung der Siebenten Richtlinie des Rates vom 13.6.1983 (7. Richtlinie)[231] war die Stichtagsmethode (deutsche Methode der Kapitalkonsolidierung) die im deutschen Recht vorgeschriebene Kapitalkonsolidierungsmethode. Diese Methode verrechnet die Anteile des Mutterunternehmens gegen das anteilige Eigenkapital des Tochterunternehmens zu Buchwerten. Entsteht ein Unterschiedsbetrag, wird er in voller Höhe in der Konzernbilanz gesondert ausgewiesen.[232] Die Vorgehensweise ist auf die Eliminierung von Doppelzählungen ausgerichtet. Es erfolgt keine Neubewertung des Vermögens. Die Verrechnung wird zu jedem folgenden Abschlussstichtag in gleicher Weise vorgenommen.[233] Die Methode ist in dem Sinne erfolgsneutral, als keine Abschreibung bzw. Auflösung stiller Reserven und keine Abschreibung eines Goodwills erfolgt.[234]

Neben der deutschen Methode wurde auch die modifizierte angelsächsische Methode als zulässig angesehen, die nur im Erstkonsolidierungszeitpunkt den Wertansatz der Anteile mit dem anteiligen Eigenkapital zu Buchwerten verrechnet. In den Folgeperioden wird die Erstkonsolidierung wiederholt, und Rücklagenveränderungen des Tochterunternehmens werden in der Konzernrücklage erfasst.[235] Dies hat zur Folge, dass der bei der Erstkonsolidierung ermittelte Unterschiedsbetrag konstant bleibt und nicht wie bei der deutschen Methode in seiner Höhe variiert.[236]

Die deutsche Methode wurde im Rahmen der Umsetzung der 7. Richtlinie über den Konzernabschluss im Bilanzrichtliniengesetz (BiRiLiG), das am 1.1.1986 in Kraft getreten ist,[237] durch die angelsächsische Methode ersetzt. Letztere entspricht nach Auffassung des Gesetzgebers dem Grundsatz, den Konzern als wirtschaftliche Einheit darzustellen.[238] Mit In-Kraft-Treten des Transparenz- und Publizitätsgesetzes (TransPuG) vom 26.07.2002 erfolgte eine weitere Änderung der Regelungen zur Kapitalkonsolidierung mit dem

---

[231] Vgl. Rat der Europäischen Gemeinschaften, 7. Richtlinie 83/349/EWG, 1983.
[232] Vgl. § 331 I AktG a. F.
[233] Vgl. Baetge/Kirsch/Thiele, Konzernbilanzen, 2002, S. 194.
[234] Vgl. Scherrer, in: BHR, 1986/2004, § 301 Rn. 4 f.
[235] Vgl. Scherrer, in: BHR, 1986/2004, § 301 Rn. 4 u. 6.
[236] Vgl. Scherrer, in: BHR, 1986/2004, § 301 Rn. 6; Baetge/Kirsch/Thiele, Konzernbilanzen, 2002, S. 193 f.
[237] Vgl. Gross/Schruff/v. Wysocki, Konzernabschluss, 1987, S. 23.
[238] Vgl. Deutscher Bundestag, Drucksache 10/3440, 1985, S. 38.

Ziel der Anpassung der deutschen Konzernrechnungslegungsvorschriften an internationale Rechnungslegungsgrundsätze.[239]

3.3.1.2. Ausgestaltung

Nach deutschem Recht werden Tochterunternehmen, die in den Konzernabschluss einbezogen werden, grundsätzlich nach der Erwerbsmethode gemäß § 301 HGB konsolidiert (Vollkonsolidierung). Sind bestimmte Voraussetzungen erfüllt, kann gemäß § 302 I HGB die pooling of interests-Methode angewandt werden.

Die Quotenkonsolidierung ist gemäß § 310 I HGB nur bei Vorliegen von Gemeinschaftsunternehmen anwendbar. Gemeinschaftsunternehmen sind dadurch gekennzeichnet, dass sie von einem in den Konzernabschluss einbezogenen Unternehmen und einem oder mehreren nicht einbezogenen Unternehmen gemeinsam geführt werden.[240] Bei einem Gemeinschaftsunternehmen handelt es sich somit nicht um ein Tochterunternehmen, da eine gemeinsame Führung eine schwächere Einflussnahme darstellt als dies bei einem Leitungs-/Beherrschungsverhältnis der Fall ist.[241]

Die Erstkonsolidierung des Tochterunternehmens darf entweder mit einem Abschluss zum Zeitpunkt des Erwerbs oder mit einem Abschluss zum Zeitpunkt der erstmaligen Einbeziehung erfolgen. Liegt ein sukzessiver Anteilserwerb vor, kann der Konsolidierung auch ein Abschluss zu dem Zeitpunkt, zu dem das Unternehmen Tochterunternehmen geworden ist, zugrunde gelegt werden. Bei dem Abschluss kann es sich um einen Jahresabschluss oder einen Zwischenabschluss des Tochterunternehmens handeln.[242] Im Folgenden wird der Begriff Jahresabschluss sowohl für den eigentlichen Jahresabschluss, als auch für den Zwischenabschluss verwendet, soweit eine Differenzierung nicht notwendig ist.

Die Verrechnung der Anteile mit dem anteiligen Eigenkapital erfolgt mit den Wertansätzen zum jeweiligen Zeitpunkt.[243] Wird die Verrechnung zum Zeitpunkt des Anteilserwerbs vorgenommen, sind die zu verrechnenden Anteile

---

[239] Vgl. Deutscher Bundesrat, Drucksache 109/02, 2002, S. 18-20.

[240] Vgl. § 310 I HGB.

[241] Vgl. Claussen/Scherrer, in: Kölner Kommentar zum AktG, 2003, § 310 Rn. 5, 13 u. 16; Scherrer, Konzernrechnungslegung, 1994, S. 489 f.

[242] Vgl. Claussen/Scherrer, in: Kölner Kommentar zum AktG, 2003, § 301 Rn. 96.

[243] Vgl. § 301 II S. 1 HGB.

mit den Anschaffungskosten bewertet. Wird die Verrechnung zum Zeitpunkt der erstmaligen Einbeziehung vorgenommen, entspricht der Wertansatz dem beizulegenden Wert des § 253 II HGB. Wird bei sukzessivem Erwerb der Zeitpunkt, zu dem das Unternehmen zum Tochterunternehmen geworden ist, der Verrechnung zugrunde gelegt, entspricht der Wertansatz der zu diesem Zeitpunkt erworbenen Anteile den Anschaffungskosten. Früher erworbene Anteile sind mit dem beizulegenden Wert bewertet.[244]

Die Vollkonsolidierung wird mit der Einheitstheorie begründet, auf der die Regelungen zur Aufstellung des Konzernabschlusses basieren.[245] Der Konzernabschluss stellt einen Quasi-Jahresabschluss der wirtschaftlichen Einheit Konzern dar.[246] Minderheitsgesellschafter werden als konzernzugehörig betrachtet und ihre Anteile stellen Konzerneigenkapital dar, das gemäß § 307 I S. 1 HGB innerhalb des Konzerneigenkapitals gesondert auszuweisen ist. Ein gesonderter Ausweis ist auch für die auf sie entfallenden Gewinne oder Verluste, die Teil des Konzernerfolges darstellen, erforderlich.[247] Für die Durchführung der Vollkonsolidierung besteht gemäß § 301 I S. 1 HGB ein Wahlrecht zwischen

- der Buchwertmethode und
- der Neubewertungsmethode.

Die Buchwertmethode[248] verrechnet im Rahmen der Kapitalkonsolidierung den Wertansatz der Anteile des Mutterunternehmens mit dem anteiligen Eigenkapital des Tochterunternehmens auf Basis der Buchwerte. Verbleibt bei der Verrechnung ein positiver Unterschiedsbetrag, sind stille Reserven und stille Lasten den Bilanzposten des Tochterunternehmens zuzuschreiben bzw. mit ihnen zu verrechnen. In welchem Umfang die Zuschreibung bzw. Verrechnung vorzunehmen ist, ist in § 301 I S. 3 HGB nicht geregelt. Die herrschende Meinung geht davon aus, dass nur beteiligungsproportional, d. h. in

---

[244] Vgl. Claussen/Scherrer, in: Kölner Kommentar zum AktG, 2003, § 301 Rn. 33.

[245] Vgl. Förschle/Lust, in: Beck Bil-Komm., 2003, § 297 Rn. 192; Adler/Düring/Schmaltz, 1996, § 297 Rn. 43.

[246] Vgl. Lutter/Rimmelspacher, DB, 1992, S. 488; Münstermann, in: Mitteilungen, 1958, S. 43.

[247] Vgl. § 307 I u. II HGB.

[248] Bei der Darstellung und Diskussion der Regelungen des HGB wird statt der Bezeichnung „beteiligungsproportionale Neubewertungsmethode" die allgemein in Bezug auf das HGB gebräuchliche Bezeichnung „Buchwertmethode" verwendet; vgl. Claussen/ Scherrer, in: Kölner Kommentar zum AktG, 2003, § 301 Rn. 15; Förschle/Deubert, in: Beck Bil-Komm., 2003, § 301 Rn. 45; Adler/Düring/Schmaltz, 1996, § 301 Rn. 5 f.; Scherrer, in: BHR, 1986/2004, § 301 Rn. 23.

Höhe der Anteilsquote des Mutterunternehmens, zugeschrieben werden darf. Im Sinne der Einzelerwerbsfiktion erfolgt die Bewertung zu Konzernanschaffungskosten und man nimmt an, dass das Mutterunternehmen nur für anteilige stille Reserven bezahlt hat.[249] Die Annahme ist empirisch nicht nachgewiesen.[250]

Bei der Neubewertung ist das Anschaffungskostenprinzip zu beachten, das den Umfang der Zuschreibung bzw. Verrechnung der stillen Reserven abzüglich stiller Lasten auf den aktiven Unterschiedsbetrag beschränkt. Ein passiver Unterschiedsbetrag darf sich durch die Zuschreibung bzw. Verrechnung stiller Reserven abzüglich stiller Lasten nicht erhöhen.[251] Ein nichtverteilbarer Restbetrag ist gemäß § 301 III S. 1 HGB als Geschäfts- oder Firmenwert auf der Aktivseite bzw. als Unterschiedsbetrag aus der Kapitalkonsolidierung auf der Passivseite auszuweisen.

Die Höhe des Minderheitenanteils bemisst sich am Buchwert des Eigenkapitals aus der Handelsbilanz II des Tochterunternehmens. Die Methode entspricht im Hinblick auf die Kapitalkonsolidierung, mit Ausnahme der Beschränkung der Zuschreibung bzw. Verrechnung stiller Reserven durch die Anschaffungskosten, dem parent company concept. Der Ausweis der Minderheitenanteile, die Betrachtung des Konzernabschlusses als Abschluss der wirtschaftlichen Einheit Konzern und die Eliminierung von konzerninternen Transaktionen, die auch hinsichtlich des auf die Minderheiten entfallenden Teils vorzunehmen ist,[252] weisen auf das entity concept hin.

Mit Ausnahme der Eliminierung von konzerninternen Transaktionen[253] und der Folgebilanzierung eines Goodwills bzw. negativen Goodwills[254] ist die Folgekonsolidierung im HGB nicht geregelt. Die Vorgehensweise wird aus

---

[249] Vgl. Claussen/Scherrer, in: Kölner Kommentar zum AktG, 2003, § 301 Rn. 77 f.; Förschle/Deubert, in: Beck Bil-Komm., 2003, § 301 Rn. 105; IDW (Hrsg.), WP-Handbuch, Bd. I, 2000, M Rn. 352; Adler/Düring/Schmaltz, 1996, § 301 Rn. 76; Scherrer, Konzernrechnungslegung, 1994, S. 249.

[250] Vgl. auch Ordelheide, in: Beck HdR, 2003, C 401 Rn. 51.

[251] Vgl. § 301 I S. 3 u. 4 HGB; Claussen/Scherrer, in: Kölner Kommentar zum AktG, 2003, § 301 Rn. 86; Scherrer, Konzernrechnungslegung, 1994, S. 251 u. 257.

[252] Vgl. § 304 I HGB.

[253] Vgl. Schuldenkonsolidierung: § 303 HGB, Zwischenergebniseliminierung: § 304 HGB, Aufwands- und Ertragskonsolidierung: § 305 HGB.

[254] Vgl. § 309 HGB.

den Vorschriften zur Erstkonsolidierung und den allgemeinen Vorschriften zur Aufstellung eines Konzernabschlusses[255] abgeleitet.[256]

Über die Vorgehensweise bei teilweiser Anteilsveräußerung bestehen unterschiedliche Meinungen. Überwiegend wird eine erfolgswirksame Endkonsolidierung der Anteile gefordert.[257] Teilweise wird eine erfolgsneutrale Behandlung vertreten.[258] Die erste Konzeption zeigt eine Tendenz in Richtung parent company concept, die zweite in Richtung entity concept. Beide Auffassungen sind mit dem parent company extension concept vereinbar. Bei Anteilszukauf wird überwiegend eine Erstkonsolidierung der Anteile gefordert,[259] vereinzelt wird eine Behandlung als Kapitaltransaktion vertreten.[260] Die erfolgsneutrale Behandlung des Anteilszukaufs bzw. -verkaufs steht im Widerspruch zur Buchwertmethode, die die Minderheits- und die Mehrheitsgesellschafter bilanziell unterschiedlich behandelt.

Ebenso gibt es keine einheitliche Meinung darüber, wie bei Veränderung der Anteilsquote des Mutterunternehmens auf Grund einer Kapitalerhöhung beim Tochterunternehmen vorzugehen ist. Verringert sich die Anteilsquote, wird eine zur Anteilsveräußerung analoge Behandlung vorgeschlagen,[261] was eine Umsetzung des parent company concept darstellt. Überwiegend wird davon ausgegangen, dass die wirtschaftliche Einheit in den Vordergrund zu stellen und die Kapitalerhöhung gemäß dem entity concept als Kapitaleinzahlung der Minderheitsgesellschafter zu behandeln ist.[262] Daneben wird auch vertreten,

---

[255] Vgl. Inhalt und Form: §§ 297, 298 HGB, Konsolidierungsgrundsätze und Vollständigkeitsgebot: § 300 HGB, einheitliche Bewertung: § 308 HGB.

[256] Vgl. Claussen/Scherrer, in: Kölner Kommentar zum AktG, 2003, § 301 Rn. 162; Scherrer, Konzernrechnungslegung, 1994, S. 316.

[257] Vgl. Claussen/Scherrer, in: Kölner Kommentar zum AktG, 2003, § 301 Rn. 221-227; Ullrich, Endkonsolidierung, 2002, S. 114-116; IDW (Hrsg.), WP-Handbuch, Bd. I, 2000, M Rn. 396; Adler/Düring/Schmaltz, 1996, § 301 Rn. 187-192; Scherrer, Konzernrechnungslegung, 1994, S. 345 f.

[258] Vgl. Dusemond/Weber/Zündorf, in: HdKR, 1998, § 301 Rn. 221; Weber/Zündorf, BB, 1989, S. 1863 f.; Förschle/Hoffmann, in: Beck Bil-Komm., 2003, § 307 Rn. 50, die beide Methoden für zulässig erachten.

[259] Vgl. Claussen/Scherrer, in: Kölner Kommentar zum AktG, 2003, § 301 Rn. 181; Förschle/Deubert, in: Beck Bil-Komm., 2003, § 301 Rn. 191; Adler/Düring/Schmaltz, 1996, § 301 Rn. 176.

[260] Vgl. Dusemond/Weber/Zündorf, in: HdKR, 1998, § 301 Rn. 196; Weber/Zündorf, BB, 1989, S. 1854.

[261] Vgl. Förschle/Deubert, in: Beck Bil-Komm., 2003, § 301 Rn. 216; Baetge/Kirsch/Thiele, Konzernbilanzen, 2002, S. 464.

[262] Vgl. Claussen/Scherrer, in: Kölner Kommentar zum AktG, 2003, § 301 Rn. 190; Dusemond/Weber/Zündorf, in: HdKR, 1998, § 301 Rn. 228.

das zusätzliche Kapital als negativen Goodwill zu bilanzieren.[263] Erhöht sich die Anteilsquote durch eine Kapitalerhöhung beim Tochterunternehmen, ist analog zum Anteilszukauf vorzugehen.[264]

Als zweite Methode regelt § 301 I S. 2 Nr. 2 HGB die Neubewertungsmethode. Im Unterschied zur Buchwertmethode ist eine Bewertung der Bilanzposten des Tochterunternehmens im Erstkonsolidierungszeitpunkt mit dem beizulegenden Wert vorgeschrieben. Stille Reserven und stille Lasten werden in voller Höhe zugeschrieben bzw. verrechnet.

Die Neubewertungsmethode wurde durch das TransPuG insofern geändert, als § 301 I S. 4 HGB aufgehoben wurde, der analog zur Buchwertmethode die Anschaffungskostenrestriktion vorschrieb. Diese Änderung steht im Einklang mit Art. 19 der 7. Richtlinie, der keine Anschaffungskostenrestriktion vorsieht. Die Anschaffungskostenrestriktion hatte zur Folge, dass vor der Neubewertung geprüft werden musste, ob das nach Ansatz und Neubewertung aller aus Konzernsicht ansatzpflichtigen Aktiv- und Passivposten vorhandene anteilige Eigenkapital des Tochterunternehmens, was im Folgenden als neubewertetes Eigenkapital bezeichnet wird, die Anschaffungskosten der Anteile überschreitet. War dies der Fall, durfte nur ein entsprechend geringerer Teil der stillen Reserven zugeschrieben bzw. verrechnet werden.[265] Die Anwendbarkeit der Neubewertungsmethode war fraglich und wurde mit Verweis auf den Gesetzeswortlaut meist abgelehnt,[266] wenn das anteilige Eigenkapital des Tochterunternehmens auf Basis der Buchwerte schon die Anschaffungskosten der Anteile überstieg. Gemäß § 301 I S. 4 HGB durfte das anteilige Eigenkapital nicht größer als die Anschaffungskosten der Anteile des Mutterunternehmens an dem Tochterunternehmen sein. Dieses Problem tritt nach neuer Fassung des § 301 HGB nicht mehr auf.

Die Regelungen zur Behandlung von konzerninternen Vorgängen sind identisch mit denen der Buchwertmethode. Die Diskussion um die erfolgswirksa-

---

[263] Vgl. Claussen/Scherrer, in: Kölner Kommentar zum AktG, 2003, § 301 Rn. 190; Adler/ Düring/Schmaltz, 1996, § 301 Rn. 199.

[264] Vgl. Claussen/Scherrer, in: Kölner Kommentar zum AktG, 2003, § 301 Rn. 191; Förschle/Deubert, in: Beck Bil-Komm., 2003, § 301 Rn. 217; Adler/Düring/Schmaltz, 1996, § 301 Rn. 200.

[265] Vgl. Förschle/Deubert, in: Beck Bil-Komm., 2003, § 301 Rn. 110; Adler/Düring/ Schmaltz, 1996, § 301 Rn. 38-42 u. 102-106.

[266] Vgl. Coenenberg, Jahresabschluß, 2001; S. 581; IDW (Hrsg.), WP-Handbuch, Bd. I, 2000, M Rn. 369 f.; Förschle/Deubert, in: Beck Bil-Komm., 1999, § 301 Rn. 114; Adler/Düring/Schmaltz, 1996, § 301 Rn. 109; Scherrer, Konzernrechnungslegung, 1994, S. 272 f.

me bzw. erfolgsneutrale Bilanzierung bei Veränderung der Anteilsquote differenziert nicht zwischen der Buchwert- und der Neubewertungsmethode.[267]

Die Neubewertungsmethode entspricht in ihrem Vorgehen zur Kapitalkonsolidierung dem parent company extension concept, da auch der auf die Minderheitsgesellschafter entfallende Teil der stillen Reserven und stillen Lasten zugeschrieben bzw. verrechnet wird, der Goodwill hingegen nicht hochgerechnet wird. Das auf die Minderheitsgesellschafter entfallende Kapital an dem Tochterunternehmen ist aus Konzernsicht Konzerneigenkapital. Das Konzernergebnis umfasst den auf die Mehrheits- und Minderheitsgesellschafter entfallenden Teil. Dies deutet auf das entity concept hin.

Ein Unterschied zwischen der Buchwert- und der Neubewertungsmethode besteht dann, wenn stille Reserven bzw. stille Lasten vorhanden sind und zugeschrieben bzw. verrechnet werden und das Mutterunternehmen weniger als 100 % am Tochterunternehmen hält.[268] Selbst wenn das Mutterunternehmen 100 % der Anteile hält, führen die Methoden zu einem Unterschied, wenn der Wertansatz der Anteile kleiner ist als das anteilige neubewertete Eigenkapital des Tochterunternehmens. Bei der Buchwertmethode greift in diesem Fall die Anschaffungskostenrestriktion, was zur Folge hat, dass die auf das Mutterunternehmen entfallenden stillen Reserven nicht vollständig zugeschrieben bzw. verrechnet werden. Die Neubewertungsmethode weist keine Anschaffungskostenrestriktion auf. Infolgedessen unterscheiden sich die Methoden auch hinsichtlich des negativen Goodwills, der ansonsten, ebenso wie der Goodwill, bei beiden Methoden identisch ist.[269]

Wird die Zuschreibung bzw. Verrechnung stiller Reserven auf Grund der Anschaffungskostenrestriktion der Buchwertmethode beschränkt, kommt es bei Vergleich der Buchwert- und der Neubewertungsmethode zu einer Periodenverschiebung des Ausweises des Konzernerfolges. Die Abschreibung bzw. Auflösung der stillen Reserven in den Folgeperioden, die das Konzernergebnis mindert, erfolgt im Regelfall nicht in derselben Periode, in der die Auflösung des passiven Unterschiedsbetrags zu einer Erhöhung des Konzernergeb-

---

[267] Vgl. Förschle/Hoffmann, in: Beck Bil-Komm., 2003, § 307 Rn. 50; Ullrich, Endkonsolidierung, 2002, S. 114-116; IDW (Hrsg.), WP-Handbuch, Bd. I, 2000, M Rn. 396; Dusemond/Weber/Zündorf, in: HdKR, 1998, § 301 Rn. 196, 221 u. 228; Adler/Düring/Schmaltz, 1996, § 301 Rn. 187-192; Scherrer, Konzernrechnungslegung, 1994, S. 345 f.; Weber/Zündorf, BB, 1989, S. 1863 f.
[268] Vgl. Dusemond/Weber/Zündorf, in: HdKR, 1998, § 301 Rn. 9.
[269] Vgl. Claussen/Scherrer, in: Kölner Kommentar zum AktG, 2003, § 301 Rn. 18; Scherrer, Konzernrechnungslegung, 1994, S. 271.

nisses führt. Die Folgebehandlung des passiven Unterschiedsbetrages erfolgt im deutschen Recht gemäß § 309 II HGB. Er besagt, dass der Teil des negativen Goodwills, der auf eine erwartete ungünstige Entwicklung der Ertragslage zurückgeht, bei deren Eintreten erfolgswirksam aufgelöst wird. Ein Restbetrag darf nur vereinnahmt werden, wenn er einem realisierten Gewinn entspricht.[270]

Hinsichtlich der deutschen Konzeptionen des Konzernabschlusses folgt die Neubewertungsmethode der Einheitstheorie. Grundsätzlich gilt dies auch für die Buchwertmethode, allerdings entspricht die beteiligungsproportionale Zuschreibung bzw. Verrechnung stiller Reserven und stiller Lasten eher der Interessentheorie. Die Quotenkonsolidierung des § 310 HGB setzt die Interessentheorie um.[271]

3.3.1.3. Verstoß gegen das Anschaffungskostenprinzip

Es bestehen unterschiedliche Meinungen, ob Kapitalkonsolidierungsmethoden ohne Anschaffungskostenrestriktion gegen das Anschaffungskostenprinzip verstoßen. Zum einen wird angeführt, dass bei Anwendung von Methoden ohne Anschaffungskostenrestriktion das Nettovermögen des Tochterunternehmens in der Konzernbilanz mit einem Wert oberhalb der Anschaffungskosten der Anteile bewertet wird, falls das neubewertete Eigenkapital die Anschaffungskosten der Anteile übersteigt. Demzufolge liegt ein Verstoß gegen das Anschaffungskostenprinzip vor. Dem steht die Meinung entgegen, dass bei betrachtetem Fall ein negativer Goodwill zu passivieren ist. Damit entspricht das Nettovermögen des Tochterunternehmens, bewertet zu Zeitwerten abzüglich des negativen Goodwills, den Anschaffungskosten der Anteile und es liegt kein Verstoß gegen das Anschaffungskostenprinzip vor. Betrachtet man einzelne Bilanzposten des Tochterunternehmens, kann deren Bewertung in der Konzernbilanz nicht gegen das Anschaffungskostenprinzip verstoßen, da lediglich die Anschaffungskosten der Anteile und nicht die der einzelnen Bilanzposten bekannt sind. Die Frage, ob Kapitalkonsolidierungsmethoden ohne Anschaffungskostenrestriktion gegen das Anschaffungskostenprinzip verstoßen, ist folglich nicht abschließend geklärt. Eine Beantwortung der aufgeworfenen Frage ist dann nicht notwendig, wenn die Eigenheit des Konzernabschlusses gemäß § 298 I HGB einen Verstoß gegen das Anschaffungskostenprinzip rechtfertigt.

---

[270] Vgl. Kapitel 3.4.1.2.
[271] Vgl. Adler/Düring/Schmaltz, 1996, § 310 Rn. 3.

Zweck des Anschaffungskostenprinzips ist der Gläubigerschutz, indem durch die Festlegung der Wertobergrenze von Vermögensgegenständen mögliche Ausschüttungen begrenzt werden,[272] sowie eine Objektivierung der Daten durch eine Bewertung auf pagatorischer Basis.[273] Da der Konzernabschluss primär der Informationsvermittlung dient, ist ein Verstoß gegen das Anschaffungskostenprinzip im Hinblick auf den Gläubigerschutz nicht problematisch.[274]

Zwischen Methoden mit und ohne Anschaffungskostenrestriktion besteht ein Unterschied hinsichtlich des Zeitpunktes der Realisierung des negativen Unterschiedsbetrages. Methoden mit Anschaffungskostenrestriktion vereinnahmen den negativen Unterschiedsbetrag über die Nutzungsdauer oder im Veräußerungszeitpunkt der Aktivposten, denen stille Reserven zugeschrieben wurden, bzw. über die Auflösungsdauer von verrechneten stillen Reserven. Bei Methoden ohne Anschaffungskostenrestriktion wird der Ertrag über die Auflösung des negativen Goodwills realisiert. Die Ertragsrealisierung erfolgt gemäß § 309 II HGB nicht spiegelbildlich zu der bei Anwendung von Kapitalkonsolidierungsmethoden mit Anschaffungskostenrestriktion. Eine zeitliche Verschiebung der Gewinnrealisation entspricht dem deutschen Realisationsprinzip. § 309 II HGB gewährleistet, dass der negative Goodwill erst dann erfolgswirksam aufgelöst wird, wenn die für den Minderkaufpreis verantwortlichen erwarteten Verluste eingetreten sind oder feststeht, dass es sich um einen lucky buy gehandelt hat.

Unabhängig von der Anschaffungskostenrestriktion wird die Neubewertungsmethode dahingehend kritisiert, dass sie das Anschaffungskostenprinzip nicht beachte. Es werden auf Minderheitsgesellschafter entfallende stille Reserven zugeschrieben bzw. verrechnet, ohne dabei den tatsächlichen Kaufpreis, den die Minderheitsgesellschafter für ihre Anteile am Tochterunternehmen gezahlt haben, zu berücksichtigen.[275]

Es kann dann ein Verstoß gegen das Anschaffungskostenprinzip vorliegen, wenn man davon ausgeht, dass das Mutterunternehmen beim Kauf der Anteile nur anteilige stille Reserven vergütet. Allerdings wird (außer man folgt dem proprietary concept) angenommen, dass das Mutterunternehmen über die ge-

---

[272] Vgl. Karrenbauer/Döring/Buchholz, in: HdR, 2003, § 253 Rn. 7.

[273] Vgl. Schindler, WPg, 1986, S. 595.

[274] Vgl. Jonas, Konzernabschluss, 1986, S. 241; Schindler, WPg, 1986, S. 596.

[275] Vgl. Busse von Colbe, FS Scherrer, 2004, S. 57; Kommission Rechnungswesen im Verband der Hochschullehrer für Betriebswirtschaft e.V., DBW, 1985, S. 273; Schildbach, WPg, 1989 b, S. 205.

samten Aktiva und Passiva verfügen kann und somit auch über die gesamten stillen Reserven. Unter diesem Gesichtspunkt erscheint die Annahme plausibel, dass das Mutterunternehmen einen Teil des Kaufpreises für auf Minderheitsgesellschafter entfallende stille Reserven aufgewendet hat.[276] Um die gesamten stillen Reserven pagatorisch abzusichern, dürfen sie nur in Höhe des Unterschiedsbetrages zugeschrieben bzw. verrechnet werden. Die Anschaffungskosten der Anteile des Mutterunternehmens werden dadurch sowohl auf stille Reserven, die den Mehrheitsgesellschaftern entsprechend ihrer Anteilsquote zustehen, als auch auf stille Reserven, die über die Anteilsquote hinausgehen, verteilt. Damit erhöht die Zuschreibung bzw. Verrechnung stiller Reserven, die über die Anteilsquote der Mehrheitsgesellschafter hinausgehen, nicht die Minderheitenanteile, sondern sie reduziert den Goodwill. Das beschriebene Vorgehen entspricht nicht der Neubewertungsmethode.[277] Die Zuschreibung bzw. Verrechnung der auf die Minderheitsgesellschafter entfallenden stillen Reserven ist folglich nicht pagatorisch abgesichert.

Andererseits sind die Anschaffungskosten der Anteile der Minderheitsgesellschafter nicht bekannt und spielen auch bei einer Bewertung der Minderheitenanteile zu Buchwerten keine Rolle.[278] Die Minderheitenanteile stellen vielmehr einen Ausgleichsposten dar, der den nicht auf die Mehrheitsgesellschafter entfallenden Teil des Nettovermögens zeigt. Für die Bewertung der Minderheitenanteile sind die Höhe der Anschaffungskosten, die die Minderheitsgesellschafter für ihre Anteile entrichtet haben, nicht relevant. Folglich kann es keinen Verstoß gegen das Anschaffungskostenprinzip geben. Dies gilt sowohl für die Neubewertungs- als auch für die Buchwertmethode.

3.3.1.4. Beurteilung der Anschaffungskostenrestriktion

Die Beurteilung der Anschaffungskostenrestriktion erfolgt hinsichtlich der Informationsfunktion des Konzernabschlusses. Die Untersuchung der Wirkung der Anschaffungskostenrestriktion wird dabei auf den Fall beschränkt, dass die Anschaffungskosten der Anteile kleiner sind als das anteilige neubewertete Eigenkapital, da nur dann ein Unterschied zwischen Methoden mit und ohne Anschaffungskostenrestriktion auftritt.

Vergleichbarkeit im dynamischen Sinne als erstes Beurteilungskriterium bezüglich der Informationsfunktion ist bei Methoden mit Anschaffungskosten-

---

[276] Vgl. Reige, BB, 1987, S. 1218; Küting/Zündorf, BB, 1985, S. 1171.
[277] Vgl. Ordelheide, in: Beck HdR, 2003, C 401 Rn. 50 f.
[278] Vgl. Küting/Leinen, WPg, 2002, S. 1203.

restriktion gegeben. Die jeweilige Methode ist in den Folgeperioden beizube-halten. Damit Abschlüsse im statischen Sinne vergleichbar sind, müssen gleichartige Sachverhalte gleich abgebildet werden. Dies trifft für jede Me-thode zu, da keine ein Wahlrecht aufweist. Allerdings führen bei Methoden mit Anschaffungskostenrestriktion unterschiedliche Anschaffungskosten der Anteile am Tochterunternehmen zu einer unterschiedlichen Bewertung der Bilanzposten im Konzernabschluss. Bei unterschiedlichen Anschaffungskos-ten liegt kein gleichartiger Sachverhalt vor. Aus Konzernsicht sind Mittel in unterschiedlicher Höhe abgeflossen, um das Tochterunternehmen zu erwer-ben. Die Vergleichbarkeit ist allerdings dann eingeschränkt, wenn die Auf-teilung des Unterschiedsbetrages auf die Bilanzposten nach unterschiedlichen Verfahren vorgenommen werden kann. Bei Methoden ohne Anschaffungs-kostenrestriktion ist die Vergleichbarkeit dann eingeschränkt, wenn bei Auf-lösung des negativen Goodwills Ermessensspielräume für den Bilanzierenden bestehen.

Ein weiteres Beurteilungskriterium ist die Vollständigkeit. Hierbei stellt sich die Frage, ob alle buchungspflichtigen Vorgänge erfasst und alle verfügbaren Informationen verarbeitet werden. Ersteres ist für alle Methoden der Fall, letzteres trifft auf Methoden mit Anschaffungskostenrestriktion nicht unein-geschränkt zu. Wenn gemäß Art. 28 I EGHGB Pensionsverpflichtungen nicht passiviert werden, muss gemäß Art. 28 II EGHGB eine Anhangsangabe ge-macht werden. Wurden die Verpflichtungen im Kaufpreis berücksichtigt, kann bei Vorliegen eines vorläufigen negativen Unterschiedsbetrages der Teil, der auf die Pensionsverpflichtung zurückzuführen ist, bestimmt werden. Eine Passivierung eines negativen Goodwills bei gleichzeitiger Angabe der Ursachen[279] verarbeitet die vorhandenen Informationen besser als eine Be-wertung der Aktivposten unterhalb ihrer Zeitwerte. Diese Aussage trifft all-gemein dann zu, wenn erwartete identifizierbare Verluste oder Aufwendun-gen bei der Bemessung des Kaufpreises berücksichtigt[280] wurden. Es handelt sich dabei zwar um Sonderfälle, jedoch kann festgehalten werden, dass Me-thoden ohne Anschaffungskostenrestriktion bezüglich des Kriteriums der Vollständigkeit zu bevorzugen sind, wenn der Grund für den unter dem neu-bewerteten Eigenkapital liegenden Kaufpreis bekannt ist und angegeben wird.

Ist die Ursache eines negativen Unterschiedsbetrages bekannt, hat eine Passi-vierung mit gleichzeitiger Erläuterung des Charakters des negativen Good-wills einen höheren predictive value als eine Bewertung der Bilanzposten des Tochterunternehmens unter Beachtung der Anschaffungskostenrestriktion.

---

[279] Vgl. § 301 III S. 2 HGB.
[280] Vgl. Kapitel 3.4.1.1.

Auch der feedback value ist bei Passivierung eines negativen Goodwills höher als bei Methoden mit Anschaffungskostenrestriktion. Es kann überprüft werden, ob die im Erwerbszeitpunkt angestellten Prognosen, die zu dem negativen Goodwill geführt haben, eingetroffen sind.

Ferner wurde das Kriterium der Objektivität festgelegt. Methoden mit Anschaffungskostenrestriktion führen bei Betrachtung der Bewertung eines Vermögensgegenstandes in der Konzernbilanz nicht zu einer Objektivierung der Bewertung im Vergleich zu Methoden ohne Anschaffungskostenrestriktion. Die Konzernanschaffungskosten eines einzelnen Vermögensgegenstandes liegen weder bei Methoden mit Anschaffungskostenrestriktion noch bei Methoden ohne Anschaffungskostenrestriktion vor.

Eine Besonderheit von Methoden mit Anschaffungskostenrestriktion ist, dass nicht alle stille Reserven zugeschrieben bzw. verrechnet werden, wenn der Unterschiedsbetrag kleiner ist als die Summe der stillen Reserven abzüglich der stillen Lasten. Aus der pagatorischen Absicherung der Summe der auf das Mutterunternehmen entfallenden zugeschriebenen bzw. verrechneten stillen Reserven könnte sich eine Objektivierung der Bewertung ergeben.

Das HGB gibt keine Kriterien vor, nach denen die Zuschreibung bzw. Verrechnung stiller Reserven in diesem Fall zu erfolgen hat. Eine Möglichkeit ist eine proportionale Zuschreibung bzw. Verrechnung im Verhältnis zwischen dem vorläufigen aktiven Unterschiedsbetrag und den gesamten stillen Reserven. Zudem kann nach dem Grad der Bestimmtheit, der Bedeutung oder der Liquidierbarkeit der stillen Reserven zugeschrieben bzw. verrechnet werden.[281] Lediglich das Kriterium des Bestimmtheitsgrades der Existenz der stillen Reserven kann zu einer Objektivierung führen. Die Zuschreibung bzw. Verrechnung stiller Reserven müsste dann verpflichtend nach diesem Kriterium erfolgen und der Unterschiedsbetrag muss eine solche Höhe aufweisen, dass nur durch Börsenpreise objektivierte stille Reserven zugeschrieben bzw. verrechnet werden. Dies stellt einen Ausnahmefall dar. Im Regelfall hängt das Kriterium der Bestimmtheit von subjektiven Einschätzungen ab. Da es mehrere Vorgehensweisen hinsichtlich der Reihenfolge der Zuschreibung bzw. Verrechnung der stillen Reserven gibt, sind die Buchwert- und die Neubewertungsmethode mit Anschaffungskostenrestriktion hinsichtlich der Objektivität vorläufig negativer zu bewerten als Methoden ohne die Restriktion.

---

[281] Vgl. Förschle/Deubert, in: Beck Bil-Komm., 2003, § 301 Rn. 98; Scherrer, Konzernrechnungslegung, 1994, S. 253.

Wahlrechte eröffnen grundsätzlich die Möglichkeit zur Bilanzpolitik[282] und schränken die Vergleichbarkeit ein.

Die Anschaffungskostenrestriktion bedeutet insofern eine Objektivierung, als die Bewertung des Nettovermögens, zumindest in seiner Gesamtheit, pagatorisch abgesichert und somit sein Wert nachprüfbar ist. Dadurch ist die Bewertung der einzelnen Bilanzposten nicht objektiviert. Das Nettovermögen unter Einbeziehung des negativen Goodwills ist zudem bei Methoden mit und ohne Anschaffungskostenrestriktion in der Regel identisch. Methoden ohne Anschaffungskostenrestriktion führen zu einer Art Bruttoausweis des Vermögens. Die erworbenen Aktiv- und Passivposten werden zu einem über den gesamten Anschaffungskosten liegenden Betrag angesetzt und gleichzeitig wird ein negativer Goodwill passiviert. Der Charakter des negativen Goodwills ist nicht eindeutig. Er kann auf verschiedene Ursachen zurückgeführt werden und sowohl Eigenkapital- als auch Fremdkapitalcharakter haben. Der Charakter des Goodwills muss im deutschen Recht im Anhang erläutert werden, wenn er sich nicht schon aus dem Bilanzausweis ergibt.[283] Wird der negative Goodwill als Eigenkapital qualifiziert, ist das rechnerische Nettovermögen von Methoden mit und ohne Anschaffungskostenrestriktion ausnahmsweise nicht identisch.

Es könnte die Meinung vertreten werden, dass eine Bewertung zu Zeitwerten zu einer Überbewertung der einzelnen Bilanzposten des Tochterunternehmens führe, wenn eine erwartete negative Entwicklung der Ertragslage, wie es im § 309 II Nr. 1 HGB als möglicher Grund eines negativen Goodwills genannt wird, für diesen ursächlich ist. Selbst wenn man davon ausgeht, dass die Auswirkungen einer erwarteten negativen Entwicklung objektivierbar, bestimmbar und bewertbar sind, folgt daraus keine Bewertung der Aktiv- und Passivposten unterhalb ihrer Zeitwerte. Es besteht kein direkter Zusammenhang zwischen der Einzelbewertung der Bilanzposten und der ertragsorientierten Gesamtbewertung.[284] Ein ertragsorientierter Wert eines Unternehmens kann nur dem Unternehmen in seiner Gesamtheit und nicht den einzelnen Vermögensgegenständen zugeordnet werden.

Im Falle eines lucky buy weist eine Bewertung unterhalb der Zeitwerte der Bilanzposten ein bei dynamischer Interpretation der Anschaffungskosten zu geringes Erfolgspotenzial der einzelnen Aktivposten aus. Zudem erfolgt die

---

[282] Vgl. Bauer, BB, 1981, S. 771.
[283] Vgl. Förschle/Deubert, in: Beck Bil-Komm., 2003, § 301 Rn. 163 f. u. 166.
[284] Vgl. Möhrle, DStR, 1999, S. 1418.

Bewertung weder mit fiktiven noch mit tatsächlichen Anschaffungskosten der einzelnen Bilanzposten.

Vorläufig kann festgehalten werden, dass aus Sicht der Informationsvermittlung Methoden ohne Anschaffungskostenrestriktion solchen mit Anschaffungskostenrestriktion vorzuziehen sind. Selbst wenn ein Verstoß gegen das Anschaffungskostenprinzip angenommen wird, bedeutet dies keine Entobjektivierung der Bewertung.

3.3.2. Erwerbsmethode nach IFRS

Nach IFRS ist die Anwendung der Erwerbsmethode auf in den Konzernabschluss einbezogene Tochterunternehmen verpflichtend. Ein Wahlrecht zur pooling of interests-Methode besteht nicht. Die pooling of interests-Methode ist gemäß IAS 22.77 (rev. 1998) bei Vorliegen eines uniting of interests, deren Definition in IAS 22.8 (rev. 1998) gegeben ist, anzuwenden. Die Quotenkonsolidierung darf nicht auf Tochterunternehmen angewandt werden.

Die Erstkonsolidierung nach IFRS ist, im Gegensatz zum HGB, gemäß IAS 22.19 (rev. 1998) auf den Erwerbszeitpunkt vorzunehmen. Damit entspricht der Wertansatz der Anteile im Verrechnungszeitpunkt den Anschaffungskosten. Dies gilt auch bei sukzessivem Erwerb.[285] Danach ist bei jedem Anteilskauf der fair value der assets und liabilities zu bestimmten, um den entsprechenden Goodwill bzw. negativen Goodwill berechnen zu können. Hierzu wird den Anschaffungskosten des entsprechenden Anteilserwerbs das anteilige neubewertete Nettovermögen zum Zeitpunkt des Anteilserwerbs gegenübergestellt.[286] Im Erstkonsolidierungszeitpunkt sind die Bilanzposten mit ihrem fair value zu bewerten, Aufwertungsbeträge sind wie eine revaluation zu behandeln.[287]

Die Minderheitsgesellschafter werden nach IFRS wie Konzerngesellschafter behandelt, was man daraus schließen kann, dass Geschäfte zwischen Konzernunternehmen in voller Höhe als konzernintern einzustufen sind. Der Ausweis der Minderheitenanteile erfolgt zwischen Konzerneigenkapital und liabilities. Ihr Anteil am Konzernerfolg ist in der Konzern-Gewinn- und Verlustrechnung gesondert auszuweisen.[288]

---

[285] Vgl. IAS 22.36 (rev. 1998).
[286] Vgl. IAS 22.36 f. (rev. 1998).
[287] Vgl. IAS 22.37 (rev. 1998).
[288] Vgl. IAS 27.15 (b), 17 u. 26 (rev. 2000).

IAS 22.32 und 34 (rev. 1998) schreiben zwei Ausgestaltungsformen der Neubewertungsmethode vor, die beteiligungsproportionale und die unbegrenzte Neubewertungsmethode. Für das benchmark treatment, die beteiligungsproportionale Neubewertungsmethode, ist auch die Bezeichnung Buchwertmethode möglich.[289] Die IFRS regeln nicht, ob die stillen Reserven und stillen Lasten im Rahmen der Konsolidierung oder bei Aufstellung der Handelsbilanz III zugeschrieben bzw. verrechnet werden.[290]

Das benchmark treatment des IAS 22.34 (rev. 1998) setzt das parent company concept um. Die Zuschreibung bzw. Verrechnung der stillen Reserven und stillen Lasten erfolgt beteiligungsproportional. Bei Anwendung des allowed alternative treatment werden stille Reserven und stille Lasten vollständig zugeschrieben bzw. verrechnet. Ein Goodwill wird nicht auf die Minderheitsgesellschafter hochgerechnet. Die Kapitalkonsolidierungsmethode des allowed alternative treatment entspricht dem parent company extension concept.

In den IFRS besteht keine Anschaffungskostenrestriktion. Lediglich hinsichtlich der Zuschreibung stiller Reserven auf intangible assets gibt IAS 22.40 (rev. 1998) eine Begrenzung vor. Demnach darf ein intangible asset, dessen fair value sich nicht auf einem active market[291] bestimmen lässt, höchstens mit dem Wert angesetzt werden, der einen negativen Goodwill nicht erhöht oder bildet. Der Vorgehensweise liegt die Idee zugrunde, dass sich der fair value von intangible assets nur auf einem active market verlässlich bestimmen lässt.[292] Ist dies nicht der Fall, soll eine Objektivierung durch die Begrenzung des IAS 22.40 (rev. 1998) gewährleistet werden. Die Bewertung von intangible assets, die nicht auf einem active market gehandelt werden, orientiert sich an den Anschaffungskosten der Anteile an dem Tochterunternehmen.

Beide nach IFRS zulässigen Kapitalkonsolidierungsmethoden weisen keine Anschaffungskostenrestriktion auf. Sie unterscheiden sich folglich nicht in dem auf das Mutterunternehmen entfallenden Ergebnis des Konzernabschlusses. Jedoch differiert der gesamte Konzernerfolg bei den Methoden. Die Abschreibung bzw. Auflösung der auf die Minderheitsgesellschafter entfallenden stillen Reserven bei Anwendung der unbegrenzten Neubewertungsmethode reduziert den Konzernerfolg, die Auflösung stiller Lasten erhöht ihn. Dies ist bei Anwendung der beteiligungsproportionalen Neubewertungsmethode nicht der Fall.

---

[289] Vgl. Baukmann/Mandler, IAS und HGB, 1997, S. 39; vgl. Kapitel 3.2.2.1.

[290] Vgl. Wohlgemuth/Ruhnke, WPg, 1997, Fn. 26 auf S. 805 u. S. 809 f.

[291] Vgl. IAS 38.7 (1998).

[292] Vgl. IAS 38/IAS 22 (rev. 1998), Basis for Conclusions, Par. 37.

In Bezug auf die Folgekonsolidierung ist in den IFRS neben der Eliminierung konzerninterner Vorgänge (IAS 27.17 (rev. 2000)) die Folgebilanzierung eines Goodwills bzw. negativen Goodwills (IAS 22.44 f. bzw. 61-63 (rev. 1998)) geregelt. Aus der Regelung der IFRS geht nicht hervor, ob bei Anteilszukauf nach dem Erstkonsolidierungszeitpunkt eine vollständige oder eine teilweise Neubewertung zu erfolgen hat. Ebenso ist nicht geregelt, wie bei teilweisem Anteilsverkauf oder bei einer Kapitalerhöhung beim Tochterunternehmen vorzugehen ist.

3.3.3. Folgerungen

Die bisherigen Ausführungen haben ergeben, dass die unbegrenzte Neubewertungsmethode hinsichtlich der Informationsfunktion zu präferieren ist. In den Rechnungslegungssystemen des HGB und der IFRS bestehen Wahlrechte zwischen jeweils zwei Methoden: im HGB zwischen der beteiligungsproportionalen Neubewertungsmethode (Buchwertmethode)[293] mit Anschaffungskostenrestriktion und der unbegrenzten Neubewertungsmethode, nach IFRS zwischen der unbegrenzten und der beteiligungsproportionalen Neubewertungsmethode. Es stellt sich die Frage, ob das Wahlrecht zwischen zwei Methoden sowohl nach HGB als auch nach IFRS abgeschafft und nur noch die unbegrenzte Neubewertungsmethode vorgeschrieben werden sollte.

Die nach HGB bzw. IFRS zugelassenen Methoden führen bei Vorhandensein von Minderheitsgesellschaftern und stillen Reserven bzw. stillen Lasten zu Unterschieden in der Vermögenshöhe, in der Höhe des Eigenkapitals und in der Höhe des Konzernerfolges. Es bestehen folglich materielle Abweichungen zwischen den Ergebnissen der Methoden, was bei Beibehaltung des Wahlrechts die Vergleichbarkeit von Konzernabschlüssen einschränkt. Werden innerhalb eines Konzerns verschiedene Kapitalkonsolidierungsmethoden angewandt, sind die Bilanzposten des Konzernabschlusses nicht interpretierbar. Wird bei einem Tochterunternehmen die beteiligungsproportionale Neubewertungsmethode angewandt, bemisst sich die Höhe der Minderheitenanteile zum Beispiel an den Buchwerten des Tochterunternehmens aus der Handelsbilanz II. Erfolgt die Konsolidierung eines anderen Tochterunternehmens nach der unbegrenzten Neubewertungsmethode, wird die Höhe der Minderheitenanteile aus den Konzernanschaffungskosten der Bilanzposten des Tochterunternehmens abgeleitet. Der Ausweis beider Minderheitenanteile in

---

[293] Im Folgenden wird für die nach deutschem Recht allgemein als Buchwertmethode bezeichnete Methode die Bezeichnung beteiligungsproportionale Neubewertungsmethode verwendet.

der Konzernbilanz erfolgt in einem Posten, der dann einen Mischwert darstellt.

Die Probleme der Vergleichbarkeit und Interpretierbarkeit verschärfen sich im deutschen Recht durch die Verabschiedung des TransPuG. Es wurde nur bei der unbegrenzten Neubewertungsmethode die Anschaffungskostenrestriktion aufgehoben, wodurch es zu einer Periodenverschiebung des Erfolgsausweises im Vergleich zur beteiligungsproportionalen Neubewertungsmethode kommen kann.

Trotz des Wahlrechts könnte eine konzerneinheitliche Anwendung einer Kapitalkonsolidierungsmethode im deutschen Recht durch den Grundsatz der Stetigkeit im Sinne einer zeitlichen Stetigkeit[294] und die Verpflichtung, ein den tatsächlichen Verhältnissen entsprechendes Bild der Vermögens-, Finanz- und Ertragslage des Konzerns zu vermitteln, gewährleistet sein. Daraus ergibt sich, dass auf gleiche bzw. vergleichbare Sachverhalte dieselbe Konsolidierungsmethode anzuwenden ist.[295] Es ist allerdings strittig, was unter gleichartigen Sachverhalten zu verstehen ist und ob diese schon dann nicht mehr vorliegen, wenn das Mutterunternehmen unterschiedliche Anteilsquoten an Tochterunternehmen hat. Es wird die Meinung vertreten, dass Tochterunternehmen nicht unabhängig von Charakteristika wie Größe, Beteiligungsquote, Sitz, Geschäftszweig oder der ökonomischen Situation als gleichartig einzustufen sind.[296] Daneben findet sich die Auffassung, dass nicht unterschiedliche Unternehmen allein schon unterschiedliche Sachverhalte darstellen. Es liegt zum Beispiel dann kein gleichartiger Sachverhalt vor, wenn das Mutterunternehmen an einem Tochterunternehmen alle Anteile hält und an einem anderen nur mehrheitlich beteiligt ist.[297] Zudem wird eine Einzelfallprüfung dahingehend vorgeschlagen, ob gleichartige Sachverhalte vorliegen.[298]

Auch die IFRS kennen das Stetigkeitsprinzip. Die Forderung nach Stetigkeit ist gemäß F.39 in dem qualitative characteristic Vergleichbarkeit (comparability) enthalten. Es wird sowohl die dynamische als auch die sachliche Stetigkeit angesprochen. Auch die IFRS haben die in Bezug auf das HGB angesprochenen Diskussionspunkte nicht explizit geregelt.

---

[294] Vgl. Claussen/Scherrer, in: Kölner Kommentar zum AktG, 2000, § 297 Rn. 100.

[295] Vgl. IDW (Hrsg.), WP-Handbuch, Bd. I, 2000, M 11.

[296] Vgl. Busse von Colbe u. a., Konzernabschlüsse, 2003, S. 52; Claussen/Scherrer, in: Kölner Kommentar zum AktG, 2000, § 297 Rn. 104.

[297] Vgl. Adler/Düring/Schmaltz, 1996, § 297 Rn. 48.

[298] Vgl. IDW (Hrsg.), WP-Handbuch, Bd. I, 2000, M 11.

Trotz des Gebotes der Stetigkeit ist nicht gewährleistet, dass konzerneinheitlich nur eine Konsolidierungsmethode angewandt wird. Selbst wenn Stetigkeit so interpretiert werden würde, dass auf alle Tochterunternehmen dieselbe Konsolidierungsmethode anzuwenden ist, wäre die Vergleichbarkeit von Konzernabschlüssen verschiedener Konzerne nicht gegeben. Verschiedene Konzernabschlüsse können mittels unterschiedlicher Kapitalkonsolidierungsmethoden aufgestellt werden. Es ist zu klären, ob sachliche Gründe oder Vereinfachungsüberlegungen die Verwendung zweier Methoden rechtfertigen oder sogar erforderlich machen.

Die Methoden unterscheiden sich bei Vernachlässigung der Anschaffungskostenrestriktion hinsichtlich der Behandlung der Minderheitsgesellschafter. Um ein Wahlrecht zwischen den Methoden sachlich zu rechtfertigen, müssen die Minderheitsgesellschafter in einigen Konzernen als Fremdkapitalgeber, in anderen als Eigenkapitalgeber zu charakterisieren sein. Selbst wenn man davon ausgeht, dass die Position der Minderheitsgesellschafter in manchen Fällen mit der eines Fremdkapitalgebers zu vergleichen ist und deshalb diese Situation besser durch die beteiligungsproportionale Neubewertungsmethode abgebildet werden könnte,[299] begründet dies im Hinblick auf die Vergleichbarkeit nicht ein Wahlrecht zwischen zwei Methoden. Man müsste im Einzelfall feststellen können, ob die Minderheitsgesellschafter als Eigen- oder Fremdkapitalgeber einzustufen sind. Zur Abgrenzung existieren keine nachprüfbaren Kriterien. Der Gesetzesbegründung zum BiRiLiG lässt sich ebenso keine Rechtfertigung des Wahlrechts entnehmen. Es wird lediglich angeführt, dass das Wahlrecht der 7. Richtlinie weitergegeben wurde.[300]

Ein Verzicht auf die beteiligungsproportionale Neubewertungsmethode nach HGB würde im Einklang mit der 7. Richtlinie stehen, die es in Art. 19 I den Mitgliedstaaten überlässt, ob sie eine Methode vorschreiben oder das Wahlrecht zwischen der beteiligungsproportionalen Neubewertungsmethode und der unbegrenzten[301] Neubewertungsmethode weitergeben.

Gegen die Abschaffung der beteiligungsproportionalen Neubewertungsmethode könnten praktische Überlegungen sprechen, da diese Methode in

---

[299] Vgl. Ordelheide, WPg, 1987, S. 313; Gräfer/Scheld, Grundzüge, 2003, S. 120.

[300] Vgl. Deutscher Bundestag, Drs. 10/3440, 1985, S. 38.

[301] Die 7. EG-Richtlinie beinhaltet keine Beschränkung der Auflösung der stillen Reserven, verbietet eine Beschränkung auch nicht, vgl. Biener/Schatzmann, 7. EG-Richtlinie, 1983, S. 36.

Deutschland vorrangig angewandt wird.[302] Bei einem Übergang auf die unbegrenzte Neubewertungsmethode müssten die Zeitwerte der Aktiv- und Passivposten zum Zeitpunkt der Erstkonsolidierung ermittelt werden. Dies ist teilweise nicht möglich. Der Erstkonsolidierungszeitpunkt kann unter Umständen lange zurückliegen und eine rückwirkende Zeitwertermittlung ist mit Kosten für das Unternehmen verbunden.[303] Allerdings könnten Übergangsregelungen erlassen werden, die diese Probleme beseitigen.

Im Hinblick auf die Vergleichbarkeit und somit auf die Informationsfunktion von Konzernabschlüssen ist das Wahlrecht zwischen zwei Konsolidierungsmethoden abzuschaffen. Dabei sollte der unbegrenzten Neubewertungsmethode ohne Anschaffungskostenrestriktion der Vorzug gegeben werden. Die Abschaffung der beteiligungsproportionalen Neubewertungsmethode würde im Einklang mit der Einheitstheorie stehen, die der deutsche Gesetzgeber ebenso wie das IASB als Grundlage für die Aufstellung des Konzernabschlusses festgelegt hat. Die unbegrenzte Neubewertungsmethode setzt mehr Elemente des entity concept bzw. der Einheitstheorie um als die beteiligungsproportionale.

Es hat sich gezeigt, dass weder das HGB noch die IFRS eine Vorgehensweise bei Veränderung der Anteilsquote festlegen. Da es verschiedene Möglichkeiten zur Abbildung der Veränderung der Anteilsquote im Konzernabschluss gibt, wird dadurch die Vergleichbarkeit von Konzernabschlüssen eingeschränkt. Um dies zu vermeiden, ist dem Konzernabschluss eine Theorie zugrunde zu legen, die es erlaubt, in nicht geregelten Fällen eine Vorgehensweise abzuleiten. Die Untersuchungen haben ergeben, dass dies das parent company extension concept mit einer Interpretation in Richtung des parent company concept sein sollte.

---

[302] Vgl. für eine Aufzählung von Untersuchungen: Peters, Objektivierung, 2001, S. 200; Dusemond/Weber/Zündorf, in: HdKR, 1998, § 301 Rn. 73; Küting/Dusemond/Nardmann, BB, 1994, S. 6; Rammert/Wilhelm, WPg, 1991, S. 102.

[303] Vgl. Sahner, in: Abschluß, 1983, S. 49.

3.4. Auflösung und Hochrechnung eines negativen Goodwills und eines Goodwills

3.4.1. Auflösung eines negativen Goodwills

In den bisherigen Ausführungen wurde in Anlehnung an die IFRS der Begriff „negativer Goodwill" verwendet,[304] obwohl bezüglich der Terminologie kein allgemeiner Konsens besteht. In der Literatur zum HGB, das in § 309 II HGB von einem auf der Passivseite auszuweisenden Unterschiedsbetrag spricht, wird meist die Bezeichnung „passiver Unterschiedsbetrag" verwendet.[305] In der angelsächsischen Literatur werden neben „negative goodwill" noch verschiedene andere Begriffe, wie „bargain purchase element"[306], gebraucht. Gleiche Sachverhalt sind einheitlich zu bezeichnen. In dieser Arbeit wird der Begriff „negativer Goodwill" verwendet.

3.4.1.1. Entstehungsursachen

Liegen die Anschaffungskosten der Anteile am Tochterunternehmen unterhalb des anteiligen neubewerteten Eigenkapitals unterscheiden sich Methoden mit und ohne Anschaffungskostenrestriktion in der Bewertung der Bilanzposten des Tochterunternehmens in der Konzernbilanz, in der Passivierung eines negativen Goodwills und bei Anwendung der unbegrenzten Neubewertungsmethode in der Höhe der Minderheitenanteile. Um Methoden mit und ohne Anschaffungskostenrestriktion vergleichen und abschließend beurteilen zu können, müssen Regeln festgelegt werden, nach denen der negative Goodwill aufzulösen ist. Im Rahmen der Untersuchung der Entstehungsursachen eines negativen Goodwills wird davon ausgegangen, dass das Tochterunternehmen auf Basis der Wertansätze zum Erwerbszeitpunkt der Anteile einbezogen wird. Dies ist die theoretisch korrekte Lösung.[307]

Ein negativer Goodwill entsteht bei Methoden ohne Anschaffungskostenrestriktion, wenn der Wertansatz der Anteile an einem Tochterunternehmen kleiner ist als das anteilige neubewertete Eigenkapital des Tochterunterneh-

---

[304] Vgl. IAS 22.59 (rev. 1998).

[305] Vgl. Claussen/Scherrer, in: Kölner Kommentar zum AktG, 2003, § 309 Rn. 9-12 u. 44-52; Förschle/Hoffmann, in: Beck Bil-Komm., 2003, § 309 Rn. 40; Küting/Harth, WPg, 1999, S. 490; Weber/Zündorf, in: HdKR, 1998, § 309 Rn. 90; Adler/Düring/Schmaltz, 1996, § 309 Rn. 56.

[306] Vgl. Pahler/Mori, Accounting, 2000, S. 162; De Moville/Petrie, Accounting Horizons, 1989, S. 39.

[307] Vgl. Claussen/Scherrer, in: Kölner Kommentar zum AktG, 2003, § 301 Rn. 100.

mens.[308] Der Wertansatz der Anteile ist im Erstkonsolidierungszeitpunkt identisch mit den Anschaffungskosten des Mutterunternehmens für die Anteile, sofern es sich nicht um einen sukzessiven Erwerb handelt. Die Ursachen des negativen Goodwills sind folglich in dem Zusammenhang zwischen den Anschaffungskosten der Anteile und dem anteiligen neubewerteten Eigenkapital zu suchen.

Die Anschaffungskosten der Anteile setzen sich zusammen aus dem Kaufpreis und den Anschaffungsnebenkosten.[309] Der Kaufpreis ist das Verhandlungsergebnis zwischen Käufer und Verkäufer, die ihren jeweiligen Grenzpreis berechnen, bei dem sich ihre Vermögensposition bei Durchführung der Transaktion zumindest nicht verschlechtert. Die Grenzpreise sind als subjektive Unternehmenswerte zu verstehen.[310] Findet die Transaktion an der Börse statt, ist der Börsenkurs maßgeblich. Auch in diesem Fall muss der subjektive Unternehmenswert des Käufers oberhalb des Börsenpreises liegen, damit der Käufer seine Situation mit der Durchführung der Transaktion nicht verschlechtert.

Es gibt verschiedene Verfahren zur Unternehmensbewertung, die in ertrags-, markt- und substanzorientierte Verfahren eingeteilt werden.[311] Als Basis zur Kaufpreisbestimmung dienen aktuell vor allem Discounted-Cashflow-Verfahren (DCF-Verfahren),[312] die zu den ertragsorientierten Verfahren gezählt werden. Sie ermitteln den Marktwert des Eigenkapitals bzw. den Unternehmenswert als Barwert der Nettozuflüsse an die Kapitalgeber. DCF-Verfahren stellen aus Sicht der Investitionstheorie die theoretisch richtigen Verfahren dar[313] und werden für die Untersuchung der Bestandteile des negativen Goodwills verwendet. Der dabei berechnete Marktwert des Eigenkapitals wird als Zukunftserfolgswert[314] bezeichnet. Der Zukunftserfolgswert des Käufers und des Verkäufers unterscheiden sich, da sie unterschiedliche Strategien hinsichtlich der Unternehmensführung verfolgen können und der Berechnung unterschiedliche Annahmen zugrunde legen.

---

[308] Vgl. Scherrer, Konzernrechnungslegung, 1994, S. 257.

[309] Vgl. § 255 I HGB; IAS 2.7 (rev. 1993); IAS 16.15 (rev. 1998).

[310] Vgl. Drukarczyk, Unternehmensbewertung, 2003, S. 132; Kraus-Grünewald, BB, 1995, S. 1841.

[311] Vgl. Meichelbeck, Unternehmensbewertung, 1997, S. 24; Sewing, Kauf, 1992, S. 219.

[312] Für eine Übersicht über empirische Untersuchungen zur Anwendung von Bewertungsverfahren vgl. Meichelbeck, Unternehmensbewertung, 1997, S. 26.

[313] Vgl. Meichelbeck, Unternehmensbewertung, 1997, S. 27; Sieben, FS Busse von Colbe, 1988, S. 361; IDW (Hrsg.), HFA 2/1983, WPg, 1983, S. 470; Moxter, Grundsätze, 1983, S. 83 f.; Jaensch, Wert, 1966, S. 25.

[314] Vgl. IDW S 1, WPg, 2000, S. 826.

Keine explizite Berücksichtigung bei der Untersuchung findet die Ertragswertmethode, obwohl sie in Deutschland eine wichtige Rolle spielt. Sie orientiert sich bei der Ermittlung der den Eigentümern zufließenden finanziellen Überschüsse an den künftigen handelsrechtlichen Überschüssen. Bei der Bewertung wird die individuelle Situation des Eigentümers berücksichtigt. Sie stellt damit eine Modifikation der Equity-Methode als Variante eines DCF-Verfahrens dar.[315] Liegen dem Ertragswertverfahren die gleichen Bewertungsannahmen und -vereinfachungen zugrunde, führt es theoretisch zu demselben Ergebnis wie die verschiedenen DCF-Verfahren,[316] die bei konsistenter Anwendung identische Unternehmenswerte ermitteln.[317] Die Ausrichtung des Ertragswertverfahrens erfolgt zunehmend am Zuflussprinzip.[318] Dies bedeutet eine Annäherung des Verfahrens an die DCF-Verfahren.[319]

Der Kaufpreis der Anteile liegt bei Unterstellung eines rationalen Investors unterhalb des von ihm berechneten Zukunftserfolgswertes. Zur Untersuchung möglicher Ursachen eines negativen Goodwills wird im Folgenden zunächst angenommen, dass der Kaufpreis mit dem Zukunftserfolgswert des Investors identisch ist. Bei der Untersuchung des lucky buy wird diese Annahme aufgehoben.

Dem Zukunftserfolgswert steht das anteilige neubewertete Eigenkapital gegenüber, das das anteilige bilanzielle Nettovermögen des Tochterunternehmens zu Zeitwerten zeigt. Das anteilige neubewertete Eigenkapital ist bei Entstehen eines negativen Goodwills höher als die Anschaffungskosten und somit höher als der vom Mutterunternehmen gezahlte Kaufpreis. Der Zukunftserfolgswert wird durch die Diskontierung von Cashflows bestimmt. Die Höhe des bilanziellen Eigenkapitals ist von Kapitaltransaktionen mit Anteilseignern sowie von Aufwendungen und Erträgen oder direkt im Eigenkapital erfassten Erfolgsgrößen, wie Aufwertungsbeträge auf den fair value on property, plant and equipment,[320] abhängig. Der Zusammenhang zwischen Cashflows und Aufwendungen bzw. Erträgen besteht darin, dass im Jahresabschluss Ein- und Auszahlungen gemäß dem matching principle und dem Rea-

[315] Vgl. Drukarczyk, Unternehmensbewertung, 2003, S. 304 f.; Ballwieser/Coenenberg/ Schultze, in: HWRP, 2002, Sp. 2417-2420; IDW S 1, WPg, 2000, S. 835; Meichelbeck, Unternehmensbewertung, 1997, S. 27.
[316] Vgl. IDW S 1, WPg, 2000, S. 835.
[317] Vgl. Drukarczyk, Unternehmensbewertung, 2003, S. 199.
[318] Vgl. IDW S 1, WPg, 2000, S. 828.
[319] Vgl. Drukarczyk, Unternehmensbewertung, 2003, S. 304.
[320] Vgl. IAS 16.37 (rev. 1998).

lisationsprinzip periodisiert werden.[321] Sie schlagen sich als Erträge und Aufwendungen in der Gewinn- und Verlustrechnung nieder, deren Saldo das bilanzielle Eigenkapital des Unternehmens erhöht oder vermindert.

Mögliche Ursachen eines negativen Goodwills können

- in einem vergleichsweise hohen neubewerteten Eigenkapital oder
- in einem vergleichsweise niedrigen Zukunftserfolgswert liegen.

Ein Grund für ein hohes anteiliges neubewertetes Eigenkapital bei einem nach HGB aufgestellten Jahresabschluss können nicht passivierte Pensionsrückstellungen sein. Jedoch sind Pensionsrückstellungen im Hinblick auf die Informationsfunktion im Konzernabschluss zu passivieren. Zudem können nach HGB angesetzte, jedoch für den Käufer nicht werthaltige Aktiva die Ursache eines vergleichsweise zu hohen anteiligen neubewerteten Eigenkapitals sein. Im Sinne der Erwerbsmethode müssen diese im Erstkonsolidierungszeitpunkt aufgelöst werden. Die Bilanzposten sind mit Konzernanschaffungskosten anzusetzen und aus Sicht des Erwerbers werden nicht werthaltige Positionen nicht vergütet.[322] Somit dient ein um diese beiden Posten korrigiertes Eigenkapital als Vergleichspunkt für den Zukunftserfolgswert.

Der Zukunftserfolgswert bestimmt sich aus den geschätzten künftigen Cashflows, die dem Anteilseigner in Form von Ausschüttungen und einem Veräußerungserlös der Anteile zufließen werden. Daneben müssen Zahlungsströme berücksichtigt werden, die dem Käufer nicht unmittelbar aus dem gekauften Unternehmen zufließen, wie Zahlungsüberschüsse auf Grund von Synergieeffekten beim Käufer. Die Prognose der Höhe der künftigen Ausschüttungen wird auf Basis von prognostizierten Zahlungsströmen des erworbenen Unternehmens mit seinen Marktpartnern getroffen.[323] Somit müssen die künftigen Zahlungsströme des erworbenen Unternehmens betrachtet werden, um die Ursache für einen unterhalb des anteiligen Eigenkapitals liegenden Kaufpreis zu ermitteln.

Eine Ursache für einen unter dem anteiligen neubewerteten Eigenkapital liegenden Zukunftserfolgswert kann in identifizierbaren negativen Cashflows liegen, die zwar in der Cashflow-Planung berücksichtigt wurden, sich jedoch im Jahresabschluss des Tochterunternehmens noch nicht als Aufwand niedergeschlagen und somit das Nettovermögen des Tochterunternehmens noch

---

[321] Vgl. IAS 1.25 f. (rev. 1997); § 252 I Nr. 6 HGB.
[322] Vgl. Kapitel 3.2.1.
[323] Vgl. Henselmann, Unternehmensrechnungen, 1999, S. 79 f.

nicht geschmälert haben.[324] Identifizierbare negative Cashflows mindern den Unternehmenswert, da dieser als subjektiver Entscheidungswert bei der Kaufpreisbestimmung noch nicht eingeleitete Maßnahmen berücksichtigt.[325] Folglich können aus den prospektiven Cashflow-Rechnungen theoretisch negative Cashflows bestimmt werden, die als Ursache für einen negativen Goodwill in Frage kommen. Ein Beispiel sind vom Mutterunternehmen geplante Restrukturierungen,[326] die sich in künftigen Cash-Outflows niederschlagen.

Historisch wurde die Ursache eines Goodwills in einer Rentabilität des Unternehmens gesehen, die über einer „normalen" Verzinsung lag.[327] Diese Idee kann auf den negativen Goodwill übertragen werden. So wird in § 309 II Nr. 1 HGB eine erwartete ungünstige Ertragslage[328] oder in der 7. Richtlinie[329] erwartete „unfavorable results" als mögliche Ursache eines negativen Goodwills genannt. Allerdings ist eine erwartete niedrige Verzinsung bei der Ursachenbestimmung des negativen Goodwills wenig hilfreich. Eine niedrige Verzinsung ist vielmehr Folge der unbekannten Ursachen, sagt jedoch wenig über diese aus.

Eine weitere mögliche Ursache des negativen Goodwills kann ein lucky buy sein. Ein lucky buy wird dann angenommen, wenn der Kaufpreis geringer als der tatsächliche Wert des erworbenen Unternehmen ist.[330] Diese Definition ist nicht aussagekräftig, da kein objektiver Wert für ein Unternehmen bestimmt werden kann.[331] Besser ist die Beschreibung eines lucky buy als der Betrag, um den der Käufer „seine wirtschaftliche Position durch den Kauf der Unternehmung gegenüber einer alternativen Kapitalanlage verbessert"[332]. Der Zukunftserfolgswert als subjektiver Entscheidungswert stellt dabei den Betrag dar, den der Investor maximal aufzuwenden bereit ist, um seine Vermögensposition nicht zu verschlechtern.[333] Dies gilt auch im Vergleich zur besten

---

[324] Vgl. Claussen/Scherrer, in: Kölner Kommentar zum AktG, 2003, § 309 Rn. 10; Weber/Zündorf, in: HdKR, 1998, § 309 Rn. 80; Adler/Düring/Schmaltz, 1996, § 309 Rn. 72; Heinze/Roolf, DB, 1976, S. 214.

[325] Vgl. IDW S 1, WPg, 2000, S. 831.

[326] Vgl. Claussen/Scherrer, in: Kölner Kommentar zum AktG, 2003, § 309 Rn. 10.

[327] Vgl. Tearney, in: Accounting, 1981, S. 525.

[328] Vgl. § 309 II Nr. 1 HGB.

[329] Vgl. Rat der Europäischen Gemeinschaften, 7. Richtlinie 83/349/EWG, 1983, Art. 31 a).

[330] Vgl. Weber/Zündorf, in: HdKR, 1998, § 309 Rn. 81; Baetge, FS Kropff, 1997, S. 355; Niehus, WPg, 1984, S. 324.

[331] Vgl. Henselmann, Unternehmensrechnungen, 1999, S. 19.

[332] Wagner, WPg, 1980, S. 479.

[333] Vgl. Drukarczyk, Unternehmensbewertung, 2003, S. 132.

alternativen Anlagemöglichkeit. Liegt der Kaufpreis unterhalb des ermittelten Zukunftserfolgswertes, verbessert der Investor seine Position gegenüber alternativen Kapitalanlagen in Höhe der Differenz zwischen dem Kaufpreis und dem Zukunftserfolgswert. In diesem Fall liegt ein lucky buy vor.[334] Dieser kann sich nur dann in voller Höhe im negativen Goodwill niederschlagen, wenn das anteilige neubewertete Eigenkapital oberhalb des Zukunftserfolgswertes aus Sicht des Käufers liegt oder identisch mit diesem ist. Ist das anteilige neubewertete Eigenkapital kleiner als der subjektive Zukunftserfolgswert, kann nur die Differenz zwischen dem Kaufpreis und dem anteiligen neubewerteten Eigenkapital einen Gewinn im Sinne eines lucky buy darstellen. Ein lucky buy kann dadurch zustande kommen, dass der Käufer eine stärkere Verhandlungsposition hat als der Verkäufer und er von dieser Gebrauch macht.[335]

3.4.1.2. Auflösung nach IFRS und HGB

Sowohl die Regelungen der IFRS als auch die des HGB bezüglich der Folgebehandlung eines bei Erstkonsolidierung angesetzten negativen Goodwills haben das Ziel einer ursachengerechten Auflösung.[336] Allerdings sind die Ursachen nur schwierig feststellbar. Von verschiedenen Standardsettern bzw. Gesetzgebern werden diesbezüglich unterschiedliche Annahmen getroffen.

IAS 22.59-63 (rev. 1998) schreibt eine Passivierung des negativen Goodwills und eine mehrstufige Auflösung vor. Der Teil, der auf erwartete Verluste oder Aufwendungen zurückgeht, die am Erwerbsstichtag identifizierbar und zuverlässig messbar sind, ist spiegelbildlich zu deren Anfallen aufzulösen. Beispiele für künftige Aufwendungen sind die Fälle, in denen im deutschen Recht gemäß § 249 II HGB eine Aufwandsrückstellung gebildet werden darf.[337] Gemäß IAS 37.20 (1998) dürfen provisions nur bei Bestehen einer Außenverpflichtung passiviert werden. Die erwarteten Aufwendungen, die mit negativen Cashflows verbunden sind, schmälern den Kaufpreis, sind jedoch nicht im bilanziellen Eigenkapital berücksichtigt. Eine Ausnahme bilden provisions für Restrukturierungen, die bei Vorliegen der Voraussetzungen des IAS 22.31 (rev. 1998) angesetzt werden müssen.

---

[334] Vgl. Möhrle, DStR, 1999, S. 1415; Wagner, WPg, 1980, S. 479.

[335] Vgl. Möhrle, DStR, 1999, S. 1415.

[336] Vgl. IAS 38/22 (rev. 1998), Basis for Conclusions, Par. 89; Baetge/Siefke/Siefke, in: IAS-Kommentar, 2003, IAS 22 Rn. 220.

[337] Für Beispiele vgl. Berger/M. Ring, in: Beck Bil-Komm., 2003, § 249 Rn. 316-323; vgl. auch Adler/Düring/Schmaltz, 2003, Abschn. 18 Rn. 309.

Das IASB geht davon aus, dass ein Restbetrag des negativen Goodwills, der nicht auf künftige Verluste oder Aufwendungen zurückgeht, einen Gewinn darstellt, der durch den Erwerb der abnutzbaren non-monetary assets erzielt wurde und der über deren gewichtete durchschnittliche Restnutzungsdauer zu vereinnahmen ist. Verbleibt darüber hinaus ein Restbetrag, ist dieser sofort zu realisieren. In diesem Fall wird angenommen, dass monetary assets unter ihrem fair value erworben wurden.[338]

Das IASB betrachtet den negativen Goodwill als Korrekturposten zu den angesetzten assets. Er ist in der Bilanz mit dem Posten „goodwill" zu saldieren.[339] Der negative Goodwill erfüllt weder die Definition des Framework von equity noch die einer liability.[340]

Den Regelungen der 7. Richtlinie liegt ähnlich wie den IFRS die Annahme zugrunde, dass in manchen Fällen die Ursachen für den unter dem anteiligen neubewerteten Eigenkapital liegenden Kaufpreis bestimmbar sind. Dies können zum einen erwartete Aufwendungen sein, zum anderen wird eine erwartete ungünstige Entwicklung der künftigen Ertragslage des Tochterunternehmens genannt.[341] Die Formulierung in der Richtlinie ist allgemeiner als die des IAS 22.61 (rev. 1998) und auslegungsbedürftig. Zur Beurteilung, ob eine Entwicklung ungünstig ist, bedarf es eines Referenzpunktes, den die Richtlinie nicht liefert. Ein negativer Goodwill ist zu passivieren und spiegelbildlich zu den identifizierten Ursachen aufzulösen. Ein Restbetrag darf gemäß Artikel 31 b) der 7. Richtlinie nur realisiert werden, wenn er einem Gewinn entspricht. Dieser Zeitpunkt ist in den einzelnen Mitgliedstaaten unterschiedlich definiert.[342]

Der deutsche Gesetzgeber hat die Regelungen der 7. Richtlinie über das BiRiLiG in das HGB übernommen. Weder aus dem Gesetzeswortlaut noch aus der Regierungsbegründung zum BiRiLiG[343] geht hervor, was unter einer ungünstigen Entwicklung der Ertragslage zu verstehen ist, welche Aufwendungen in § 309 II Nr. 1 HGB gemeint sind und zu welchem Zeitpunkt ein Gewinn realisiert ist. Eine ungünstige Entwicklung der Ertragslage wird meist dann angenommen, wenn mit einer Performance des Tochterunternehmens

---

[338] Vgl. IAS 38/IAS 22 (rev. 1998), Basis for Conclusions, Par. 89.

[339] Vgl. IAS 22.64 (rev. 1998); Epstein/Mirza, IAS, 2003, S. 439.

[340] Vgl. F.49 (b) u. (c); IAS 38/IAS 22 (rev. 1998), Basis for Conclusions, Par. 91.

[341] Vgl. Rat der Europäischen Gemeinschaften, 7. Richtlinie 83/349/EWG, 1983, Art. 31.

[342] Vgl. Biener/Schatzmann, 7. EG-Richtlinie, 1983, S. 49.

[343] Vgl. Deutscher Bundestag, Drucksache 10/4268, 1985, S. 116.

unterhalb der des Marktes bzw. des Konzerns gerechnet wird.[344] Teilweise wird auch bei prognostizierten Umsatzeinbußen und Jahresfehlbeträgen von einer ungünstigen Entwicklung der Ertragslage gesprochen.[345]

Für die Bestimmung des Realisationszeitpunktes eines Gewinns aus einem lucky buy sind die allgemeinen Bilanzierungsgrundsätze anzuwenden. Danach sind Anschaffungsvorgänge erfolgsneutral zu behandeln. Folglich darf beim Erwerbsvorgang des Tochterunternehmens kein Gewinn realisiert werden. Eine strenge Auslegung des Realisationsprinzips hätte zur Folge, dass ein Gewinn erst bei Veräußerung der Anteile vereinnahmt werden dürfte. Dies würde die Regelung des § 309 II Nr. 2 HGB überflüssig machen. Es wird überwiegend davon ausgegangen, dass schon während der Konzernzugehörigkeit des Tochterunternehmens ein Gewinn aus dem Minderkaufpreis realisiert werden darf. Eine Auflösungspflicht wird angenommen, wenn nach vernünftiger kaufmännischer Beurteilung mit dem Eintreten der im Kaufzeitpunkt antizipierten ungünstigen Entwicklung der Ertragslage bzw. der erwarteten Aufwendungen nicht mehr gerechnet werden kann oder wenn sich bestätigt, dass der Zukunftserfolgswert des Tochterunternehmens nachhaltig keinen Wertabschlag rechtfertigt, es sich also um einen lucky buy gehandelt hat.[346]

Eine Besonderheit des deutschen Rechtes ist, dass Tochterunternehmen nicht mit einem Abschluss zum Zeitpunkt des Erwerbs der Anteile erstkonsolidiert werden müssen, sondern die Erstkonsolidierung auf den Zeitpunkt der erstmaligen Einbeziehung erfolgen kann.[347] Wird letztere Möglichkeit gewählt und erwirtschaftet das Tochterunternehmen zwischen dem Anteilserwerb und der erstmaligen Einbeziehung Gewinne, die thesauriert werden, sind diese ihrem Wesen nach vom Konzern erwirtschaftet. Tatsächlich erhöhen sie das konsolidierungspflichtige Eigenkapital des Tochterunternehmens. Entsteht daraus ein negativer Goodwill, wird es als zulässig angesehen, diesen Betrag

---

[344] Vgl. Claussen/Scherrer, in: Kölner Kommentar zum AktG, 2003, § 309 Rn. 47; Förschle/Hoffmann, in: Beck Bil-Komm., 2003, § 309 Rn. 47; Weber/Zündorf, in: HdKR, 1998, § 309 Rn. 83; Adler/Düring/Schmaltz, 1996, § 309 Rn. 72; Otte, BB, 1988, S. 103.

[345] Vgl. Claussen/Scherrer, in: Kölner Kommentar zum AktG, 2003, § 309 Rn. 47; Förschle/Hoffmann, in: Beck Bil-Komm., 2003, § 309 Rn. 47.

[346] Vgl. Claussen/Scherrer, in: Kölner Kommentar zum AktG, 2003, § 309 Rn. 48; Förschle/Hoffmann, in: Beck Bil-Komm., 2003; § 309 Rn. 49 f.; Weber/Zündorf, in: HdKR, 1998, § 309 Rn. 87 f.; Adler/Düring/Schmaltz, 1996, § 309 Rn. 76.

[347] Vgl. § 301 II S. 1 HGB.

in die Gewinnrücklagen umzugliedern.[348] Gleiches gilt wenn ein negativer Goodwill dadurch entsteht, dass ein Tochterunternehmen seinen Jahresabschluss in fremder Währung aufstellt und sich der Kurs für die Umrechnung des Jahresabschlusses gegenüber der Währung des Mutterunternehmens im Zeitraum zwischen Anteilserwerb und Erstkonsolidierungszeitpunkt verändert hat.[349]

Sowohl die Auflösungsregelungen der IFRS als auch die des HGB stellen in einem ersten Schritt auf erwartete Aufwendungen und eine ungünstige Entwicklung der Ertragslage des Tochterunternehmens ab, wobei die IFRS diese als erwartete Verluste konkretisieren. Beide Regelungen stellen bezüglich der Ursache eines Restbetrages nicht auf den Zukunftserfolgswert als Basis der Kaufpreisbestimmung ab, sondern auf die Höhe des bilanziellen Vermögens. Dieses spielt bei der Bestimmung des Kaufpreises jedoch nur eine untergeordnete Rolle. Die Regelungen beider Rechnungslegungssysteme geben keine objektivierten Kriterien zur Auflösung des negativen Goodwills vor.

3.4.1.3. Entwicklung eines Auflösungskonzeptes

Die als mögliche Ursachen eines negativen Goodwills identifizierten Faktoren können unabhängig davon auftreten, ob ein negativer Goodwill in der Konzernbilanz ausgewiesen wird. So kann der Kaufpreis der Anteile oberhalb des anteiligen Eigenkapitals liegen, obwohl das Mutterunternehmen Restrukturierungen und dadurch bedingte negative Cashflows plant, die sich noch nicht bilanziell niedergeschlagen haben.[350] Bei der Entwicklung eines Auflösungskonzeptes wird darauf abgestellt, welche Faktoren zu einem Kaufpreis unter dem anteiligen neubewerteten Eigenkapital geführt haben. Es wird unterstellt, dass die Erstkonsolidierung am Tag des Anteilserwerbs vorgenommen wird.

Zunächst ist das anteilige neubewertete Eigenkapital der Handelsbilanz II des Tochterunternehmens um nicht werthaltige Posten bzw. nicht passivierte Verpflichtungen zu korrigieren. Die damit eintretende Auflösung dieses Teils des negativen Goodwills erfolgt spiegelbildlich zur Abschreibung der nicht werthaltigen Posten oder zum Anfallen der Verpflichtungen. Das so korrigierte

---

[348] Vgl. Claussen/Scherrer, in: Kölner Kommentar zum AktG, § 309 Rn. 51; Förschle/ Hoffmann, in: Beck Bil-Komm., 2003, § 309 Rn. 55; IDW (Hrsg.), WP-Handbuch, Bd. I, 2000, M 11; Adler/Düring/Schmaltz, 1996, § 301 Rn. 135.

[349] Vgl. Claussen/Scherrer, in: Kölner Kommentar zum AktG, 2003, § 309 Rn. 10.

[350] Vgl. Adler/Düring/Schmaltz, 1996, § 309 Rn. 72; Heinze/Roolf, DB, 1976, S. 214.

neubewertete Eigenkapital dient nach IFRS als Referenzpunkt für die Berechnung des verbleibenden negativen Goodwills.

Liegt der Kaufpreis (KP) für das Tochterunternehmen unterhalb des Zukunftserfolgswertes aus Sicht des Erwerbers (ZEW),[351] variiert lediglich die Relation der beiden Werte zum korrigierten anteiligen neubewerteten Eigenkapital (aEK). Eine Ausnahme dazu kann auftreten, wenn nicht ökonomische Gründe, wie Machtüberlegungen der Geschäftsführung, zu einem Kaufpreis oberhalb des Zukunftserfolgswertes führen, was lediglich Fall 2 insofern verändert, als kein lucky buy vorliegt. Es müssen zwei Fälle hinsichtlich des Entstehens eines negativen Goodwills unterschieden werden:

Fall 1

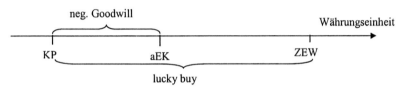

Fall 2

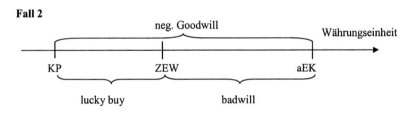

Abbildung 2: Negativer Goodwill[352]

Im Fall 1 ist der gesamte negative Goodwill auf einen lucky buy zurückzuführen. Er stellt einen Ertrag dar und ist theoretisch im Erstkonsolidierungszeitpunkt erfolgswirksam zu vereinnahmen.

---

[351] Vgl. Möhrle, DStR, 1999, S. 1416.
[352] Vgl. mit Abwandlungen: Möhrle, DStR, 1999, S. 1417.

Die Berechnung des Zukunftserfolgswertes ist mit Unsicherheiten behaftet. Zeigt sich in dem Zeitraum zwischen der Ermittlung des Zukunftserfolgswertes und dem Erstkonsolidierungszeitpunkt, dass falsche Annahmen getroffen wurden, kann das dazu führen, dass ein Ertrag vereinnahmt wird, obwohl am Bilanzstichtag feststeht, dass es sich um keinen lucky buy handelt. Die Behandlung widerspricht offensichtlich dem Ziel der Darstellung der Ertragslage des Tochterunternehmens entsprechend den tatsächlichen Verhältnissen. Andererseits kann nicht auf einen neu ermittelten Zukunftserfolgswert des Tochterunternehmens zum Erstkonsolidierungszeitpunkt abgestellt werden. Dieser ist nicht ausreichend objektiviert. Ein im Erstkonsolidierungszeitpunkt ermittelter Zukunftserfolgswert würde lediglich der Bestimmung der Höhe des Unterschiedsbetrages und somit des lucky buy dienen und könnte aus diesem Grund von der Unternehmensleitung nach ihren Vorstellungen gesteuert werden. Der im Rahmen der Kaufverhandlungen ermittelte Zukunftserfolgswert hat den Zweck der Kaufpreisbestimmung, und somit ist es nicht im Interesse des Unternehmens, diesen zu manipulieren. Andernfalls kann die Unternehmensleitung den vom Verkäufer geforderten Kaufpreis nicht beurteilen. Ist der negative Goodwill auf einen lucky buy zurückzuführen, ist folglich eine objektivierte und ursachengerechte Auflösung des negativen Goodwills nicht möglich.

Im Fall 2 ist ein Teil des negativen Unterschiedsbetrages auf einen lucky buy zurückzuführen. Die restlichen Ursachen, die in der Grafik unter dem Begriff badwill zusammengefasst wurden, sind unterschiedlicher Natur. Sie müssen, soweit möglich, im Erstkonsolidierungszeitpunkt identifiziert und dokumentiert werden, um eine ursachengerechte Auflösung des negativen Goodwills zu ermöglichen. Identifizierbare Ursachen sind erwartete negative Cashflows.

Der negative Goodwill, der auf identifizierbare negative Cashflows bzw. geplante Aufwendungen zurückgeht, muss aufgelöst werden, wenn sich die genannten Cashflows bilanziell niederschlagen. Die Gewinn- und Verlustrechnung dient als Grundlage für die Auflösung des negativen Goodwills. Die Gewinn- und Verlustrechnung basiert jedoch nicht auf Cashflows, sondern auf Aufwendungen und Erträgen, die sich in der Regel nur in ihrem zeitlichen Anfallen von Cashflows unterscheiden. Damit ist die Höhe der für den negativen Goodwill als ursächlich identifizierten Cashflows ohne Berücksichtigung der Zeitkomponente identisch mit den erwarteten Aufwendungen. Bei Berücksichtigung der Zeitkomponente stellt sich die Frage, ob im Erstkonsolidierungszeitpunkt die erwarteten negativen Cashflows diskontiert oder undiskontiert als Ursache des negativen Goodwills berücksichtigt werden. Die Höhe der identifizierbaren negativen Cashflows bzw. der geplanten Aufwendungen wird nach dem hier entwickelten Konzept aus dem Zukunftserfolgswert des Erwerbers abgeleitet. Die geplanten negativen Cashflows sind im Zukunftserfolgswert diskontiert enthalten. Um den negativen Goodwill ursachengerecht aufzulösen, sind die geplanten Aufwendungen bei Aufteilung des Goodwills auf seine Ursachen diskontiert zu berücksichtigen. In den Folgeperioden ist der Teil des Goodwills, der auf geplante Aufwendungen zurückgeht, mit dem Zinssatz aufzuzinsen, der bei Bestimmung des Zukunftserfolgswertes festgelegt wurde.

Nach den Feststellungen lässt sich lediglich der Teil des negativen Goodwills, der auf im Erwerbszeitpunkt identifizierbare negative Cashflows bzw. geplante Aufwendungen zurückgeht, ursachengerecht auflösen. Für den Restbetrag stellt sich die Frage nach der Art der Auflösung. Möglich wäre eine planmäßige Auflösung. Sie scheitert daran, dass der negative Goodwill keine Nutzungsdauer hat.

Eine sofortige Vereinnahmung ist möglich, wenn ein Gewinn mit der Anschaffung realisiert wurde. Dies ist lediglich beim lucky buy der Fall, wohingegen eine sofortige Ertragsrealisierung für einen Restbetrag einen Ertrag im Konzernabschluss ausweisen würde, der bei Anschaffung noch nicht realisiert ist. Da der negative Goodwill als Gesamtbetrag aufgelöst wird, scheidet die Möglichkeit der sofortigen Gewinnvereinnahmung aus.

Es besteht ferner die Möglichkeit, den negativen Goodwill erst bei Ausscheiden des Tochterunternehmens aus dem Konzern aufzulösen. Allerdings spricht eine Betrachtung der Komponenten des negativen Goodwills gegen diese Vorgehensweise. So entsteht bei einem lucky buy ein Gewinn mit Anschaffung.

Als Folge der Ursachen des negativen Goodwills wurde eine niedrige Verzinsung der Investition des Mutterunternehmens identifiziert. Die Auflösung des negativen Goodwills sollte so erfolgen, dass dadurch eine höhere Verzinsung in den Perioden nach der Investition gewährleistet wird. Auch dies spricht sowohl gegen eine sofortige Gewinnvereinnahmung als auch gegen eine Beibehaltung des negativen Goodwills bis zum Ausscheiden des Tochterunternehmens und für eine kontinuierliche Auflösung des negativen Goodwills.

Es verbleibt die Möglichkeit einer pauschalen Auflösung des negativen Goodwills, die den Vorteil der Objektivierung hat.[353] Die Festlegung des pauschalen Auflösungszeitraums ist jedoch problematisch. Eine pauschale Auflösung,

---

[353] So im Ergebnis auch: Möhrle, DStR, 1999, S. 1420; Pusecker/Schruff, BB, 1996, S. 742; Zwingmann, BB, 1994, S. 2317.

die für alle Konzernabschlüsse gültig ist, kann nicht die tatsächlichen Ursachen des negativen Goodwills berücksichtigen. Diese können jedoch als Ausgangspunkt für die Überlegungen über die Auflösungsdauer herangezogen werden. Wäre der negative Goodwill allein auf einen lucky buy zurückzuführen, würde eine sofortige Vereinnahmung diesen Sachverhalt am besten wiedergeben. Sind nicht genauer identifizierbare negative Cashflows ursächlich für einen Goodwill, spricht dies gegen eine sofortige Auflösung ebenso wie gegen eine Auflösung über einen Zeitraum, der größer als der Planungszeitraum für die Ermittlung des Zukunftserfolgswertes ist. Gleiches gilt, wenn mit der Auflösung des Goodwills eine niedrige Verzinsung der Investition ausgeglichen werden soll.

In der inzwischen nicht mehr gültigen APB Opinion No. 16.91 wurde eine Begrenzung der Auflösungsdauer von 40 Jahren festgelegt. Die gleichfalls überholte Regelung des IAS 22.51 (1993) schrieb einen grundsätzlichen Auflösungszeitraum von fünf Jahren vor. In begründeten Fällen wurde ein längerer Zeitraum von bis zu 20 Jahren erlaubt. Allerdings sind weder 40 noch 20 Jahre ein Zeitraum, für den Unternehmen Cashflows verlässlich schätzen können. So werden nach Praktikerverfahren bei der Ermittlung des Zukunftserfolgswertes häufig nur die Cashflows der ersten fünf Jahre direkt geschätzt, Cashflows in den Folgeperioden werden durch Fortschreibung oder sonstige pauschale Verfahren ermittelt.[354]

Somit wird für die Auflösung des negativen Goodwills ein Zeitraum von fünf Jahren vorgeschlagen. Dadurch werden die Erträge aus der Auflösung des negativen Goodwills nicht in einer Periode ausgewiesen, sondern über fünf Jahre geglättet. Die dynamische Vergleichbarkeit ist durch einen Auflösungszeitraum von fünf Jahren gewährleistet. Um eine Glättung der Erträge aus der Auflösung des negativen Goodwills zu erreichen, wird eine lineare Auflösung vorgeschlagen. Durch eine lineare Auflösung wird der dynamischen Vergleichbarkeit von Konzernabschlüssen Rechnung getragen.

Der Vorschlag für die Auflösung des negativen Goodwills ist in den Vergleich und die Beurteilung von Kapitalkonsolidierungsmethoden mit und ohne Anschaffungskostenrestriktion einzubeziehen. Die lineare Auflösung des negativen Goodwills über einen vorgegebenen Zeitraum von fünf Jahren erfüllt das Objektivitätskriterium. Eine Bewertung der Bilanzposten des Tochterunternehmens in der Konzernbilanz zu Zeitwerten bei gleichzeitiger Passivierung eines negativen Goodwills ist einer Bewertung der Bilanzposten

---

[354] Vgl. IDW S 1, WPg, 2000, S. 833; für eine Darstellung möglicher Verfahren vgl. Henselmann, Unternehmensrechnungen, 1999, S. 118-127.

unterhalb ihres Zeitwertes hinsichtlich der Kriterien der Objektivität und der Vergleichbarkeit zumindest gleichwertig. Eine Passivierung eines negativen Goodwills mit Angabe möglicher Ursachen, wie geplante Aufwendungen für Restrukturierungsmaßnahmen, hat zudem einen höheren predictive value als eine Bewertung der Bilanzposten des Tochterunternehmens unterhalb der Zeitwerte. Kapitalkonsolidierungsmethoden ohne Anschaffungskostenrestriktion sind somit Methoden mit Anschaffungskostenrestriktion hinsichtlich der Informationsfunktion vorzuziehen.

3.4.2. Auflösung eines Goodwills

3.4.2.1. Entstehungsursachen

Ist das anteilige neubewertete Eigenkapital eines Tochterunternehmens geringer als der Wertansatz der Anteile des Mutterunternehmens an dem Tochterunternehmen, entsteht ein Goodwill, der im HGB als Geschäfts- oder Firmenwert bezeichnet wird.[355] Er stellt einen Differenzbetrag dar, dessen Charakter fast nicht analysierbar ist.[356] Dennoch gibt es Ansätze, die Ursachen des Goodwills zu klassifizieren.[357] Bei der Untersuchung der Ursachen wird unterstellt, dass die Erstkonsolidierung des Tochterunternehmens zum Erwerbszeitpunkt erfolgt.

Eine Ursache eines Goodwills kann in einer Überzahlung liegen. Dies ist dann der Fall, wenn der Kaufpreis größer ist als der Zukunftserfolgswert. Dies wurde bisher als Ausnahmefall vernachlässigt, da ein rational handelnder Investor unterstellt wurde. Tatsächlich können psychologische Komponenten in die Kaufpreisbestimmung einfließen, wie Macht- oder Prestigebestrebungen des Managements, das aus diesem Grund einen höheren Kaufpreis als den Zukunftserfolgswert bietet.[358] Ferner kann mit der Überzahlung die Überwindung von Markteintrittsbarrieren oder die Beseitigung von Konkurrenten bezweckt werden.[359] Ziel dieser Strategien kann eine neue Markterschließung oder ein höherer Marktanteil sein. Dies ist in folgenden Perioden mit positiven Cashflows verbunden und schlägt sich somit im Zukunftserfolgswert nie-

---

[355] Vgl. § 301 III S. 1 HGB.
[356] Vgl. Förschle/Hoffmann, in: Beck Bil-Komm., 2003, § 309 Rn. 5 f.; Wöhe, StuW, 1980, S. 99; Münstermann, Wert und Bewertung, 1970, S. 139.
[357] Vgl. Sellhorn, DB, 2000, S. 889 f.; Möhrle, DStR, 1999, S. 1415-1417; Johnson/ Petrone, Accounting Horizons, 1998, S. 2-4; Wöhe, StuW, 1980, S. 99.
[358] Vgl. Sellhorn, DB, 2000, S. 889.
[359] Vgl. Tearney, in: Accounting, 1981, S. 523; Wöhe, StuW, 1980, S. 96; Kropff, in: Aktiengesetz, 1973, § 153 Tz. 64.

der. Es liegt folglich im Hinblick auf die Teile des Kaufpreises, die für die Überwindung von Markteintrittsbarrieren oder die Beseitigung von Konkurrenten geleistet wurden, keine Überzahlung vor.

Eine der häufigsten Ursachen für das Entstehen eines Goodwills sind beim Tochterunternehmen nicht bilanzierte, aber werthaltige Posten. Hierbei handelt es sich um immaterielle Werte.[360] Als Ursache für einen Goodwill kommen solche immateriellen Werte in Frage, die zur Ertragskraft des Unternehmens beitragen. Nur das diesen Werten innewohnende Ertragspotenzial wird im Kaufpreis berücksichtigt und kann somit einen Goodwill bedingen. Welche Werte dies im Einzelnen sein können, hängt von den Ansatzvoraussetzungen des jeweiligen Rechnungslegungssystems ab. Allgemein können darunter Image, Kundenstamm und Know-How der Mitarbeiter fallen.[361] Der Wert, der sich bei Addition der Zeitwerte dieser immateriellen Werte zu dem neubewerteten Eigenkapital ergibt, wird hier mit Vollrekonstruktionswert bezeichnet. Seine Ermittlung ist jedoch nicht möglich, da die einzelnen Bestandteile nicht alle identifizierbar und/oder bewertbar sind, wie zum Beispiel die äußere Organisation.[362]

Weiterhin kann ein Goodwill darin begründet sein, dass die einzelnen Unternehmensbestandteile in ihrem Zusammenwirken mehr wert sind und damit eine höhere Ertragskraft haben als dies bei isolierter Betrachtung der Fall ist. Der Teil des Zukunftserfolgswertes, der auf diese Ursache zurückgeht, stellt den Kapitalisierungswert dar.[363] Er ist in der Literatur nicht eindeutig definiert. Teilweise wird er mit dem Goodwill gleichgesetzt.[364] Definiert man ihn als den Betrag, der auf Synergieeffekte zwischen den einzelnen Bestandteilen des Vollrekonstruktionswertes zurückgeht, ist seine Höhe gleich der Differenz zwischen dem Zukunftserfolgswert des Unternehmens und dem Vollrekonstruktionswert.[365] Allerdings ist dieser Betrag nicht ermittelbar, da weder die Zukunftserfolgswerte aller nicht bilanzierten immateriellen Werte berechenbar sind, noch der Vollrekonstruktionswert bestimmt werden kann. Eine weitere Ursache eines Goodwills kann die Zahlung einer Kontrollprämie sein.[366]

---

[360] Vgl. Kosiol, Einheitsbilanz, 1999, S. 166 f.; Möhrle, DStR, 1999, S. 1415.

[361] Vgl. Wöhe, StuW, 1980, S. 89.

[362] Vgl. Möhrle, DStR, 1999, S. 1414.

[363] Vgl. Möhrle, DStR, 1999, S. 1415; Wöhe, StuW, 1980, S. 92.

[364] Vgl. Meyer, Firmenwert, 1991, S. 24; Münstermann, Wert und Bewertung, 1970, S. 139.

[365] Vgl. Möhrle, DStR, 1999, S. 1415; Wöhe, StuW, 1980, S. 92.

[366] Vgl. IASB, Business Combinations II, 2004, S. 15.

Eine Kontrollprämie wird häufig bei Kauf von großen Anteilsblöcken, zum Beispiel in Form eines Aufschlags auf den Börsenkurs, gezahlt.

Die einzelnen Komponenten des Goodwills haben gemein, dass sie nicht für sich genommen messbar sind, sondern sich nur in ihrer Gesamtheit in der Residualgröße Goodwill bewerten lassen. Eine Ausnahme kann die Kontrollprämie darstellen, sofern sie ermittelbar ist. Zudem ist eine Isolierung der einzelnen Ursachen nicht möglich, da sie sich gegenseitig bedingen. Hat ein Unternehmen auf Grund einer effektiven Absatzorganisation gute Ertragsaussichten für seine selbstgefertigten Produkte, kann der Goodwill nicht eindeutig der Absatzorganisation zugeordnet werden. Der Goodwill ist auch durch die Ertragskraft der Maschinen im Unternehmensverbund, also durch Synergieeffekte verursacht.[367]

3.4.2.2. Auflösung nach IFRS und HGB

Das IASB stellt fest, dass ein Goodwill auf die Vergütung von future economic benefits zurückgeht. Als mögliche Ursachen werden im Kaufpreis vergütete, nicht bilanzierte immaterielle Werte und Synergieeffekte zwischen identifiable assets genannt.[368] Der Goodwill stellt ein asset dar, für das Ansatzpflicht besteht. IAS 22.44 (1998) schreibt vor, dass der Goodwill planmäßig über seine Nutzungsdauer abzuschreiben ist. Dies zeigt, dass das IASB bei Verabschiedung des Standards davon ausging, dass der Goodwill eine begrenzte Nutzungsdauer hat und im Zeitverlauf an Wert verliert. Als Nutzungsdauer wird der Zeitraum definiert, „during which future economic benefits are expected to flow to the enterprise"[369]. IAS 22.48 (rev. 1998) zählt einige Aspekte auf, die bei der Schätzung der Nutzungsdauer berücksichtigt werden müssen. Die Aufzählung in IAS 22.48 (rev. 1998) ist nicht abschließend und gibt keine konkrete Vorgehensweise zur Ermittlung der Nutzungsdauer vor. Es wird ferner festgestellt, dass die Nutzungsdauer umso schwieriger zu schätzen ist, je länger sie ist. In diesem Zusammenhang führt IAS 22.44 (rev. 1998) die widerlegbare Vermutung an, dass die Nutzungsdauer 20 Jahre nicht übersteigt.

Liegen Anzeichen dafür vor, dass der Zukunftserfolgswert gefallen ist, muss ein impairment test gemäß IAS 36 (1998) durchgeführt werden.[370] Selbst

---

[367] Vgl. Wöhe, StuW, 1980, S. 92.
[368] Vgl. IAS 22.41, 44 u. 47 (rev. 1998).
[369] IAS 22.45 (rev. 1998).
[370] Vgl. IAS 22.53 (rev. 1998).

wenn keine Anzeichen einer Wertminderung vorliegen, muss bei einer Nutzungsdauer, die länger als 20 Jahre ist, an jedem Abschlussstichtag ein impairment test durchgeführt werden.[371] Da der Goodwill nur in Verbindung mit anderen assets Cashflows generieren kann, ist der recoverable amount der Gruppe von assets, denen der Goodwill zugeordnet werden kann und die unabhängig von anderen assets Cash-Inflows generiert (cash-generating unit), zu bestimmen. Der recoverable amount ist gemäß IAS 36.5 (1998) definiert als der höhere Betrag aus dem net selling price und dem value in use. Ein impairment der cash-generating unit liegt vor, wenn der Buchwert der cash-generating unit größer als ihr recoverable amount ist.[372] Der impairment loss als Differenz zwischen dem Buchwert und dem recoverable amount der cash-generating unit ist auf die assets der cash-generating unit zu verteilen. Dabei ist zuerst der Goodwill, der der cash-generating unit zugerechnet wurde, abzuschreiben. Anschließend sind die übrigen assets der cash-generating unit proportional zu ihren Buchwerten abzuschreiben. Die Abschreibung darf dabei maximal auf einen Betrag erfolgen, der dem höheren Wert aus ihrem net selling price, ihrem value in use und null entspricht.[373] Eine Zuschreibung auf den Goodwill nach einer Abschreibung auf Grund eines impairment loss ist nur unter den restriktiven Voraussetzungen des IAS 36.109 (1998) möglich.

Die Regelungen des HGB zur Auflösung eines Goodwills stellen die Umsetzung des Art. 30 der 7. Richtlinie dar, der auf die Art. 34 und 37 der Richtlinie 78/660/EWG (4. Richtlinie) verweist. Danach werden den Mitgliedstaaten Wahlmöglichkeiten eingeräumt. Der Goodwill muss nach Art. 34 der 4. Richtlinie spätestens nach fünf Jahren abgeschrieben sein. Daneben können die Mitgliedstaaten auch eine planmäßige Abschreibung über die Nutzungsdauer, die länger als fünf Jahre sein kann, oder eine offene Verrechnung mit den Rücklagen zulassen.[374]

Der deutsche Gesetzgeber hat die Wahlrechte an die Unternehmen weitergegeben.[375] Die pauschale Abschreibung wurde so umgesetzt, dass gemäß § 309 S. 1 HGB in jedem auf die Erstkonsolidierung folgenden Geschäftsjahr der Goodwill zu mindestens einem Viertel abgeschrieben werden muss. Damit ist der Goodwill bei Anwendung der Alternative des § 309 S. 1 HGB nach

---

[371] Vgl. IAS 22.56 (rev. 1998).

[372] Vgl. zur Begriffsbestimmung auch Kapitel 4.2.1.1.2.1.

[373] Vgl. IAS 36.88 f. (1998).

[374] Vgl. Rat der Europäischen Gemeinschaften, 4. Richtlinie 78/660/EWG, 1978, Art. 37; Rat der Europäischen Gemeinschaften, 7. Richtlinie 83/349/EWG, 1983, Art. 30.

[375] Vgl. Deutscher Bundestag, Drucksache 10/3440, 1985, S. 40.

spätestens fünf Jahren durch Abschreibung getilgt, wie es die 7. EG-Richtlinie vorgibt.

3.4.2.3. Entwicklung eines Auflösungskonzeptes

Ziel eines Auflösungskonzeptes für den Goodwill ist die Bestimmung einer Regelung, deren Anwendung die Wiedergabe eines den tatsächlichen Verhältnissen entsprechenden Bildes der wirtschaftlichen Lage des Konzerns annähert.[376] Eine ursachengerechte Auflösung kann nicht das Ziel sein, da eine Bestimmung der einzelnen Ursachen nicht möglich ist. Eine Ausnahme stellen identifizierbare nicht bilanzierte immaterielle Wert dar, die soweit wie möglich angesetzt werden sollen. Für die Auflösung gibt es drei grundsätzliche Ansätze:

- Verrechnung mit den Rücklagen
- planmäßige oder pauschale Abschreibung
- Abschreibung nur bei Wertminderung

3.4.2.3.1. Erfolgswirksame versus erfolgsneutrale Folgebilanzierung

Als Erstes stellt sich die Frage, ob der Goodwill erfolgswirksam oder erfolgsneutral aufzulösen ist. Eine Verrechnung mit den Rücklagen widerspricht den Grundprinzipien der Rechnungslegung, im deutschen Recht speziell dem pagatorischen Prinzip und dem Prinzip der Periodisierung, in den IFRS der accrual basis of accounting. Danach erfolgt die Bewertung von Aktiv- und Passivposten auf Basis von Ein- bzw. Auszahlungen, die in den Perioden erfolgswirksam werden, denen sie zeitlich und sachlich zuzurechnen sind.[377] Eine Verrechnung mit den Rücklagen führt zu keiner erfolgswirksamen Verteilung der Auszahlungen für den Goodwill, es sei denn der verrechnete Betrag wird im Rahmen der Endkonsolidierung erfolgswirksam. Diese Vorgehensweise führt nicht zu einer periodengerechten Aufwandsverrechnung, sondern lediglich dazu, dass ein Verstoß gegen oben genannte Prinzipien vermieden wird.[378] Eine Verrechnung mit den Rücklagen ist grundsätzlich ab-

---

[376] Vgl. Förschle/Hoffmann, in: Beck Bil-Komm., 2003, § 309 Rn. 2.
[377] Vgl. IAS 1.25 f. (rev. 1997); Baetge, in: HWB, 1993, Sp. 1545; Rückle, in: HWR, 1993, Sp. 195.
[378] Vgl. Förschle/Deubert, in: Beck Bil-Komm., 2003, § 301 Rn. 242; Baetge/Herrmann, WPg, 1995, S. 228; Schmalenbach-Gesellschaft - Deutsche Gesellschaft für Betriebswirtschaft e.V., ZfbF Sonderheft 21, 1987, S. 83.

zulehnen,[379] es sei denn, das Tochterunternehmen wurde auf Grundlage eines Abschlusses zum Zeitpunkt der erstmaligen Einbeziehung konsolidiert.

Eine erfolgsneutrale Verrechnung kann zudem Fehlanreize geben, wie man es bei der Pooling of interests-Methode beobachten konnte.[380] Zudem ergab eine Studie über deutsche Konzerne mit börsennotierten Mutterunternehmen für den Zeitraum von 1987 bis 1994, dass eine erfolgswirksame Abschreibung des Goodwills eine stärkere Relevanz für die Bewertung von Anteilen aus Sicht der Aktionäre hat als eine erfolgsneutrale.[381]

3.4.2.3.2. Planmäßige/pauschale versus außerplanmäßige Abschreibung

Im Rahmen einer erfolgswirksamen Behandlung stellt sich die Frage, ob der Goodwill abnutzbar ist. Ist ein asset abnutzbar, muss es nach der Systematik der IFRS planmäßig abgeschrieben werden.[382] Nach IFRS stellt der Goodwill definitionsgemäß ein asset dar.[383] Auch nach HGB sind Vermögensgegenstände abzuschreiben, wenn sie abnutzbar sind. Der Goodwill ist nicht selbständig verwertbar und erfüllt damit nicht die Charakteristika eines Vermögensgegenstandes nach deutschem Recht. Gemäß § 309 I S. 1 HGB ist er dennoch abzuschreiben.

Aus Objektivierungsgründen kann die Abschreibungsdauer gesetzlich vorgegeben werden (pauschale Abschreibung).[384] Liegt keine Abnutzbarkeit vor, sind nur außerplanmäßige Abschreibungen vorzunehmen. Dabei ist zu untersuchen, ob auch bei Abnutzbarkeit nur außerplanmäßig abzuschreiben ist, wenn dies hinsichtlich der Informationsfunktion eine Verbesserung gegenüber der planmäßigen Abschreibung darstellt.

Abschreibungen kommen im Jahresabschluss folgende Funktionen zu. Nach statischer Interpretation korrigieren sie die Bewertung von Aktivposten bei gesunkenem Wert. Dies wird durch außerplanmäßige Abschreibungen erreicht. Dagegen sieht die dynamische Interpretation Abschreibungen primär als Mittel zur periodengerechten Erfolgsermittlung. Letztgenannte Aufgabe

---

[379] Im Ergebnis ebenso: Siegel, FS Scherrer, 2004, S. 317; Huijgen, Valuation, 1996, S. 68.

[380] Vgl. Kapitel 3.2.3.1.

[381] Vgl. Krämling, Goodwill, 1998, S. 190-226.

[382] Vgl. § 253 II S. 1 HGB; IAS 16.28 f. (rev. 1998); IAS 38.63 f. (1998).

[383] Vgl. IAS 22.41 (rev. 1998).

[384] Vgl. Adler/Düring/Schmaltz, 1995, § 255 Rn. 276.

kommt sowohl planmäßigen als auch pauschalen Abschreibungen zu.[385] Dabei werden die Anschaffungs- oder Herstellungskosten auf die Geschäftsjahre verteilt, in denen der Aktivposten voraussichtlich genutzt wird.[386] Die Begrenzung der zeitlichen Nutzung muss sich aus der Eigenart der Aktivposten ergeben. Es reicht für materielle Aktivposten nicht aus, dass lediglich eine Nutzung während eines begrenzten Zeitraums geplant ist, der Aktivposten sich jedoch nicht abnutzt, wie bei Grundstücken.[387]

Auch immaterielle Aktivposten können abnutzbar sein. Dies ist dann der Fall, wenn ihre Verwertbarkeit zeitlich begrenzt ist oder sie einer wirtschaftlichen Entwertung unterliegen, wie Software.[388] Immaterielle Aktivposten müssen dann abgeschrieben werden, wenn sich das in ihnen verkörperte Ertragspotenzial im Zeitablauf verringert.[389]

Es ist zu untersuchen, ob der Goodwill abnutzbar ist. Es wurden zwei „Ursachenbündel" des Goodwills identifiziert, nämlich nicht bilanzierte immaterielle Werte und der Kapitalisierungswert. Nicht bilanzierte immaterielle Werte unterliegen im Zeitablauf in der Regel einer Wertminderung.[390] Betrachtet man den Kundenstamm oder das Know-How der Mitarbeiter, wandern ohne Investitionen in diese Bereiche Kunden ab und das Wissen der Mitarbeiter veraltet.[391] Aus diesem Grund werden Werbemaßnahmen und Fortbildungen durchgeführt, die einen originären, d. h. einen vom Unternehmen selbst geschaffenen Goodwill[392] aufbauen, der den derivativen ersetzt.

Kapitalisierungswerte bzw. Synergieeffekte stellen im Kaufzeitpunkt vorweggenommene künftige positive Cashflows dar. Der Kapitalisierungswert muss aufgelöst werden, wenn die vorweggenommenen Cashflows sich bilanziell niederschlagen. Da die künftigen Cash-Inflows an Aktivposten gekoppelt sind, die in der Regel abnutzbar sind, ist auch die „Nutzungsdauer" des Kapitalisierungswertes begrenzt.[393] Allerdings haben die Aktivposten unterschiedliche Nutzungsdauern und der Kapitalisierungswert kann nicht einzelnen Ak-

---

[385] Vgl. Coenenberg, Jahresabschluss, 2003, S. 167.

[386] Vgl. § 253 II S. 2 HGB; IAS 16.6 (rev. 1998).

[387] Vgl. Berger/M. Ring, in: Beck Bil-Komm., 2003, § 253 Rn. 212; IAS 16.45 (rev. 1998) in Bezug auf Grundstücke.

[388] Vgl. Berger/M. Ring, in: Beck Bil-Komm., 2003, § 253 Rn. 213.

[389] Vgl. IAS 38.80 (1998).

[390] Vgl. IAS 38/22 (rev. 1998), Basis for Conclusions, Par. 46 (a); Sellhorn, DB, 2000, S. 890; Bernstein, Financial Statement, 1993, S. 284; Wöhe, StuW, 1980, S. 97.

[391] Vgl. Auler, ZfB, 1927, S. 844.

[392] Vgl. Busse von Colbe, in: HWRP, 2002, Sp. 886.

[393] Vgl. Wöhe, StuW, 1980, S. 97.

tivposten zugeordnet werden, so dass sich die Abschreibungsdauer nicht bestimmen lässt.

Ebenso wird ein auf Grund einer starken Marktposition entstehender Goodwill im Zeitablauf gemindert. Auf dynamischen und dem Fortschritt unterliegenden Märkten nimmt eine starke Marktposition ohne Investitionen in den Bereich ab.[394]

Als Argument gegen eine planmäßige oder pauschale Abschreibung des Goodwills wird angeführt, dass sie zu einer doppelten Aufwandsbelastung während der Abschreibungsdauer führt. Zum einen schmälern die Abschreibungen auf den Goodwill und zum anderen die Investitionen in den originären Goodwill den Erfolg.[395] Das Argument ist jedoch nur stichhaltig, wenn man von einer Nichtabnutzbarkeit des Goodwills ausgeht, was nicht einmal Vertreter des Arguments annehmen.[396] Geht man von einer Abnutzbarkeit aus, so sind Abschreibungen auf den Goodwill vorzunehmen. Die Aufwendungen sind nicht doppelt erfasst, da es sich um zwei Aufwandsarten handelt. Zum einen wird der Wertabnahme des derivativen Goodwills mit der Abschreibung Rechnung getragen, zum anderen fallen Aufwendungen zum Aufbau des originären Goodwills an.[397] Ohne den Kauf des derivativen Goodwills fallen höhere Aufwendungen für den Aufbau des originären Goodwills an. Die Abschreibung des Goodwills zeigt ersparte Investitionen in den originären Goodwill auf. Wird zum Beispiel geschultes Personal übernommen, werden Investitionen in das Know-How der Mitarbeiter gespart.

Zudem stellt die Abschreibung des Kapitalisierungswertes nicht nur Aufwand im Sinne einer Wertminderung dar, sondern eine in Bezug auf die Erträge korrespondierende Bilanzierung von Aufwendungen. Der Kauf eines Goodwills ist vergleichbar mit einer Investition, die in späteren Perioden Erträge generiert und deren Anschaffungsauszahlung in diesen Perioden erfolgswirksam wird. Eine Nichtabschreibung des Kapitalisierungswertes bei Eintritt der Erträge würde die Ertragslage des Konzerns zu positiv ausweisen. Zudem wäre der Goodwill mit einem zu hohen Betrag bewertet, wenn ein Teil der im Goodwill vergüteten künftigen Erträge realisiert und dadurch das im Goodwill verkörperte Erfolgspotenzial geschmälert wurde.[398]

---

[394] Vgl. Hitz/Kuhner, WPg, 2002, S. 281.

[395] Vgl. IAS 38/22 (rev. 1998), Basis for Conclusions, Par. 45 (b); SFAS 142.B91; Huijgen, Valuation, 1996, S. 69.

[396] Vgl. SFAS 142.B82.

[397] Vgl. Sellhorn, DB, 2000, S. 890.

[398] Vgl. Wöhe, StuW, 1980, S. 97.

Man kann nach den genannten Argumenten davon ausgehen, dass der Goodwill abnutzbar ist.[399] Daraus folgt, dass er planmäßig oder pauschal abzuschreiben ist. Planmäßige Abschreibung bedeutet eine Verteilung der Anschaffungs- bzw. Herstellungskosten über die Nutzungsdauer. Diese kann jedoch beim Goodwill weder gemessen noch verlässlich geschätzt werden.[400] Die Ursachen des Goodwills lassen sich zwar grob identifizieren, die einzelnen Komponenten sind aber nicht bestimmbar. Eine Schätzung der Nutzungsdauer würde der Unternehmensleitung Spielraum für Bilanzpolitik geben. Die Beträge, um die es sich dabei handelt, sind häufig hoch und die Abschreibung kann die Ertragslage beträchtlich beeinflussen.[401] Eine Untersuchung hat gezeigt, dass der bilanzielle Wert des Goodwills Auswirkungen auf den Aktienkurs hat und somit entscheidungsrelevant für aktuelle und potenzielle Aktionäre ist.[402] Da die Bestimmung der Nutzungsdauer des Goodwills nicht objektiv möglich ist, verbleibt nur eine pauschale Abschreibung.[403]

Verlässt man die Systematik des HGB und der IFRS, ist es denkbar, nur außerplanmäßige Abschreibungen auf den Goodwill vorzunehmen. Voraussetzung einer außerplanmäßigen Abschreibung ist, dass der Wert des Postens gemessen werden kann. Eine direkte Messung des Wertes des derivativen Goodwills ist nicht möglich. Er stellt einen Differenzbetrag dar. Allenfalls können in Folgeperioden durch eine Unternehmensbewertung oder eine Bewertung von Unternehmensteilen (wie cash-generating units nach IAS 36.5 (1998)), denen der Goodwill zugerechnet wird, durchgeführt werden, um so den Wertverlust des Goodwills bestimmen zu können. Ein so ermittelter Wertverlust stellt den Betrag dar, um den der Wert des derivativen Goodwills mindestens gefallen ist. Der tatsächliche Wertverlust ist im Regelfall höher, da ein Teil des derivativen Goodwills durch einen originären ersetzt wird. Ein so ermittelter Goodwill stellt eine Mischung aus derivativem und originärem Goodwill dar.[404] Das widerspricht dem Ansatzverbot für den originären Goodwill.

Schreibt man den Goodwill lediglich außerplanmäßig ab, muss jedes Jahr eine Bewertung des Unternehmens oder von Unternehmensteilen, denen der Good-

---

[399] Im Ergebnis ebenso: IAS 38/22 (rev. 1998), Basis for Conclusions, Par. 46 (a); Möhrle, Investitionstheorie, 1999, S. 147; Bernstein, Financial Statement, 1993, S. 284; SFAS 142.B82, wobei zumindest von einer partiellen Abnutzbarkeit ausgegangen wird.
[400] Vgl. Möhrle, Investitionstheorie, 1999, S. 148.
[401] Vgl. Küting, AG, 2000, S. 99 f. für Statistiken zur Bedeutung des Goodwills.
[402] Vgl. Krämling, Goodwill, 1998, S. 187-189.
[403] Im Ergebnis ebenso: Zwingmann, BB, 1994, S. 2317.
[404] Vgl. Göbel, in: BHR, 1986/2004, § 255 Rn. 274.

will zugerechnet werden kann, durchgeführt werden. Die Durchführung der Bewertung ist ermessensbehaftet und kostspielig. Aus Gründen der Objektivierung und der Wirtschaftlichkeit der Erstellung von Konzernabschlüssen sind somit außerplanmäßige Abschreibungen abzulehnen.

3.4.2.3.3. Abschreibungsdauer und Abschreibungsmethode

Der Goodwill ist pauschal abzuschreiben. Dabei ist die Abschreibungsdauer festzulegen. Eine Abschreibung über einen längeren Zeitraum, wobei in dieser Arbeit darunter eine Periode von mehr als fünf Jahren verstanden wird, führt zu einer Glättung der Aufwendungen aus der Auflösung des Goodwills. Das Konzernergebnis wird nicht nur während weniger Jahren mit Abschreibungen auf den Goodwill belastet.

Für einen längeren Abschreibungszeitraum spricht, dass er die tatsächliche Nutzungsdauer annähert. Betrachtet man die einzelnen Komponenten, können nicht bilanzierte immaterielle Werte, wie Know-How und Firmenimage, über einen längeren Zeitraum genutzt werden. Der Kapitalisierungsmehrwert ist an die Einbeziehung des Tochterunternehmens in den Konzernverbund oder an Synergieeffekte aus dem Einsatz der Aktivposten des Tochterunternehmens gebunden. Auch der Kapitalisierungsmehrwert besteht im Regelfall über einen längeren Zeitraum.

Auf der anderen Seite besteht die Gefahr einer Überbewertung des Goodwills, wenn dieser über einen zu langen Zeitraum abgeschrieben wird. Überbewertungen könnten zwar durch außerplanmäßige Abschreibungen vermieden werden; diese sind nach hier vertretener Auffassung abzulehnen. Stattdessen ist die Abschreibungsdauer der pauschalen Abschreibung nicht zu lang zu wählen.

Es wird eine Abschreibungsdauer von fünf Jahren vorgeschlagen, um zum einen eine ausreichende Periodisierung des Goodwills zu erreichen und zum anderen die Gefahr einer Überbewertung zu vermeiden. Da der Goodwill ebenso wie der negative Goodwill Residualcharakter hat, wird für beide Posten ein gleich langer Abschreibungs- bzw. Auflösungszeitraum vorgeschlagen. Bei der Festlegung wird nicht der Anspruch erhoben, dass der Abschreibungszeitraum der tatsächlichen Nutzungsdauer entspricht.

Durch die pauschale Abschreibung soll das Kriterium der Objektivität erfüllt werden. Um dies zu erreichen ist nur eine Abschreibungsmethode anzuwenden. Da der Nutzenverlauf des Goodwills nicht ermittelt werden kann, ist eine lineare Abschreibung vorzunehmen.

3.4.3. Hochrechnung auf die Minderheitsgesellschafter

Die bisherigen Untersuchungen haben ergeben, dass die unbegrenzte Neubewertungsmethode des parent company extension bzw. des entity concept den anderen Ausgestaltungsformen vorzuziehen ist. Der Aspekt der Hochrechnung des Goodwills bzw. negativen Goodwills, in dem sich das entity concept und das parent company extension concept unterscheiden, ist bisher noch nicht in die Untersuchung einbezogen worden. Die Beurteilung der Hochrechnung hängt von den Ursachen des Goodwills bzw. des negativen Goodwills ab.

Es gibt zwei Möglichkeiten den auf die Minderheitsgesellschafter entfallenden Goodwill zu berechnen. Zum einen kann der auf das Mutterunternehmen entfallende Goodwill hochgerechnet werden. Vor der Hochrechnung ist eine vom Mutterunternehmen gezahlte Kontrollprämie vom Goodwill in Abzug zu bringen. Sie wird nicht auf die Minderheitsgesellschafter hochgerechnet. Die Leitung/Beherrschung des Tochterunternehmens untersteht nicht den Minderheitsgesellschaftern. Zum anderen kann der Goodwill als Differenz zwischen dem gesamten Unternehmenswert des Tochterunternehmens aus Sicht des Mutterunternehmens und dem gesamten neubewerteten Eigenkapital bestimmt werden. Das führt dazu, dass der auf die Minderheiten entfallende Goodwill nicht aus pagatorisch abgesicherten Werten abgeleitet wird.[405]

Nimmt man an, dass nicht bilanzierte immaterielle Werte und der Kapitalisierungswert die einzigen Ursachen eines Goodwills sind, wäre eine Hochrechnung hinsichtlich des predictive value dann positiv zu beurteilen, wenn dadurch der gesamte Wert der beiden Posten angegeben würde und nicht nur der auf die Mehrheitsgesellschafter entfallende Teil. Dies würde im Einklang mit der unbegrenzten Neubewertungsmethode stehen.

Wird die erste Alternative gewählt, ist die Höhe der Minderheitenanteile abhängig von dem vom Mutterunternehmen gezahlten Betrag.[406] Die Höhe des Minderheitenanteils hängt von den Gegebenheiten ab, die zum Kaufpreis geführt haben, wie der Verhandlungsmacht der am Kauf beteiligten Parteien. Eine Hochrechnung des Goodwills würde damit nicht den gesamten Wert der

---

[405] Vgl. Pellens/Basche/Sellhorn, KoR, 2003, S. 2 f.
[406] Vgl. Schildbach, WPg, 1989 b, S. 205.

nicht bilanzierten immateriellen Werte und des Kapitalisierungswertes zeigen. Waren Gründe, die nur die Mehrheitsgesellschafter betreffen, wie Imageüberlegungen, ursächlich für einen Goodwill, führt eine Hochrechnung zu einer zu hohen Bewertung des Goodwills.

Die zweite Alternative würde, vorausgesetzt der Unternehmenswert lässt sich zuverlässig bestimmen, den Anteil der Minderheitsgesellschafter am Zukunftserfolgswert zeigen, woraus sich Prognosen über künftige Cashflows ableiten lassen. Jedoch ist in diesem Fall nicht einsichtig, warum nur der Minderheitenanteil am Goodwill sich aus dem zum Erstkonsolidierungszeitpunkt ermittelten Zukunftserfolgswert ableitet, wohingegen sich der auf die Mehrheitsgesellschafter entfallende Goodwill durch die Anschaffungskosten der Anteile bestimmt. Hinsichtlich der Objektivierung ist die zweite Möglichkeit der ersten unterlegen. Die Zukunftserfolgswertermittlung beinhaltet im Erstkonsolidierungszeitpunkt Ermessensspielräume. Die erste Möglichkeit ist jedoch auch nur zum Teil pagatorisch abgesichert, da die Höhe der Kontrollprämie ermittelt werden muss. Somit ist, solange es keine objektivierten Verfahren zur Zukunftserfolgswertbestimmung von Unternehmen gibt, eine Hochrechnung des Goodwills abzulehnen. Der auf die Minderheitsgesellschafter entfallende Teil ist entweder nicht aussagekräftig (1. Alternative) oder weist Objektivitätsmängel auf (2. Alternative).

Ist der Wertansatz der Anteile am Tochterunternehmen geringer als das anteilige neubewertete Eigenkapital entsteht ein negativer Goodwill. Die Hochrechnung kann analog zu den Vorgehensweisen bei einem Goodwill erfolgen. Ist der negative Goodwill Folge eines lucky buy, steht der Gewinn in vollem Umfang dem Mutterunternehmen zu. Er ist durch den Erwerb der Anteile entstanden. Eine Hochrechnung würde zu einem Ertragsausweis für die Minderheiten in den Folgeperioden führen. Dies ist abzulehnen, da der Ertrag nur auf den Kauf der Anteile durch das Mutterunternehmen zurückzuführen ist. Bei Betrachtung des Konzerns als wirtschaftliche Einheit liegt nur ein Gewinn in Höhe des vom Mutterunternehmen getätigten lucky buy vor.

Als eine weitere Ursache wurden negative Cashflows bzw. Aufwendungen festgestellt, die im Kaufzeitpunkt auf eine konkretisierbare und dokumentierte Ursache zurückgehen. In diesem Fall würde sich durch eine Hochrechnung der predictive value erhöhen, wenn die negativen Cashflows bzw. geplanten Aufwendungen durch die Hochrechnung in der Höhe ausgewiesen würden, in der sie im Konzern entstehen werden. Das Mutterunternehmen plant die künftigen negativen Cashflows oder Aufwendungen nur in der Höhe ihrer Anteilsquote. Eine Hochrechnung des negativen Goodwills würde damit die aus Konzernsicht geplanten künftigen negativen Cashflows bzw. Aufwendungen zeigen.

Für einen Restbetrag konnte keine Ursache festgestellt werden. Aus diesem Grund lässt sich eine Hochrechnung dieses Teils des negativen Goodwills nicht abschließend beurteilen.

Es gibt folglich eine Komponente des negativen Goodwills, deren Hochrechnung auf die Minderheiten im Hinblick auf die Informationsfunktion des Konzernabschlusses positiv zu beurteilen ist. Eine teilweise Hochrechnung ist abzulehnen, da dies den Posten „negativer Goodwill" zu einem Mischposten machen würde, dessen Charakter nicht interpretierbar wäre. Zudem sind geplante identifizierbare negative Cashflows in der Regel mit hohen Unsicherheiten behaftet. Eine Hochrechnung des negativen Goodwills ist folglich abzulehnen.

3.5. Abgrenzung zu anderen Kapitalkonsolidierungsmethoden

3.5.1. Pooling of interests-Methode

Eine weitere Kapitalkonsolidierungsmethode ist die Interessenzusammenführungsmethode (pooling of interests-Methode). Sie soll einer besonderen Art von Unternehmenszusammenschlüssen Rechnung tragen: ihre theoretische Konzeption stellt nicht darauf ab, dass ein Übergang der Leitung/Beherrschung stattgefunden hat, sondern dass die „Interessen" beider Unternehmen fortbestehen und zusammengeführt werden.[407]

Mit der Methode sollte ursprünglich der Fall abgebildet werden, dass sich zwei Unternehmen von ungefähr gleicher Bedeutung zusammenschließen, so dass kein Erwerber bestimmbar ist.[408] Daraus ist ersichtlich, dass durch den Unternehmenszusammenschluss keine Anteilseigner abgefunden werden, sondern die Anteilseigner beider Unternehmen nach dem Zusammenschluss an dem neuen Verbund beteiligt sein müssen. Dies geschieht durch Anteilstausch, indem die Aktionäre eines Unternehmens ihre Anteile für Anteile an dem anderen Unternehmen oder einem anderen Konzernunternehmen tauschen und somit noch mittelbar an dem alten Unternehmen beteiligt sind.[409]

---

[407] Vgl. Claussen/Scherrer, in: Kölner Kommentar zum AktG, 2003, § 302 Rn. 5; Scherrer, in: BHR, 1986/2004, § 302 Rn. 3 f.

[408] Vgl. Delaney u. a., GAAP, 2001, S. 429; Scherrer, in: BHR, 1986/2004, § 302 Rn. 6.

[409] Vgl. Pahler/Mori, Accounting, 2000, S. 266.

Damit ist der Vorgang der Interessenzusammenführung vergleichbar mit einer Verschmelzung, jedoch mit dem Unterschied, dass beide Unternehmen auch nach dem Zusammenschluss rechtlich selbständig bleiben. Es wird unterstellt, dass die Unternehmen in der gleichen Weise fortgeführt werden, weswegen sich keine neue Rechnungslegungsgrundlage ergibt.[410] Dabei wird fingiert, dass der Zusammenschluss der Unternehmen seit ihrer Gründung besteht.[411]

Für die Bilanzierung folgt daraus, dass die Buchwerte der sich zusammenschließenden Unternehmen in den Konzernabschluss übernommen werden.[412] Die Einzelerwerbsfiktion findet keine Anwendung. Im Gegensatz zum Erwerb fließen keine Ressourcen aus den am Zusammenschluss beteiligten Unternehmen ab. Insofern besteht kein Anschaffungsvorgang.[413]

Erwirbt das Mutterunternehmen im Zeitpunkt der Gründung des Tochterunternehmens die Anteile am Tochterunternehmen gegen Bareinlage bei vollständiger Einzahlung, entsprechen die beim Mutterunternehmen ausgewiesenen Anteile, abgesehen von Anschaffungsnebenkosten, dem anteiligen Eigenkapital des Tochterunternehmens.[414] Da so bilanziert wird, als ob das Tochterunternehmen seit der Gründung Bestandteil des Konzerns gewesen sei, wird kein Goodwill ausgewiesen; er kann bei Einbeziehung des Unternehmens im Gründungszeitpunkt nicht entstehen.

Die Kapitalkonsolidierung bei Anwendung der Pooling of interests-Methode beschränkt sich auf die Verrechnung der Anteile des Mutterunternehmens mit dem gezeichneten Kapital des Tochterunternehmens.[415] Entsteht bei der Kapitalkonsolidierung ein aktiver Unterschiedsbetrag, ist dieser mit den Kapitalrücklagen zu verrechnen, ein passiver ist den Kapitalrücklagen zuzurechnen.[416] Reichen die Kapitalrücklagen nicht aus, ist die Verrechnung mit nicht gebundenen Gewinnrücklagen vorzunehmen.[417]

---

[410] Vgl. Claussen/Scherrer, in: Kölner Kommentar zum AktG, 2003, § 302 Rn. 8; Eckes/Weber, in: HdKR, 1998, § 302 Rn. 4.

[411] Vgl. Claussen/Scherrer, in: Kölner Kommentar zum AktG, 2003, § 302 Rn. 7; Delaney u. a., GAAP, 2001, S. 436.

[412] Vgl. Scherrer, Konzernrechnungslegung, 1994, S. 359.

[413] Vgl. IASC, G4+1 Position Paper, 1998, Par. 44 f. u. 78.

[414] Vgl. Ellrott/Gutike, in: Beck Bil-Komm., 2003, § 255 Rn. 145.

[415] Vgl. IAS 22.78 (rev. 1998); § 302 I HGB.

[416] Vgl. Claussen/Scherrer, in: Kölner Kommentar zum AktG, 2003, § 302 Rn. 29; Förschle/Deubert, in: Beck Bil-Komm., 2003, § 302 Rn. 52; Scherrer, in: BHR, 1986/2004, § 302 Rn. 12.

[417] Vgl. Claussen/Scherrer, in: Kölner Kommentar zum AktG, 2003, § 302 Rn. 41 f.; Scherrer, in: BHR, 1986/2004, § 302 Rn. 13.

Da weder stille Reserven oder stille Lasten zugeschrieben bzw. verrechnet werden, die in den Folgeperioden abgeschrieben bzw. aufgelöst werden, noch eine erfolgswirksame Abschreibung eines positiven Goodwills oder eine erfolgswirksame Auflösung eines negativen Goodwills das Konzernergebnis belasten, wird die Pooling of interests-Methode als erfolgsneutral bezeichnet.[418] Aus diesem Grund wurde sie der Erwerbsmethode häufig vorgezogen und sogar dann angewandt, wenn keine Interessenzusammenführung vorlag bzw. wenn die in den einzelnen Rechnungslegungssystemen definierten Voraussetzungen für die Anwendung der Methode nicht erfüllt waren.[419]

Nicht nur im Hinblick auf den Missbrauch der Pooling of interests-Methode wird die Methode zunehmend kritisch gesehen, sondern auch hinsichtlich der ihr zugrunde liegenden Annahmen. So ist es unwahrscheinlich, dass die Durchführung des Zusammenschlusses auf der Ebene der Aktionäre stattfindet und die Unternehmen unberührt lässt. Zudem liefere die Methode nach Meinung des IASB und anderer Standardsetter keine entscheidungsrelevanten Daten, da die Bewertung der Bilanzposten bei der Pooling of interests-Methode einen geringeren predictive value aufweise als dies bei Anwendung der Erwerbsmethode der Fall sei. Zudem sei der feedback value geringer, da die Höhe der Investition durch die erfolgsneutrale Verrechnung des Unterschiedsbetrages nicht gezeigt wird.[420] Auch die schon beschriebene Fehlanreizwirkung der Pooling of interests-Methode spricht gegen ihre Anwendung. Aus den angeführten Gründen verliert die Pooling of interests-Methode an Bedeutung.[421] In den USA, in denen die Methode entwickelt wurde,[422] ist sie nicht mehr zulässig.[423]

Im deutschen Recht ist die Pooling of interests-Methode bei Vorliegen von bestimmten Voraussetzungen auf Tochterunternehmen anwendbar. Es wird entgegen der Konzeption der Methode auf ein Leitungs-/Beherrschungsverhältnis abgestellt. Die Voraussetzungen des § 302 I HGB zielen darauf ab, dass die Anteile im Zuge eines Anteilstausches mit geringer oder keiner Barzuzahlung erworben wurden. Im HGB wird nicht auf ein Zusammengehen

---

[418] Vgl. Adler/Düring/Schmaltz, 1996, § 302 Rn. 47; Scherrer, Konzernrechnungslegung, 1994, S. 365; Busse von Colbe u. a., Konzernabschlüsse, 2003, S. 347.

[419] Vgl. Delaney u. a., GAAP, 2001, S. 430 u. 482; Krawitz/Klotzbach, WPg, 2000, S. 1165; Pahler/Mori, Accounting, 2000, S. 268; Eckes/Weber, in: HdKR, 1998, § 302 Rn. 5; Robinson/Shane, Accounting Review, 1990, S. 47.

[420] Vgl. IASC, G4+1 Position Paper, 1998, Par. 167-169 u. 173.

[421] Vgl. Mujkanovic, WPg, 1999, S. 536.

[422] Vgl. Eckes/Weber, in: HdKR, 1998, § 302 Rn. 2.

[423] Vgl. SFAS 141.13.

von zwei gleichen Unternehmen abgestellt, sondern darauf, dass beim „erwerbenden" Unternehmen kein oder nur wenig Abfluss von Geld stattfand. Die Methode wird in der deutschen Rechnungslegungspraxis selten angewandt.[424]

Die IFRS stellen hingegen auf das Zusammengehen von zwei Unternehmen ab, so dass kein Erwerber festgestellt werden kann.[425]

3.5.2. Fresh-start-Methode

Für Unternehmenszusammenschlüsse, bei denen kein Erwerber festgestellt werden kann, wird neben der Anwendung der Pooling of interests-Methode die fresh-start-Methode diskutiert.[426] Kennzeichen der Methode ist, dass eine neue Rechnungslegungsbasis für beide Unternehmen geschaffen wird. Das bedeutet, dass sowohl die Aktiv- und Passivposten des Tochterunternehmens als auch die des Mutterunternehmens mit dem fair value zum Zusammenschlusszeitpunkt bewertet werden. Dem liegt die Idee zugrunde, dass durch den Zusammenschluss eine neue wirtschaftliche Einheit entsteht auf die die Aktiv- und Passivposten der sich zusammenschließenden Unternehmen übertragen werden.[427] Da es kein erwerbendes Unternehmen gibt und die Unternehmen in ihrer bisherigen Weise nicht weiter bestehen, ist die fresh-start-Methode damit vergleichbar, dass die Erwerbsmethode auf beide Unternehmen angewandt wird. Dies würde im deutschen Recht bedeuten, dass zum Beispiel selbsterstellte immaterielle Vermögensgegenstände bei beiden Unternehmen als erworben gelten und insoweit das Ansatzverbot des § 248 II HGB nicht greift.[428] Diskutiert wird, in welcher Höhe der Goodwill beider Unternehmen bei Anwendung der fresh-start-Methode zu bilanzieren ist.[429] Da die fresh-start-Methode fingiert, dass es keinen Erwerber gibt, sondern eine neue Einheit entsteht, ist sowohl der Goodwill des Tochter- als auch der des Mutterunternehmens anzusetzen.[430] Die Höhe des Goodwills des Mutterunternehmens kann als Differenz zwischen dem Unternehmenswert und dem Nettovermögen bewertet zu Zeitwerten berechnet werden.[431]

---

[424] Vgl. Claussen/Scherrer, in: Kölner Kommentar zum AktG, 2003, § 302 Rn. 3 u. 6.

[425] Vgl. IAS 22.8 (rev. 1998).

[426] Vgl. IASC, G4+1 Position Paper, 1998, Par. 23; SFAS 141.B80.

[427] Vgl. IASC, G4+1 Position Paper, 1998, Par 20-22, 38 u. 51 f.

[428] Vgl. Krawitz/Klotzbach, WPg, 2000, S. 1173.

[429] Vgl. Pellens/Sellhorn, BB, 1999, S. 2126.

[430] Vgl. Pellens/Basche/Sellhorn, KoR, 2003, S. 2; Pellens/Sellhorn, BB, 1999, S. 2126.

[431] Vgl. auch Kapitel 3.6.1.3.1.

Im Gegensatz zur Pooling of interests-Methode werden Gewinne erst ab dem Zusammenschlusszeitpunkt als gemeinsame Gewinne der neuen Einheit ausgewiesen und erst dann in den Konzernabschluss einbezogen. Dies führt dazu, dass im Erstkonsolidierungszeitpunkt in der Regel ein niedrigeres Konzernergebnis als bei Anwendung der Pooling of interests-Methode ausgewiesen wird.[432] Dies ist auch in den Folgeperioden der Fall, da Abschreibungen auf den Goodwill und auf stille Reserven sowie Auflösungen stiller Reserven das Konzernergebnis belasten.

Das Konzernergebnis bei Anwendung der fresh-start-Methode ist im Vergleich zur Erwerbsmethode im Erstkonsolidierungszeitpunkt identisch. Bei Anwendung der Erwerbsmethode[433] werden die Gewinne des Tochterunternehmens wie bei der fresh-start-Methode erst ab dem Erwerbszeitpunkt einbezogen.[434] In den Folgeperioden ist das Konzernergebnis bei Anwendung der fresh-start-Methode in der Regel niedriger als bei Anwendung der Erwerbsmethode. Die Neubewertung erfolgt für Mutter- und Tochterunternehmen und somit werden auf beide Unternehmen entfallende stille Reserven und stille Lasten zugeschrieben bzw. verrechnet und ein Goodwill bzw. negativer Goodwill wird angesetzt.[435]

Die fresh-start-Methode wird derzeit weder nach HGB noch nach IFRS angewandt.

3.5.3. Quotenkonsolidierung

Eine weitere Konsolidierungsmethode ist die Quotenkonsolidierung, die dem proprietary concept entspricht. Die Quotenkonsolidierung ist für Tochterunternehmen weder nach deutschem Recht noch nach IFRS zulässig. Der Konzernabschluss wird als Abschluss der wirtschaftlichen Einheit Konzern betrachtet, der nach der Einheitstheorie aufzustellen ist.[436] Lediglich für Gemeinschaftsunternehmen ist die Quotenkonsolidierung sowohl nach HGB als

---

[432] Vgl. Krawitz/Klotzbach, WPg, 2000, S. 1173 u. 1179.

[433] Die Umsetzung der Erwerbsmethode im deutschen Recht stellt eine Ausnahme dar, da § 301 II S. 1 HGB die Kapitalkonsolidierung auch auf den Zeitpunkt der erstmaligen Einbeziehung zulässt, was dazu führt, dass der vor diesem Zeitpunkt erwirtschaftete Gewinn des Tochterunternehmens als vom Konzern erworben angesehen wird, vgl. Scherrer, Konzernrechnungslegung, 1994, S. 276 f.

[434] Vgl. IASC, G4+1 Position Paper, 1998, Par. 35.

[435] Vgl. IASC, G4+1 Position Paper, 1998, Par. 34 f.

[436] Vgl. Förschle/Lust, in: Beck Bil-Komm., 2003, § 297 Rn. 190-193; Adler/Düring/Schmaltz, 1996, § 297 Rn. 43 f. u. § 300 Rn. 3.

auch nach IFRS zulässig.[437] Beide Regelwerke enthalten das Wahlrecht, Gemeinschaftsunternehmen auch nach der equity Methode zu konsolidieren.[438]

Die Zulässigkeit der Quotenkonsolidierung für Gemeinschaftsunternehmen wird damit begründet, dass der Konzern zwar nicht über die Aktiv- und Passivposten alleine bestimmen kann, aber trotzdem Einflussnahmemöglichkeit auf das Gemeinschaftsunternehmen hat. Um diesem Sachverhalt gerecht zu werden, werden die Aktiv- und Passivposten anteilig in den Konzernabschluss einbezogen.[439]

3.6. Änderungen der Konzernrechnungslegung nach IFRS und nach HGB

3.6.1. Änderungen der IFRS

3.6.1.1. Projekt „Business Combinations"

Seit Juli 2001 steht das Projekt „Business Combinations" auf der Agenda des IASB. Business Combination (Unternehmenszusammenschluss) wird dabei als Zusammenschluss von zwei Gesellschaften oder Betrieben (entities or operations of entities) zu einer rechnungslegenden Einheit (reporting entity) definiert.[440] Ziel des Projektes ist, die Qualität der Regelungen bezüglich der Bilanzierung von Business Combinations und der Folgebewertung von in diesem Zusammenhang erworbenen intangible assets und eines erworbenen Goodwills zu verbessern sowie die IFRS an andere internationale Regelungen anzunähern.[441]

Das Projekt wurde in zwei Phasen eingeteilt. Die am 31.3.2004 verabschiedeten IFRS 3 (2004), IAS 36 (rev. 2004) und IAS 38 (rev. 2004) sind der ersten Phase des Projektes zuzurechnen. IFRS 3 (2004) ersetzt IAS 22 sowie die Interpretations SIC-9, SIC-22 und SIC-28.[442] IFRS 3 (2004) ist auf Unternehmenszusammenschlüsse mit agreement date[443] am oder nach dem

---

[437] Vgl. § 310 I HGB; IAS 31.2 u. 25 (rev. 2000).

[438] Vgl. § 310 I HGB; IAS 31.32 (rev. 2000); Claussen/Scherrer, in: Kölner Kommentar zum AktG, 2003, § 310 Rn. 2; Hense/Suhrbier, in: Beck Bil-Komm., 2003, § 310 Rn. 8.

[439] Vgl. Adler/Düring/Schmaltz, 1996, § 310 Rn. 4.

[440] Vgl. IFRS 3.4 (2004); Grünberger/Grünberger, StuB, 2003, S. 118.

[441] Vgl. IAS 36 (rev. 2004), Introduction, Par. IN2.

[442] Vgl. IFRS 3 (2004), Introduction, Par. IN1.

[443] Vgl. IFRS 3 (2004), Appendix A.

31.3.2004 anzuwenden. Fand der Unternehmenszusammenschluss vor dem 31.3.2004 statt, ist IFRS 3 (2004) ab dem Geschäftsjahr anzuwenden, das am oder nach dem 31.3.2004 beginnt. Die Regelungen des IFRS 3 (2004) hinsichtlich der Bilanzierung eines Goodwills dürfen rückwirkend angewandt werden, wenn IAS 36 (rev. 2004) und IAS 38 (rev. 2004) ebenfalls rückwirkend auf denselben Zeitpunkt angewandt werden. Eine weitere Voraussetzung für die rückwirkende Anwendung ist, dass alle notwendigen Informationen zur Anwendung des IFRS 3 (2004), IAS 36 (rev. 2004) und IAS 38 (rev. 2004) zum Zeitpunkt der erstmaligen Bilanzierung des Unternehmenszusammenschlusses festgestellt wurden. Damit soll vermieden werden, dass der rückwirkenden Anwendung der Standards Schätzungen zugrunde gelegt werden, die erst am Tag der erstmaligen Anwendung der Standards gemacht wurden.[444] IAS 36 (rev. 2004) und IAS 38 (rev. 2004) sind auf die Bilanzierung eines Goodwills bzw. von intangible assets anzuwenden, die im Rahmen eines Unternehmenszusammenschlusses, dessen agreement date am oder nach dem 31.3.2004 war, erworben wurden. Auf alle anderen (intangible) assets sind die Standards für Geschäftsjahre anzuwenden, die am oder nach dem 31.3.2004 beginnen.[445]

In der ersten Phase des Projektes wurden vor allem die Erwerbs- und die pooling of interests-Methode, die Bewertung von assets und liabilities im Rahmen der Erstkonsolidierung, der Ansatz von konzernspezifischen liabilities, die bilanzielle Behandlung eines negativen Goodwills sowie eines Goodwills und die Bilanzierung von intangible assets betrachtet.[446] In der zweiten Phase wird neben einigen Spezialfragen[447] die Erwerbsmethode überarbeitet. Hinsichtlich dieses Agendapunktes findet eine Zusammenarbeit zwischen dem IASB und dem FASB statt, um übereinstimmende Regelungen in den IFRS und den US-GAAP festzuschreiben. Zudem wird in der zweiten Phase die mögliche Anwendung der fresh-start-Methode untersucht.[448]

3.6.1.2. Kapitalkonsolidierungsmethoden

IFRS 3.14 (2004) schreibt vor, dass alle Unternehmenszusammenschlüsse im Sinne des IFRS 3.4 (2004) mittels der Erwerbsmethode zu konsolidieren sind. Die pooling of interests-Methode ist nicht mehr anzuwenden. In der Begrün-

---

[444] Vgl. IFRS 3.78-85 (2004).
[445] Vgl. IAS 36.138-140 (rev. 2004); IAS 38.129 f. u. 132 (rev. 2004).
[446] Vgl. IASB, Project Summary, 2003, S. 1.
[447] Vgl. IASB, Business Combinations II, 2004, S. 1 f.
[448] Vgl. IASB, press release 31.3.2004.

dung für die Abschaffung der Methode wird angeführt, dass es Unternehmenszusammenschlüsse geben könne, bei denen sich kein Erwerber feststellen lasse, allerdings seien dies Ausnahmefälle. In der Vergangenheit hätte sich gezeigt, dass die Voraussetzungen zur Anwendung der pooling of interests-Methode nicht eindeutig nachprüfbar seien. Die Formulierung eindeutiger Kriterien sei, falls überhaupt möglich, mit erheblichem Aufwand verbunden, der durch die Seltenheit dieser Art von Unternehmenszusammenschlüssen nicht gerechtfertigt sei. Daneben biete die Zulässigkeit von zwei Methoden den Unternehmen Anreize, den Unternehmenserwerb so zu gestalten, dass die gewünschte Konsolidierungsmethode anwendbar sei. Ferner schränke die Zulässigkeit zweier Methoden die Vergleichbarkeit von Abschlüssen ein. Schließlich sei die Methode in bedeutenden angelsächsischen Ländern (Kanada, Australien und USA) nicht erlaubt. Das IASB sieht in der Abschaffung der pooling of interests-Methode einen Informationsgewinn für die Konzernabschlussadressaten. Im Konzernabschluss werden nun der fair value der durch die Transaktion erhaltenen assets und liabilities sowie der als Residualgröße erworbene Goodwill bzw. negative Goodwill gezeigt.[449] Um die Erwerbsmethode auch in den Fällen anwenden zu können, in denen nach IAS 22.13 (rev. 1998) kein Erwerber festgestellt werden konnte, zählt IFRS 3.20 f. (2004) Indikatoren auf, um den Erwerber zu identifizieren.

Die Erwerbsmethode kann nach IAS 22.32 und 34 (rev. 1998) in zwei Ausgestaltungsformen angewandt werden. Nach Meinung des IASB wird durch das Wahlrecht die Vergleichbarkeit von Konzernabschlüssen eingeschränkt.[450] IFRS 3.36 (2004) schreibt die unbegrenzte Neubewertungsmethode als einzig anwendbare Kapitalkonsolidierungsmethode vor. Das IASB stellt in der Begründung zu IFRS 3 (2004) fest, dass IAS 27 (rev. 2000 und rev. 2003) auf den Konzern als eine wirtschaftliche Einheit abstelle. Assets und liabilities sind in voller Höhe und nicht nur beteiligungsproportional in den Konzernabschluss einzubeziehen. Da die Minderheitsgesellschafter als konzernzugehörig betrachtet werden, wäre es nach Meinung des IASB inkonsequent, ihre Anteile nach einem anderen Bewertungskonzept zu bewerten als die der Mehrheitsgesellschafter. Zudem gäbe eine vollständige fair value-Bewertung der assets und liabilities der Tochterunternehmen im Konzernabschluss Informationen über die künftige Fähigkeit der wirtschaftlichen Einheit, Cashflows zu generieren. Die mit dem Übergang der Leitung/Beherrschung (control) erworbenen Ressourcen des Tochterunternehmens würden

---

[449] Vgl. IFRS 3 (2004), Basis for Conclusions, Par. BC38 f., BC48 u. BC53.
[450] Vgl. IFRS 3 (2004), Basis for Conclusions, Par. BC121.

deutlich und damit könne die Leistung des Managements besser beurteilt werden.[451]

3.6.1.3. Negativer Goodwill und Goodwill

3.6.1.3.1. Zugangsbewertung

In der zweiten Phase erarbeitet das IASB gemeinsam mit dem FASB Änderungen der aktuellen Regelungen bezüglich der Erwerbsmethode. Da das Projekt noch nicht abgeschlossen ist, wird hier der aktuelle Stand[452] der Diskussion dargestellt. Die Standardsetter einigten sich auf die Anwendung der Full-Goodwill-Methode, d. h. auf die Hochrechnung des Goodwills auf die Minderheitsgesellschafter. IFRS 3.51 (2004) sieht noch die Beibehaltung der bisherigen Regelung vor. Bei Anwendung der Full-Goodwill-Methode wird die Höhe des Goodwills durch den Wert des erworbenen Unternehmens abzüglich des Zeitwertes des bilanziellen Nettovermögens, das sich aus der Differenz zwischen den mit ihrem fair value bewerteten assets und liabilities inklusive angesetzter contingent liabilities errechnet, bestimmt. Der Wert des erworbenen Unternehmens wird mittels Hochrechnung des Kaufpreises abzüglich der Kontrollprämie auf die Minderheitsgesellschafter ermittelt.[453] Künftig soll der Grundsatz gelten, dass der Unternehmenszusammenschluss eine „arm's length transaction" ist, sich also, falls keine gegenteiligen Anzeichen vorliegen, Leistung und Gegenleistung entsprechen.[454] Lässt sich die Kontrollprämie nicht zuverlässig ermitteln oder gibt der Kaufpreis den Unternehmenswert nicht zuverlässig wieder, soll der Wert des Unternehmens direkt durch Schätzung oder andere Bewertungstechniken ermittelt werden. Der berechnete Betrag repräsentiert den Preis, den der Erwerber entrichtet hätte, wenn er 100 % der Anteile erworben hätte. Der auf die Minderheitenanteile entfallende Goodwill ist die anteilige Differenz zwischen dem Unternehmenswert und dem mit dem fair value bewerteten Nettovermögen.[455]

Falls Anzeichen vorliegen, dass dem Kauf des Unternehmens keine „arm's length transaction" zugrunde lag, d. h. sich Leistung und Gegenleistung nicht entsprechen, wird die Anwendung spezieller Bilanzierungsregelungen vorge-

---

[451] Vgl. IFRS 3 (2004), Basis for Conclusions, Par. BC123-125.

[452] Stand: 31. März 2004.

[453] Vgl. IASB, Business Combinations II, 2004, S. 14 f.; Pellens/Basche/Sellhorn, KoR, 2003, S. 2.

[454] Vgl. IASB, Business Combinations II, 2004, S. 2.

[455] Vgl. IASB, Business Combinations II, 2004, S. 16; Pellens/Basche/Sellhorn, KoR, 2003, S. 3.

schlagen. Demnach soll eine Überzahlung als eine positive Differenz zwischen dem Kaufpreis und dem anteiligen Unternehmenswert im Zeitpunkt des Übergangs der Leitung/Beherrschung erfolgwirksam als Aufwand erfasst werden. Falls der Kaufpreis unterhalb des Unternehmenswertes liegt, ist von dem Goodwill die Differenz zwischen dem Unternehmenswert und dem Kaufpreis in Abzug zu bringen. Ist das Ergebnis der Subtraktion negativ, liegt ein negativer Goodwill vor.[456] Die Regelungen sind notwendig, da der Goodwill als Differenz zwischen dem Wert des Unternehmens und dem neubewerteten Eigenkapital definiert ist, und nicht mehr auf den Wertansatz der Anteile abgestellt wird.

Liegen die Anschaffungskosten der Anteile an dem Tochterunternehmen unterhalb des neubewerteten Nettovermögens, hat das Unternehmen gemäß IFRS 3.56 (2004) in einem ersten Schritt die Ansatzfähigkeit und die Bewertung der assets, liabilities und contingent liabilities sowie den Wertansatz der Anteile auf Über- bzw. Unterbewertungen zu überprüfen. Ein verbleibender Differenzbetrag ist erfolgswirksam zu erfassen und nicht auf die Minderheitsgesellschafter hochzurechnen.[457]

Mit der Regelung setzt das IASB die Grundannahme der Gleichheit von Leistung und Gegenleistung um. Es folgert daraus, dass eine negative Differenz zwischen den Anschaffungskosten der Anteile und dem neubewerteten Nettovermögen nur auf Bilanzierungsfehler, insbesondere Bewertungsfehler, zurückzuführen sei. Daneben könne der Fall auftreten, dass die IFRS eine Bewertung vorschreiben, die nicht dem fair value entspricht, wie bei der Bewertung von tax assets oder liabilities. Die Bilanzposten werden, obwohl es sich um künftige Zahlungsströme handelt, nicht diskontiert. Zudem führt das IASB das Vorliegen einer starken Verhandlungsposition einer Partei als möglichen Grund für einen unter dem neubewerteten Nettovermögen liegenden Kaufpreis an. Die Erwartung künftiger Verluste und Aufwendungen, auf die das Stufenkonzept zur Auflösung des IAS 22.61-63 (rev. 1998) Bezug nimmt, stellt nach Auffassung des IASB keine Ursachen für einen negativen Goodwill dar. Erwartete Verluste oder Aufwendungen seien schon in der Bewertung des Nettovermögens des Tochterunternehmens enthalten. Eine Abwertung der assets wird abgelehnt. Aus der Abwertung würde eine Bewertung mit einem Wert zwischen den Anschaffungskosten des Jahresabschlusses und dem fair value resultieren, die im Sinne von representationally faithful nicht richtig sei.[458]

---

[456] Vgl. IASB, Business Combinations II, 2004, S. 17.

[457] Vgl. IASB, Business Combinations II, 2004, S. 17.

[458] Vgl. IFRS 3 (2004), Basis for Conclusions, Par. BC146-BC151; IFRS 3.57 (2004).

3.6.1.3.2. Folgebewertung

IFRS 3.54 (2004) schreibt vor, dass der Goodwill mit den Anschaffungskosten abzüglich kumulierter außerplanmäßiger Abschreibungen zu bewerten ist und nicht mehr einer planmäßigen Abschreibung unterliegt. Dabei ist der Goodwill einmal jährlich, bei Vorliegen von Anzeichen einer Wertminderung häufiger, einem impairment test zu unterziehen.[459] Zur Durchführung des impairment test ist der Goodwill aufzuspalten und nach den Vorgaben des IAS 36.80 (2004) der kleinsten cash-generating unit zuzurechnen, deren assets zusammen mit dem entsprechenden Teil des Goodwills unabhängig von anderen cash-generating units Cashflows generieren. Die Vorgehensweise des impairment test nach IAS 36 (1998) wird beibehalten.[460] Lediglich die Terminologie wurde geändert. Der recoverable amount ist in IAS 36 (rev. 2004) definiert als der höhere Betrag aus dem fair value abzüglich Veräußerungskosten und dem value in use. Der Begriff net selling price wurde demnach durch den Begriff fair value abzüglich Veräußerungskosten ersetzt. Die Definition des net selling price und des fair value abzüglich Veräußerungskosten ist identisch.[461]

Sind an dem Unternehmen Minderheitsgesellschafter beteiligt, ist in dem recoverable amount ein Teil des auf die Minderheitsgesellschafter entfallenden Goodwills enthalten.[462] Dies verkompliziert die Durchführung des impairment test.[463] Das Problem stellt sich jedoch nicht, wenn auch der auf die Minderheitsgesellschafter hochgerechnete Goodwill angesetzt wird, wie es die in der zweiten Phase des Projektes „Business Combinations" erarbeiteten Vorschläge vorsehen. Ein impairment loss ist den auf die Mehrheits- und Minderheitsgesellschafter entfallenden Teilen des Goodwills proportional zu deren Buchwerten zuzurechnen.[464] Nach Abschluss der ersten Phase ist noch keine Anwendung der Full Goodwill Methode vorgesehen, jedoch schreibt IAS 36.92 (rev. 2004) eine Hochrechnung des Goodwills auf die Minderheitsgesellschafter zur Durchführung des impairment test vor. Der angesetzte Goodwill wird um den auf ihn entfallenden Teil des impairment loss abgeschrieben.[465]

---

[459] Vgl. IAS 36.90 (rev. 2004).
[460] Vgl. IAS 36.88 i. V. m. 104 f. (rev. 2004)
[461] Vgl. IAS 36.6 (rev. 2004) ; IAS 36.5 (1998).
[462] Vgl. IAS 36.91 (rev. 2004).
[463] Vgl. Lüdenbach/Frowein, DB, 2003, S. 222; für eine ausführliche Erläuterung der Problematik vgl. Pellens/Sellhorn, DB, 2003, S. 401-408.
[464] Vgl. IASB, Business Combinations II, 2004, S. 15 f.
[465] Vgl. IAS 36.93 (rev. 2004).

Eine Zuschreibung des Goodwills bei Wertaufholung ist gemäß IAS 36.124 (rev. 2004) nicht mehr zulässig. Als Begründung wird angeführt, dass bei einer Zuschreibung eine Differenzierung zwischen einer Wertaufholung des derivativen Goodwills und dem Entstehen oder der Werterhöhung eines originären Goodwills nicht möglich wäre. Eine Aktivierung des originären Goodwills ist gemäß IAS 38.36 (1998) und IAS 38.48 (rev. 2004) verboten.[466]

Das IASB hat sich zum Ziel gesetzt, eine Lösung zur Folgebilanzierung des Goodwills zu erarbeiten, die das Charakteristikum der reliability, insbesondere der representational faithfulness gemäß F.33 f., erfüllt. Es vertritt dabei die Meinung, dass ein Goodwill abnutzbar, die Nutzungsdauer jedoch nicht vorhersehbar sei und somit der tatsächliche Wertverlust des Goodwills nicht durch eine planmäßige Abschreibung wiedergegeben werden könne. Aus diesem Grund favorisiert es die Lösung einer ausschließlich außerplanmäßigen Abschreibung.[467] Dieses Modell stellt eine Annäherung an die Regelungen der US-GAAP dar.[468]

3.6.1.4. Sonstige Änderungen

Im Rahmen des Projektes „Business Combinations" wurde neben IAS 22 und 36 auch IAS 38 überarbeitet. Mit der Überarbeitung von IAS 38 soll unter anderem die Definition von intangible assets konkretisiert werden. Sie stellen nach Meinung des IASB einen immer größeren Anteil an den gesamten assets eines Unternehmens dar und wurden im Rahmen eines Unternehmenszusammenschlusses bisher häufig nicht einzeln aktiviert.[469] So schreibt IAS 38.12 (rev. 2004) vor, dass intangible assets die Ansatzvoraussetzung der Identifizierbarkeit (indentifiability) dann erfüllen, wenn sie „separable" sind, d. h. einzeln verwertbar sind oder auf ein vertragliches oder sonstiges Recht zurückgehen. Das Kriterium der Identifizierbarkeit wird dadurch gegenüber IAS 38 (1998) nicht geändert, sondern konkretisiert.[470]

Die weiteren Ansatzvoraussetzungen für intangible assets des IAS 38.19 (1998), dass ein künftiger ökonomischer Nutzenzufluss wahrscheinlich sein muss und die Anschaffungs- bzw. Herstellungskosten zuverlässig messbar

---

[466] Vgl. IAS 36 (rev. 2004), Basis for Conclusions, Par. BC189.

[467] Vgl. IFRS 3 (2004), Basis for Conclusions, Par. BC140.

[468] Vgl. SFAS 142.18.

[469] Vgl. IAS 38 (rev. 2004), Basis for Conclusions, Par. BC7; IFRS 3 (2004), Basis for Conclusions, Par. BC89.

[470] Vgl. Brücks/Wiederhold, KoR, 2003, S. 25.

sein müssen, werden ebenso wie das Kriterium der Identifizierbarkeit grundsätzlich beibehalten.[471] Eine Besonderheit gilt für im Rahmen eines Unternehmenszusammenschlusses erworbene intangible assets. Das IASB ist der Auffassung, dass die Wahrscheinlichkeit des Nutzenzuflusses in dem fair value, der dem intangible asset im Erstkonsolidierungszeitpunkt beigemessen wird, zum Ausdruck komme. Das Kriterium der Wahrscheinlichkeit des Nutzenzuflusses wird für im Rahmen eines Unternehmenszusammenschlusses erworbene immaterielle assets als erfüllt betrachtet.[472] Es werden einige Beispiele für intangible assets, die aus dem Goodwill herauszulösen und einzeln anzusetzen sind, angeführt. Darunter fallen die bisher klassischen Bestandteile eines Goodwills wie Markennamen und Kundenlisten.[473] Daneben stellt IAS 38.34 (rev. 2004) explizit fest, dass im Rahmen eines Unternehmenszusammenschlusses erworbene Forschungs- und Entwicklungsprojekte zu aktivieren sind, wenn sie die Definition eines asset erfüllen und identifizierbar sind.

Die Ansatzvoraussetzung, nach der ein künftiger wirtschaftlicher Nutzenzufluss wahrscheinlich sein muss, soll auch für materielle assets und liabilities, die im Rahmen eines Unternehmenszusammenschlusses erworben wurden, gestrichen werden. Die Begründung ist identisch mit der für intangible assets.[474]

Eine weitere Besonderheit hinsichtlich des Konzernabschlusses gilt gemäß IFRS 3.37 (c) (2004) für contingent liabilities. Ein Ansatzkriterium für liabilities ist, dass ein künftiger Nutzenabfluss wahrscheinlich ist.[475] Im Umkehrschluss ist eine liability bzw. eine provision nicht zu passivieren, wenn ein künftiger Nutzenabfluss nicht wahrscheinlich (probable) ist. Ein Ereignis ist in Bezug auf provisions wahrscheinlich, wenn die Wahrscheinlichkeit dafür, dass es eintritt, größer ist als die Wahrscheinlichkeit, dass es nicht eintritt.[476] Ist ein Nutzenabfluss nicht wahrscheinlich, handelt es sich gemäß IAS 37.10 (1998) um eine contingent liability, die nicht passiviert werden darf. Eine contingent liability ist entweder eine tatsächliche Verpflichtung, die jedoch die Ansatzkriterien einer liability hinsichtlich der Wahrscheinlichkeit des Nutzenabflusses oder hinsichtlich der zuverlässigen Messbarkeit nicht erfüllt, oder eine mögliche Verpflichtung, die durch ein Ereignis in der Vergangenheit entstanden ist, deren Eintreten jedoch durch künftige Ereignisse bestimmt

---

[471] Vgl. IAS 38.21 (rev. 2004).
[472] Vgl. IAS 38.33 (rev. 2004); IFRS 3 (2004), Basis for Conclusions, Par. BC96.
[473] Vgl. IFRS 3 (2004), Illustrative Examples, S. 4-8.
[474] Vgl. IASB, Business Combinations II, 2004, S. 13.
[475] Vgl. F.91.
[476] Vgl. IAS 37.23 (1998).

wird, die außerhalb des Einflussbereichs des Unternehmens liegen.[477] Die Definition von contingent liability soll dahingehend geändert werden, dass es eine bedingte Verpflichtung ist, die auf ein Ereignis in der Vergangenheit zurückgeht und deren Eintreten durch ein künftiges Ereignis, das nicht vollständig im Einflussbereich des Unternehmens liegt, bestimmt wird.[478] Ziel der Definitionsänderung ist eine mit den US-GAAP übereinstimmende Behandlung von contingent liabilities.[479] IFRS 3.37 (c) (2004) sieht für contingent liabilities Ansatzpflicht vor, wenn ihr fair value zuverlässig bestimmt werden kann. Ist dies nicht der Fall, müssen über contingent liabilities Angaben in den notes gemacht werden.[480]

Die Regelungen des Konzernabschlusses bezüglich „liabilities for terminating or reducing the activities of the acquiree" werden an die des Jahresabschlusses angepasst. IFRS 3.41 (a) (2004) sieht vor, dass die liabilities nur angesetzt werden dürfen, wenn sie im Jahresabschluss des erworbenen Unternehmens passiviert wurden. Liabilities für Kosten oder künftige Verluste, die den Erwartungen zufolge durch den Unternehmenskauf entstehen werden, dürfen nicht angesetzt werden.[481] Die Änderung wird damit begründet, dass die Regelungen des IAS 22.31 (rev. 1998) nicht im Einklang mit IAS 37 (1998) stehen, und damit eine Passivierung davon abhängig sei, ob der Restrukturierungsplan im Zusammenhang mit einem Unternehmenszusammenschluss stehe.[482]

Die zweite Phase des Business Combinations Project sieht eine Änderung der Vorgehensweise bei sukzessivem Anteilserwerb vor. Danach ist zu differenzieren, ob der Anteilserwerb vor der Erstkonsolidierung, also vor Übergang der Leitung/Beherrschung auf das Mutterunternehmen, oder danach stattgefunden hat. Die Erstkonsolidierung soll künftig auch bei sukzessivem Anteilskauf auf Grundlage der Verhältnisse am Erstkonsolidierungszeitpunkt durchzuführen sein. Der fair value der Anteile zum Zeitpunkt des Übergangs der Leitung/Beherrschung ist gemäß der Vorschläge mit dem anteiligen neubewerteten Eigenkapital zu diesem Zeitpunkt zu verrechnen. Weicht der fair value der Anteile von ihren Anschaffungskosten ab, ist die Wertanpassung erfolgswirksam zu erfassen. Erfolgt der Anteilskauf nach Übergang der Leitung/Beherrschung, stellt dieser einen Kapitaltransfer zwischen den Gesell-

---

[477] Vgl. IAS 37.10 (1998).

[478] Vgl. IASB, Business Combinations II, 2004, S. 6.

[479] Vgl. IASB, Business Combinations II, 2003, S. 6.

[480] Vgl. IFRS 3.37 (c) u. 47 (2004).

[481] Vgl. IFRS 3.41 (2004).

[482] Vgl. IFRS 3 (2004), Basis for Conclusions, Par. BC78 u. BC82.

schaftern des Tochterunternehmens dar. Ein über dem anteiligen Eigenkapital des Tochterunternehmens zum Zeitpunkt des Anteilskaufs liegender Kaufpreis ist direkt im Eigenkapital zu erfassen. Ein teilweiser Anteilsverkauf soll ebenso als Kapitaltransfer behandelt werden.[483]

Gemäß IFRS 3.62 (2004) darf die Erstkonsolidierung auf Basis von vorläufigen Werten durchgeführt werden, wenn die Bewertung der Bilanzposten zum fair value oder die Ermittlung der Kosten des Unternehmenszusammenschlusses nur auf einer vorläufigen Basis möglich ist. Änderungen dieser Werte sind innerhalb von zwölf Monaten so vorzunehmen, als wären die endgültigen Werte schon im Erstkonsolidierungszeitpunkt bekannt gewesen.[484]

Neben dem Business Combinations Project führte das IASB das Improvement Project durch, das in Kapitel 4.5.1. behandelt wird. Dieses beinhaltete die Überarbeitung von IAS 27 (rev. 2000).[485] Eine Änderung ist schon in diesem Zusammenhang von Bedeutung. Sie verdeutlicht das theoretische Konzept, das den (künftigen) Regelungen der IFRS bezüglich der Konzernrechnungslegung zugrunde gelegt wird. Insofern spricht das IASB auch in der Zusammenfassung des Business Combinations Project an,[486] dass Minderheitenanteile künftig innerhalb des Konzerneigenkapitals gesondert auszuweisen sind. Sie entsprechen nicht der Definition des framework von liabilities.[487] Die Minderheitenanteile stellen keine Verpflichtung des Konzerns dar, die zu einem Abfluss von ökonomischem Nutzen führt. Ihre Anteile zeigen vielmehr einen Residualanspruch der Minderheitsgesellschafter und erfüllen die Charakteristika[488] von Eigenkapital.[489] Die neue Regelung findet sich in IAS 27.33 (rev. 2003).

3.6.2. Beurteilung der Änderungen der IFRS

3.6.2.1. Konzeptionelle Beurteilung

Die Änderungen bzw. Änderungsvorschläge bezüglich der Konzernrechnungslegung weisen darauf hin, dass das IASB dem Konzernabschluss das

---

[483] Vgl. IASB, Business Combinations II, 2004, S. 18 f.; Küting/Elprana/Wirth, KoR, 2003, S. 488 f.
[484] Vgl. IFRS 3.61 (2004); IASB, Update January 2004, 2004.
[485] Vgl. auch Kapitel 4.5.1.2.
[486] Vgl. IASB, Business Combinations II, 2004, S. 18.
[487] Vgl. F.49 (b).
[488] Vgl. F.49 (c).
[489] Vgl. IAS 27 (2003), Basis for Conclusions, Par. BC24-BC26.

entity concept zugrunde legt.[490] Die Begründungen der geänderten Regelungen untermauern dies. In der ersten Phase des Projektes wurde die beteiligungsproportionale Neubewertungsmethode abgeschafft. Dies wurde damit begründet, dass sie nicht das Konzept des Konzerns als wirtschaftliche Einheit, das IAS 22 (rev. 1998) zugrunde liegt, umsetzt. In diesem Zusammenhang wurde angeführt, dass zur Umsetzung des Konzeptes die Full Goodwill-Methode eingeführt werden müsste, deren Prüfung auf die zweite Phase verschoben wurde.[491] Der Ausweis der Minderheitenanteile innerhalb des Konzerneigenkapitals zeigt ebenso, dass das entity concept umgesetzt wurde.

Die (geplanten) Regelungen setzen das entity concept sowohl hinsichtlich der Erst- als auch der Folgekonsolidierung vollständig um. Diskutiert werden kann lediglich, ob nicht auch ein negativer Goodwill auf die Minderheitsgesellschafter hochgerechnet werden müsste.[492] Dies ist jedoch hinsichtlich der Informationsfunktion von Konzernabschlüssen abzulehnen.[493]

Bei vollständiger Umsetzung der geplanten Regelungen hat die Konzernrechnungslegung nach IFRS eine theoretische Basis, das entity concept. Es ist aus theoretischer Sicht dem proprietary concept vorzuziehen. In Bezug auf die praktische Umsetzung wurde das parent company extension concept als das Konzept identifiziert, das hinsichtlich der Informationsfunktion des Konzernabschlusses im Vergleich zu den übrigen Konzepten zu bevorzugen ist.

Mit den Änderungen bezüglich der Bilanzierung von Unternehmenszusammenschlüssen setzt das IASB seine Zielsetzung der Ausweitung der fair value-Bewertung in Bezug auf den Konzernabschluss um. Offensichtlich wird dies an der Abschaffung der pooling of interests-Methode. Es werden nun auch Bilanzposten mit dem fair value bewertet, die gemäß IAS 22.78 (rev. 1998) aktuell mit dem Buchwert des Jahresabschlusses in den Konzernabschluss eingehen.

Ob in dem Übergang zum impairment only approach in Bezug auf die Folgebewertung eines Goodwills ein weiterer Schritt in Richtung fair value-accounting gesehen werden kann, ist fraglich.[494] Konsequenterweise müsste der Goodwill mit seinem fair value in der Bilanz ausgewiesen werden. Im Erst-

---

[490] Vgl. Küting/Elprana/Wirth, KoR, 2003, S. 478 ; Busse von Colbe, FS Scherrer, 2004, S. 44-46, der von einer Hinwendung zur Einheitstheorie spricht.

[491] Vgl. IFRS 3 (2004), Basis for Conclusions, Par. BC123-BC128.

[492] Vgl. Pellens/Basche/Sellhorn, KoR, 2003, S. 4.

[493] Vgl. Kapitel 3.4.3.

[494] Vgl. American Accouting Association, Accounting Horizons, 2001, S. 170.

konsolidierungszeitpunkt ist dies der Fall, wenn sich Leistung und Gegenleistung entsprechen. Dies ist jedoch fraglich.[495] In den Folgeperioden wird
der Goodwill nicht mit dem fair value bewertet. Bei Vorliegen eines impairment loss der cash-generating unit, der der Goodwill zuzurechnen ist, ist zuerst der Goodwill abzuschreiben und erst dann die übrigen assets. Es wird
nicht danach differenziert, ob der impairment loss beim Goodwill oder bei
den übrigen assets aufgetreten ist. Zudem ist eine Wertanpassung des Goodwills nur auf einen Wert unterhalb der Anschaffungskosten zulässig. Somit
kann in der Neuregelung kein Schritt in Richtung der angestrebten vollständigen fair value-Bewertung gesehen werden.

3.6.2.2. Folgebewertung eines negativen Goodwills

Den Regelungen zur bilanziellen Behandlung eines negativen Goodwills (in
IFRS 3.56 (2004): „excess"[496]) liegt die Annahme zugrunde, dass sich Leistung und Gegenleistung im Rahmen eines Unternehmenszusammenschlusses
entsprechen.[497] Aus Sicht des Käufers besteht die Leistung in der Hingabe
von Ressourcen in Höhe der Anschaffungskosten, die Gegenleistung bestimmt sich durch den Wert des Unternehmens. Somit müsste der Wert des
Unternehmens bzw. der des erworbenen Teils des Unternehmens den Anschaffungskosten entsprechen. Die Annahme ist insofern problematisch, als
sie nicht nachprüfbar ist, da der Wert eines Unternehmens nicht objektiv
messbar ist. Zudem ist der Kaufpreis das Ergebnis eines Verhandlungsprozes-
ses, der zwischen dem (niedrigeren) subjektiven Unternehmenswert des Verkäufers und dem (höheren) subjektiven Unternehmenswert des Käufers liegt.
Die genaue Festsetzung innerhalb dieser Bandbreite hängt von den jeweiligen
Verhandlungspositionen ab. Der Preis kann eine Annäherung an den Wert des
Unternehmens darstellen, repräsentiert diesen aber nicht zwangsweise. Das
IASB ist zudem in seinen Annahmen nicht konsequent. In IFRS 3.57 (c)
(2004) wird als mögliche Ursache eines negativen Goodwills ein bargain pur-
chase angeführt, der bei asymmetrischer Verhandlungsmacht auftritt.[498]

Das IASB folgert aus der Annahme der Gleichheit von Leistung und Gegenleistung, dass ein negativer Goodwill neben der oben genannten Ursache nur
darauf zurückzuführen sein kann, dass nicht alle assets, liabilities und contingent liabilities, die die Ansatzkriterien erfüllen, angesetzt oder mit ihrem fair

---

[495] Vgl. Kapitel 3.6.2.2.
[496] Vgl. auch IFRS 3 (2004), Basis for Conclusions, Par. BC143.
[497] Vgl. IFRS 3 (2004), Basis for Conclusions, Par. BC146.
[498] Vgl. IFRS 3.57 (c) (2004).

value bewertet werden.[499] Die Schlussfolgerung ist in sich konsistent. Der fair value ist definiert als „the amount for which an asset could be exchanged, or a liability settled, between knowledgeable, willing parties in an arm's length transaction"[500]. Der fair value soll frei von subjektivem Ermessen sein und den Wert eines Bilanzposten angeben. Aus der Definition des fair value folgt, dass der Unternehmenswert mindestens so hoch ist wie die Summe der fair values der im Rahmen eines Unternehmenszusammenschlusses erworbenen assets abzüglich liabilities und contingent liabilities. Entspricht der Kaufpreis dem Unternehmenswert, muss der Kaufpreis mindestens so hoch sein wie das mit dem fair value bewertete bilanzielle Nettovermögen.

Jedoch ist der fair value nicht unmittelbar messbar. In den Standards werden Hilfsgrößen, wie Veräußerungspreise, zur Annäherung an den fair value vorgegeben.[501] Es ist zu untersuchen, ob die theoretische Richtigkeit der Schlussfolgerung hinsichtlich der Ursachen des negativen Goodwills auch bei Berücksichtigung der Umsetzung der fair value-Bewertung in den IFRS gilt.

Wird der Unternehmenswert als Zukunftserfolgswert des Unternehmens bestimmt, ist unter der Annahme, dass sich Leistung und Gegenleistung entsprechen, der Kaufpreis mit dem Zukunftserfolgswert des Unternehmens identisch. Wenn ein negativer Goodwill nur auf Bilanzierungsfehler zurückzuführen ist, muss ein Jahresabschluss, bei dem alle ansatzfähigen assets, liabilities und contingent liabilities angesetzt und mit dem fair value bewertet werden, mindestens die Untergrenze des Zukunftserfolgswertes des Unternehmens wiedergeben. Damit müsste die Bewertung jedes Bilanzpostens mindestens der Barwert seiner ihm zurechenbaren künftigen Einzahlungen sein; der fair value müsste somit mindestens so hoch wie der value in use sein. Die Aussage trifft in Bezug auf property, plant and equipment nicht zu.[502]

Langfristige Forderungen, gegebenenfalls korrigiert um noch anfallende Kosten oder Uneinbringlichkeiten, und liabilities werden im Konzernabschluss diskontiert und unterliegen damit einer Barwertberechnung.[503] Als Diskontierungssatz ist ein „appropriate current interest rate" zu verwenden. Eine genaue Definition, was darunter zu verstehen ist, fehlt. Bei Ermittlung des Zukunftserfolgswertes des Unternehmens ist von einem um das Risiko, das aus der Übernahme unternehmerischer Risiken entsteht, angepassten

---

[499] Vgl. IFRS 3.57 (a) u. (b) (2004).

[500] IAS 39.8 (rev. 1998).

[501] Vgl. Kapitel 5.2.2.

[502] Vgl. Kapitel 4.2.1.1.2.1.

[503] Vgl. IAS 22.39 (c) u. (j) (rev. 1998).

Marktzinssatz auszugehen, falls das Risiko nicht schon in der Schätzung künftiger Cashflows berücksichtigt ist.[504] Der Zinssatz ist dabei tendenziell höher als der zur Ermittlung des Barwertes von assets oder liabilities verwendete Zinssatz, da die gesamten Risiken auf Unternehmensebene berücksichtigt werden müssen.

Selbst wenn die Aktivseite der Bilanz die Mindesthöhe der künftigen Cashflows aus den assets wiedergibt, wäre das neubewertete Nettovermögen nur dann gleich der Mindesthöhe des Zukunftserfolgswertes, wenn alle künftigen Auszahlungen bzw. Aufwendungen als liabilities angesetzt werden.

Nach IFRS ist es nicht zulässig, für geplante Aufwendungen, die in ihrer Höhe oder hinsichtlich des Eintrittszeitpunkts unsicher sind, eine liability zu passivieren. Sie erfüllen nicht die Definition einer provision nach IAS 37.14 (1998), die eine Verpflichtung gegenüber einem Dritten voraussetzt.[505] Von Bedeutung ist dies wenn in einem Unternehmen in regelmäßigen Abständen Generalüberholungen oder Instandhaltungsmaßnahmen durchgeführt werden. Diese führen zu negativen Cashflows, vermindern also den Zukunftserfolgswert, werden jedoch nicht passiviert. Nach Meinung des IASB sind diese Aufwendungen schon in einem niedrigeren Marktwert des entsprechenden asset erfasst.[506] Auf einem Markt mit vollkommener Information trifft die Aussage zu. Ein potenzieller Erwerber antizipiert die anfallenden Aufwendungen und mindert den Preis, den er für das asset zu zahlen bereit ist, entsprechend. Auf beobachtbaren Märkten muss der Abschlag im Preis des asset nicht mit den tatsächlich notwendigen künftigen Aufwendungen übereinstimmen. Auch künftige Verluste der operativen Bereiche sind nach Meinung des IASB Anzeichen für eine Wertminderung von assets.[507]

Daneben verringern auch contingent liabilities den Zukunftserfolgswert. Bei Ansatz von contingent liabilities mindern diese im Akquisitionszeitpunkt das neubewertete Nettovermögen. Somit steht das Ansatzgebot für contingent liabilities im Einklang mit den Bilanzierungsregelungen des IFRS 3 (2004) hinsichtlich des negativen Goodwills. Der Ansatz von contingent liabilities ist jedoch nur zulässig, wenn ihr fair value zuverlässig messbar ist. IFRS 3.47 (a) (2004) führt an, dass sich contingent liabilities, die nicht passiviert werden dürfen, im Goodwill niederschlagen. Daraus folgt, dass bei entsprechend geringem Kaufpreis contingent liabilities im negativen Goodwill zum Ausdruck

---

[504] Vgl. IDW S1, WPg, 2000, S. 833 f.
[505] Vgl. IAS 37.20 (1998).
[506] Vgl. IFRS 3 (2004), Basis for Conclusions, Par. BC149.
[507] Vgl. IAS 37.65 (1998).

kommen können. Hinsichtlich geplanter Restrukturierungen oder sonstiger durch den Zusammenschluss verursachter Kosten, stellt das IASB explizit fest, dass diese den Kaufpreis schmälern.[508] Somit können sowohl diese Kosten als auch contingent liabilities einen negativen Goodwill verursachen. Eine erfolgswirksame Vereinnahmung des negativen Goodwills kann damit der Definition von income des F.70 (a) widersprechen.

Die Änderungen bezüglich der Passivierung von liabilities für Restrukturierungen und von liabilities, die durch den Unternehmenszusammenschluss entstanden sind, stehen nicht im Einklang mit den Regelungen des IFRS 3 (2004) zur Behandlung eines negativen Goodwills. Sie mindern den Zukunftser-folgswert, dürfen jedoch nur bilanziell erfasst werden, wenn sie beim Tochterunternehmen passiviert sind. Zudem ist die Begründung der Änderung, dass damit Konsistenz mit den Regelungen des IAS 37 (1998) erreicht würde, nicht einsichtig. Es ist nicht Ziel des IASB, übereinstimmende Regelungen für den Jahres- und Konzernabschluss vorzuschreiben. Dies zeigt sich daran, dass durch die Änderung der Regelungen hinsichtlich contingent liabilities ein Unterschied zu den Vorschriften des Jahresabschlusses entsteht. Zudem stellt IFRS 3.44 (2004) fest, dass im Konzernabschluss auch solche liabilities angesetzt werden dürfen, die im Jahresabschluss nicht die Ansatzvoraussetzungen erfüllen.

Es zeigt sich, dass selbst bei unterstellter Gleichheit von Leistung und Gegenleistung die Schlussfolgerung, nach der ein negativer Goodwill durch Bilanzierungsfehler oder einen lucky buy verursacht ist, nicht konsistent ist mit den Ansatz- und Bewertungsregelungen für assets, liabilities und contingent liabilities.

Zudem führt eine fair value-Bewertung häufig nicht zu objektiv nachprüfbaren Werten,[509] so dass selbst bei Akzeptanz der Grundannahme des IASB und der Schlussfolgerungen der erfolgswirksamen Vereinnahmung Ermessensspielräume für die Unternehmensleitung bestehen, deren Auswirkung sich im Kaufzeitpunkt nach IFRS 3.56 (2004) sofort in der Ertragslage niederschlägt.

3.6.2.3. Folgebewertung eines Goodwills

Der Ansatz eines Goodwills steht im Einklang mit der Grundannahme, dass sich Leistung und Gegenleistung beim Erwerb von Anteilen im Rahmen eines

---

[508] Vgl. IFRS 3 (2004), Basis for Conclusions, Par. BC80.
[509] Vgl. Heuser/Theile, IAS-Handbuch, 2003, S. 82.

Unternehmenszusammenschlusses entsprechen. Nicht alle erwarteten künftigen Netto-Cashflows schlagen sich in der Bewertung von ansatzfähigen assets nieder und der Kaufpreis kann somit oberhalb des anteiligen neubewerteten Eigenkapitals liegen.

Aus dieser Annahme folgt, dass die Bewertung des Goodwills im Zugangszeitpunkt seinem Wert entspricht. Dazu trägt auch die Regelung bei, dass eine Kaufpreiszahlung, die oberhalb des Zukunftserfolgswertes liegt, erfolgswirksam zu erfassen ist und nicht den Goodwill erhöht. Wenn der Zukunftserfolgswert zuverlässig ermittelbar ist, wird der Teil des Goodwills, der auf eine Überzahlung zurückgeht, verursachungsgerecht aufgelöst.

Der Ansatz zur Folgebilanzierung des Goodwills folgt der statischen Ausrichtung des Jahresabschlusses. Er dient dem Ziel der Vermögensmessung. Es steht nicht mehr im Vordergrund, die Anschaffungsauszahlungen über die Perioden zu verteilen, in denen der Goodwill zu Erträgen führt.[510] Diese eher bilanzorientierte Auffassung des Jahresabschlusses steht im Gegensatz zu den im Framework definierten Zielen einer Rechnungslegung nach IFRS. Sie soll Informationen über die Finanzlage, die Performance und die Änderung der Finanzlage geben. Die Vermögenslage wird nicht explizit angesprochen.[511] Das Zuschreibungsverbot widerspricht zudem dem Ziel der Vermögensmessung.

Das IASB stellt in der Begründung der Änderung fest, dass der Goodwill abnutzbar sei und im Laufe der Zeit durch einen originären Goodwill ersetzt werde. Es lehnt eine planmäßige Abschreibung mit der Begründung ab, dass die Nutzungsdauer nicht bestimmt werden könne. Daraus kann eine pauschale Auflösung, die vergleichbare und nachprüfbare Informationen liefert oder der impairment only approach gefolgt werden. Die Möglichkeit einer pauschalen Festlegung der Nutzungsdauer wird nicht diskutiert.

Die Neuregelung der Folgebewertung eines Goodwills soll insbesondere hinsichtlich des Kriteriums der faithful representation eine Verbesserung der bisherigen planmäßigen Abschreibung darstellen. Jedoch erfüllt der impairment only approach nicht einmal unter der Annahme, dass der impairment test objektiv nachprüfbar durchgeführt werden kann und keine Ermessensspielräume beinhaltet, das Charakteristikum der faithful representation. Das IASB stellt fest, dass der impairment only approach im Ansatz eines originären Goodwills resultiert und führt dies als Vorteil gegenüber einer planmäßigen Ab-

---

[510] Vgl. Hitz/Kuhner, WPg, 2002, S. 280.
[511] Vgl. F.12.

schreibung an.[512] Die Abschreibung zeigt nur den Teil des Wertverlustes des derivaten Goodwills, der nicht durch einen originären Goodwill ersetzt wurde. Zudem kann, sobald ein originärer Goodwill angesetzt wurde, nicht mehr unterschieden werden, ob die außerplanmäßige Abschreibung einen Wertverlust des derivativen oder des originären Goodwills anzeigt. Faithful representation würde bedeuten, dass eine außerplanmäßige Abschreibung den Wertverlust des erworbenen Goodwills wiedergibt. Hierzu wäre der Wert des Goodwills zuverlässig zu messen, und der vorgeschlagene impairment test hätte objektiv nachprüfbare Werte zu liefern. Beides trifft nicht zu.

Die Aktivierung von Teilen des originären Goodwills bedeutet eine Inkonsistenz im Regelwerk der IFRS. Ein originärer Goodwill unterliegt gemäß IAS 38.51 (1998) und IAS 38.48 (rev. 2004) einem Ansatzverbot. Zudem besteht ein Widerspruch zum Zuschreibungsverbot für den Goodwill. Dieses wird damit begründet, dass durch eine Zuschreibung ein interner Goodwill aktiviert werden würde. Selbst das IASB sieht in den Regelungen einen Widerspruch, nimmt diesen aber mit der Begründung in Kauf, dass ein impairment test, der den originären Goodwill unberücksichtigt ließe, nicht durchführbar sei.[513] Der impairment only approach kann zu Fehlallokationen von Ressourcen führen. Aufwendungen für internes Wachstum belasten in den Perioden ihres Auftretens das Konzernergebnis, wohingegen die Abschreibung eines externen Goodwills beeinflussbar ist.[514]

Hinsichtlich der Vergleichbarkeit von Konzernabschlüssen ist eine pauschale Abschreibung des Goodwills dem impairment only approach überlegen. Dieser beinhaltet erhebliche Spielräume zur Beeinflussung des Konzernergebnisses.[515] So ist zum einen der impairment test nicht objektiv nachprüfbar,[516] da Annahmen über künftige Entwicklungen getroffen werden müssen. Das Management hat die Möglichkeit, die dargestellte Ertragslage in bestimmten Grenzen zu beeinflussen, um zum Beispiel negative wirtschaftliche Entwicklungen zu verschleiern.[517] Zum anderen bestehen schon im Zugangszeitpunkt Ermessensspielräume. So kann das Management den Anreiz haben, möglichst wenige intangible assets zu aktivieren und diese in dem Posten Goodwill an-

---

[512] Vgl. IFRS 3 (2004), Basis for Conclusions, Par. BC140; IAS 38/IAS 22 (rev. 1998), Basis for Conclusions, Par. 46 (b).

[513] Vgl. IAS 36 (rev. 2004), Basis for Conclusions, Par. BC188-BC191.

[514] Vgl. Hitz/Kuhner, WPg, 2002, S. 286.

[515] Vgl. Hitz/Kuhner, WPg, 2002, S. 285, mit weiteren Nachweisen.

[516] Vgl. Wüstemann/Duhr, BB, 2003, S. 247; Hitz/Kuhner, WPg, 2002, S. 285; Reto, ST, 2002, S. 186.

[517] Vgl. Hitz/Kuhner, WPg, 2002, S. 285.

zusetzen. Die Abschreibung des Goodwills ist vom Management beeinflussbar.

In diesem Zusammenhang sind die Regelungen des IAS 38 (rev. 2004) zu sehen, mit denen erreicht werden soll, dass eine größere Anzahl von intangible assets einzeln angesetzt wird und somit nicht mehr in dem Posten Goodwill enthalten sind.[518] Der Goodwill wird durch den Ansatz der intangible assets reduziert. Dadurch sinken die Ermessensspielräume, die durch den impairment test entstehen.

Mit der Annahme, dass die Wahrscheinlichkeit eines ökonomischen Nutzenzuflusses bei intangible assets in der fair value-Bewertung berücksichtigt wird, werden Ansatz- und Bewertungsfragen vermischt. Hier sieht das IASB Handlungsbedarf. Das Kriterium der probability soll in einem späteren Projekt überarbeitet werden.[519]

Die Regelung des IFRS 3.56 (2004) stellt eine Annäherung der IFRS an die Goodwill-Regelung der US-GAAP dar. Die Abschaffung der planmäßigen Abschreibung des Goodwills in den US-GAAP kann im Zusammenhang mit der Abschaffung der pooling of interests-Methode gesehen werden.[520] Die pooling of interests-Methode ermöglicht eine erfolgsneutrale Verrechnung des Unterschiedsbetrages, so dass in den Folgeperioden keine Abschreibung stiller Reserven oder des Goodwills bzw. Auflösungen stiller Reserven den Erfolg schmälern. Nach Angaben des FASB sprachen sich etwa zwei Drittel der Unternehmensvertreter gegen die Abschaffung der pooling of interests-Methode aus.[521] In der Abschaffung der planmäßigen Abschreibung kann ein Kompromiss mit den Unternehmen gesehen werden. Der impairment only approach beinhaltet größere Ermessensspielräume für die Bilanzierenden als die vormals vorgeschriebene planmäßige Abschreibung.[522]

3.6.3. Änderungen des HGB

Im Jahr 1998 setzte der deutsche Gesetzgeber den Deutschen Standardisierungsrat (DSR) als unabhängiges Gremium zur Weiterentwicklung der deutschen Rechnungslegung, insbesondere im Hinblick auf die Annäherung an

---

[518] Vgl. IAS 38 (rev. 2004), Basis for Conclusions, Par. BC7.
[519] Vgl. IAS 38 (rev. 2004), Basis for Conclusions, Par. BC18.
[520] Vgl. Siegel, FS Scherrer, 2004, S. 319.
[521] Vgl. Beresford, Accounting Horizons, 2001, S. 74.
[522] Vgl. Hitz/Kuhner, WPg, 2002, S. 274; Reto, ST, 2002, S. 186.

internationale Grundsätze, ein.[523] Die Aufgaben des Deutschen Standardisierungsrats, die in § 342 I S. 1 HGB festgeschrieben sind, umfassen unter anderen die „Entwicklung von Empfehlungen zur Anwendung der Grundsätze über die Konzernrechnungslegung"[524]. In diesem Zusammenhang veröffentlicht der Deutsche Standardisierungsrat Deutsche Rechungslegungsstandards (DRS), hinsichtlich derer vermutet wird, dass sie Grundsätze ordnungsmäßiger Buchführung der Konzernrechnungslegung sind.[525]

Die Darstellung von „Unternehmenserwerben" im Konzernabschluss ist in DRS 4 geregelt.[526] Ein Teil der Vorschläge wurde im Rahmen des Transparenz- und Publizitätsgesetzes (TransPuG) vom 17. Mai 2002 in das HGB übernommen.[527] Die übrigen Vorschläge stellen entweder eine Übernahme der Regelungen der IFRS[528] oder der Vorschläge zur Weiterentwicklung des IASB dar. Da das Business Combinations Project erst im Juli 2001 begann, konnten die Ergebnisse des IASB hinsichtlich der Konzernrechnungslegungsvorschriften nicht im DRS 4 verarbeitet werden. Allerdings wurden im Dezember 1998 die Ergebnisse der G4+1 Group of Standard Setters veröffentlicht, die in ihrem Projekt zur Angleichung von Konsolidierungsmethoden zu dem Schluss kamen, dass die alleinige Anwendung der Erwerbsmethode die Zielsetzung von Konzernabschlüssen am besten erfüllen würde. Die Erwerbsmethode wurde dabei mit der unbegrenzten Neubewertungsmethode gleichgesetzt. Das IASB ist Teil der G4+1.[529] Entsprechend sieht DRS 4.23 ebenso wie IFRS 3.36 (2004) die unbegrenzte Neubewertungsmethode als die einzig zulässige Kapitalkonsolidierungsmethode für Tochterunternehmen vor.

DRS 4.19 regelt die Voraussetzungen für die Passivierung von Restrukturierungsrückstellungen im Rahmen der erstmaligen Einbeziehung von Tochterunternehmen. Die Regelung stellt eine Übernahme des IAS 22.31 (rev. 1998) dar. Die in DRS 4.27-37 bzw. Par. 38-41 geregelte Folgebilanzierung eines Goodwills bzw. negativen Goodwills ist ebenso identisch mit der Regelung des IAS 22 (rev. 1998). Eine erstmalige Einbeziehung eines Tochterunternehmens auf Basis der am Bilanzstichtag des Erwerbsjahres ermittelten Werte ist gemäß DRS 4.8 nicht zulässig.

---

[523] Vgl. DRSC, Hompage, o. J.

[524] § 342 HGB.

[525] Vgl. DRS 4, Vorbemerkung, S. 5.

[526] Vgl. DRS 4, S. 1.

[527] Vgl. BMJ, TransPuG, 2002, S. 20.

[528] Vgl. Schmidbauer, DStR, 2001, S. 372, der von einer starken Anlehnung spricht.

[529] Vgl. IASC, G4+1 Position Paper, 1998, S. XIII, Par. 49 u. 192-197.

4. Wirkung der Ausübung von Wahlrechten auf den Konzernabschluss

4.1. Grundlagen

4.1.1. Untersuchungsebenen

Zur Untersuchung der Wirkung einer unterschiedlichen Ausübung von Wahlrechten auf den Konzernabschluss müssen zwei Ebenen unterschieden werden:

- die Ebene der Jahresabschlüsse der in den Konzernabschluss einbezogenen Unternehmen
- die Konzernabschlussebene

Zum einen können die Jahresabschlüsse der Konzernunternehmen auf Grund einer unterschiedlichen Ausübung der Wahlrechte differieren. Dies hat keine Wirkung auf die Kapitalkonsolidierungsmethode oder den Konzernabschluss. Im Zuge der Aufstellung der Handelsbilanz II müssen die Bilanzierungsgrundsätze auf eine konzerneinheitliche Ausübung angepasst werden.[530] Damit werden die aus der unterschiedlichen Ausübung der Wahlrechte resultierenden Differenzen in den Jahresabschlüssen der Konzernunternehmen vor der Kapitalkonsolidierung aufgehoben.

Zum anderen kann sich die Ausübung von Wahlrechten auf Ebene des Konzernabschlusses insofern auswirken, als sie zwar konzerneinheitlich ausgeübt werden, der Konzernabschluss jedoch bei unterschiedlicher Wahlrechtsausübung unterschiedliche Daten vermittelt. Zur Untersuchung dieses Effektes werden zwei Konzernabschlüsse betrachtet, die sich nur in einer alternativen Ausübung des zu untersuchenden Wahlrechts unterscheiden. Die Konzernabschlüsse werden dabei mittels der unbegrenzten und der beteiligungsproportionalen Neubewertungsmethode, jeweils mit und ohne Anschaffungskostenrestriktion, aufgestellt. Auf diese Weise wird untersucht, ob die Ausübung von Wahlrechten[531] einen Einfluss auf den Konzernabschluss hat und sich dieser Einfluss durch die Anwendung der verschiedenen Kapitalkonsolidierungsmethoden verstärkt bzw. abschwächt oder von ihnen unberührt bleibt.

---

[530] Vgl. IAS 27.21 (rev. 2000).
[531] Vgl. für eine Aufstellung der Wahlrechte Schildbach, in: HWRP, 2002, Sp. 2617-2620; Wagenhofer, IAS, 2001, S. 522-524.

Bei Durchführung der Kapitalkonsolidierung wird der Wertansatz der Anteile mit dem anteiligen Eigenkapital des Tochterunternehmens verrechnet, stille Reserven oder stille Lasten werden zugeschrieben bzw. verrechnet und ein Goodwill oder negativer Goodwill wird angesetzt. Dadurch wird die Vorgehensweise für die Untersuchung der Wahlrechte nach IFRS bestimmt. Nach einer Darstellung der jeweiligen Regelungen sind die Wahlrechte dahingehend zu untersuchen, ob und ggf. wie sich ihre Ausübung

- auf die Bewertung des Nettovermögens und
- auf das anteilige Eigenkapital des Tochterunternehmens

auswirkt. Die Wirkungen der Wahlrechte werden zunächst im Hinblick auf den Jahresabschluss des Tochterunternehmens untersucht und daraus die Wirkung auf den Konzernabschluss abgeleitet. Dabei wird unterstellt, dass schon im Jahresabschluss das Wahlrecht entsprechend der Alternativenwahl im Konzern ausgeübt wird. Anhand der Ergebnisse können Schlussfolgerungen in Bezug auf die Konsolidierungsmethoden gezogen werden.

4.1.2. Entstehung und Entwicklung von Wahlrechten in den IFRS

Das IASC (nunmehr IASB) verfolgte mit der Ausarbeitung der International Accounting Standards (IAS nunmehr IFRS) unter anderem das Ziel der Harmonisierung der nationalen Rechnungslegungsstandards.[532] Harmonisierung bedeutet im Gegensatz zu Standardisierung keine Reduzierung der nationalen Regelungen auf eine verbindliche Norm, sondern die Beibehaltung der Regelungen, soweit sie sich nicht gegenseitig ausschließen.[533] Das Einräumen von Wahlrechten in den IFRS steht folglich nicht im Widerspruch zu dem Ziel der Harmonisierung. Hintergrund der Wahlrechte ist das Zusammentreffen von Rechnungslegungsvorstellungen verschiedener nationaler Standardsetter, zwischen denen ein Kompromiss gefunden werden musste.[534] Infolgedessen waren in der ersten Zeit nach der Gründung des IASC fast alle nationalen Vorschriften in die IAS übernommen worden und waren nebeneinander gültig.[535]

Im Jahre 1987 wurde ein Steering Committee mit dem Ziel der Reduzierung der Wahlrechte und der Verbesserung der Vergleichbarkeit der Abschlüsse nach IAS eingesetzt. Es wurden einige Wahlrechte abgeschafft, viele blieben

---

[532] Vgl. IAS, 2002, Preface, Par. 2 (b).
[533] Vgl. Pellens, Internationale Rechnungslegung, 2001, S. 385-387.
[534] Vgl. Singer, ST, 1991, S. 268 f.
[535] Vgl. Pellens, Internationale Rechnungslegung, 2001, S. 426.

jedoch bestehen. Die Wahlrechte wurden in benchmark treatment und allowed alternative treatment eingeteilt.[536] Der Bilanzierende kann frei zwischen den Alternativen wählen.[537] Die Anwendung des allowed alternative treatment ist zum Teil mit Angabepflichten in den notes verbunden.[538]

Auch aktuell weisen die IFRS noch Wahlrechte auf. Die Entwicklung geht jedoch in Richtung einer Standardisierung. So ist die Abschaffung von Wahlrechten eines der Ziele des vom IASB durchgeführten Improvement Project, zu dem im Dezember 2003 die überarbeiteten Standards veröffentlicht wurden.[539]

4.2. Wahlrechte beim Tochterunternehmen

4.2.1. Wahlrechte bei fair value-Bewertung

4.2.1.1. Property, plant and equipment

4.2.1.1.1. Neubewertung im Jahresabschluss ohne impairment

Property, plant and equipment (Grundstücke, Gebäude, Betriebs- und Geschäftsausstattung bzw. Sachanlagen) können gemäß IAS 16.28 f. (rev. 1998) in der Folgebewertung mit fortgeführten Anschaffungs- bzw. Herstellungskosten (cost) gemäß IAS 16.15-20 (rev. 1998) oder mit dem fair value bewertet werden.

IAS 16.30 (rev. 1998) legt den fair value von Grundstücken und Gebäuden als deren Marktwert (market value) fest, was jedoch zu keiner Konkretisierung der Ermittlung des fair value führt. Der Begriff „Marktwert" wird in IAS 16 (rev. 1998) nicht erläutert. Eine Definition im Zusammenhang mit financial instruments findet sich in IAS 32.5 (rev. 1998).[540] Der Marktwert ist demnach der Betrag, der für ein financial instrument auf einem active market erzielt werden kann.

Kennzeichen eines active market ist es gemäß IAS 38.7 (1998), dass homogene Güter von Marktteilnehmern, die jederzeit kauf- bzw. verkaufsbereit

---

[536] Vgl. Achleitner/Behr, Standards, 2003, S. 46; Pellens, Internationale Rechnungslegung, 2001, S. 427 f.

[537] Vgl. IFRS, Introduction, S. 9.

[538] Vgl. Cairns, Applying, 2002, S. 77.

[539] Vgl. IASB, Project Summary, 2002, S. 1.

[540] Vgl. Adler/Düring/Schmaltz, IAS-Kommentar, 2003, Abschn. 9 Rn. 149.

sind, gehandelt werden und die Preise der homogenen Güter öffentlich zugänglich sind. Homogen sind Güter dann, wenn sie in den Augen der Marktteilnehmer keine sachlichen Unterschiede aufweisen.[541] Diese Voraussetzung ist im Regelfall weder für Grundstücke noch für Gebäude erfüllt. Jedes Gut dieser Gattung weist vorwiegend individuelle Merkmale auf.[542] Für Geschäfts- und Betriebsausstattung kann theoretisch ein active market vorliegen, sofern es sich nicht um Einzelstücke handelt. Die Definition des Marktwertes des IAS 32.5 (rev. 1998) kann folglich nur bedingt auf Grundstücke und Gebäude sowie Betriebs- und Geschäftsausstattung übertragen werden.

Allgemein kann mit Marktwert der Preis bezeichnet werden, der sich auf einem vollkommenen Markt einstellt.[543] Vollkommene Märkte weisen im Vergleich zu den Kennzeichen eines active market noch restriktivere Merkmale auf, wie vollkommene Information und unendlich schnelle Reaktionsgeschwindigkeit der Marktteilnehmer. Diese Merkmale liegen in der Realität nicht vor.[544] Insofern ist diese Definition des Marktwertes zur Bestimmung des fair value von property, plant and equipment nicht hilfreich.

Es ist notwendig, die Ermittlung des Marktwertes zu konkretisieren, was in den IAS 16.30 (rev. 1998) erfolgt. Darin wird vorgeschrieben, dass für die Ermittlung von Marktwerten für Grundstücke und Gebäude in der Regel Expertenschätzungen heranzuziehen sind. Der fair value von Geschäfts- und Betriebsausstattung ist gemäß IAS 16.31 (rev. 1998) ebenso ein mittels Schätzung bestimmter Wert. Ist eine Schätzung des Marktwertes von Geschäfts- und Betriebsausstattung nicht möglich, ist bei der fair value-Ermittlung auf die fortgeführten Wiederbeschaffungskosten abzustellen. Die Regelung stellt auf die Situation ab, dass das asset auf Grund unternehmensspezifischer Merkmale[545] für andere Unternehmen keinen Wert hat und somit kein Marktwert existiert.

Die Erfassung eines Aufwertungsbetrages im Rahmen einer fair value-Bewertung erfolgt grundsätzlich erfolgsneutral, d. h. ohne Berührung der Gewinn- und Verlustrechnung, in der Neubewertungsrücklage (revaluation surplus). Die Neubewertungsrücklage ist Teil des Eigenkapitals. Eine Abwertung wird grundsätzlich erfolgswirksam erfasst. Erfolgt die Aufwertung als Umkehr einer erfolgswirksamen Abwertung, ist sie erfolgswirksam zu erfas-

---

[541] Vgl. Hilke, in: HWB, 1993, Sp. 2772.
[542] Vgl. Adler/Düring/Schmaltz, IAS-Kommentar, 2003, Abschn. 9 Rn. 149.
[543] Vgl. Schneider, DB, 1998, S. 1475.
[544] Vgl. Hilke, in: HWB, 1993, Sp. 2773.
[545] Vgl. IAS 16.31 (rev. 1998).

sen. Analog ist eine Abwertung erfolgsneutral zu behandeln, wenn auf Grund einer vorhergehenden Aufwertung eine Neubewertungsrücklage besteht.[546]

Die Neubewertungsrücklage kann gemäß IAS 16.39 (rev. 1998) dann aufgelöst und erfolgsneutral in die retained earnings umgegliedert werden, wenn sich das zugehörige asset nicht mehr im Bestand des Unternehmens befindet oder durch Nutzung vollständig verbraucht wurde. Daneben können Teile des Aufwertungsbetrages während der Nutzung in Höhe des Unterschieds zwischen den Abschreibungen auf den fair value und auf die Anschaffungs- bzw. Herstellungskosten erfolgsneutral in die retained earnings umgegliedert werden.[547] Es besteht ferner die Möglichkeit, die Neubewertungsrücklage in der Bilanz weiterzuführen.[548]

In den auf die Neubewertung folgenden Perioden stellt der fair value die Abschreibungsbasis dar. Liegt der fair value oberhalb der Anschaffungs- bzw. Herstellungskosten, ist die Abschreibung auf den fair value höher als bei einer Bewertung mit fortgeführten Anschaffungs- bzw. Herstellungskosten. Die Erfolgswirkung der erhöhten Abschreibung wird nicht durch eine Auflösung der Neubewertungsrücklage ausgeglichen. Diese wird erfolgsneutral aufgelöst. Um die Erfolgswirkung auszugleichen, wird vorgeschlagen, nur den Abschreibungsbetrag auf die Anschaffungs- bzw. Herstellungskosten erfolgswirksam und den übersteigenden Teil hingegen erfolgsneutral zu erfassen.[549] Dem steht der Wortlaut des IAS 12.64 (rev. 2000) entgegen, in dem von „depreciation or amortisation based on a revalued asset" die Rede ist. IAS 16.41 (rev. 1998) stellt zudem klar, dass Abschreibungen erfolgswirksam zu erfassen sind, es sei denn, sie gehen in den Buchwert eines anderen asset ein. Somit ist nach Durchführung einer Neubewertung der fair value die Abschreibungsbasis und die Abschreibungen sind erfolgswirksam zu erfassen.[550]

Bezüglich der anzuwendenden Abschreibungsmethode hat der Bilanzierende gemäß IAS 16.47 (rev. 1998) verschiedene Möglichkeiten. Explizit werden die lineare, die degressive und die Abschreibung nach Inanspruchnahme genannt. Die Abschreibungsmethode muss so gewählt werden, dass sie die Abnutzung des asset bestmöglich wiedergibt. Insofern stellen die Abschreibungsalternativen kein explizites Wahlrecht dar.

---

[546] Vgl. IAS 16.37 f. (rev. 1998) ; PWC, Understanding, 2002, Rn. 16.41.
[547] Vgl. IAS 16.39 (rev. 1998).
[548] Vgl. Ernstberger, FS Scherrer, 2004, S. 27; Alexander/Archer, Guide, 2004, S. 26.19; PWC, Understanding, 2002, Rn. 16.41.
[549] Vgl. Hoffmann/Lüdenbach, DStR, 2003, S. 566 f.
[550] Vgl. Adler/Düring/Schmaltz, IAS-Kommentar, 2003, Abschn. 9 Rn. 155 u. 159.

4.2.1.1.2. Neubewertung und impairment im Jahresabschluss

Liegt der fair value oberhalb der fortgeführten Anschaffungs- bzw. Herstellungskosten, ist das Nettovermögen bei Anwendung des allowed alternative treatment höher als bei Anwendung des benchmark treatment. Liegt der fair value unterhalb der fortgeführten Anschaffungs- bzw. Herstellungskosten, wäre theoretisch ein umgekehrter Effekt zu erwarten. Die Aussage muss jedoch dann nicht zutreffen, wenn ein impairment (Wertminderung) vorliegt.

Ein impairment liegt gemäß IAS 36.57 (1998) vor, wenn der recoverable amount, der den höheren Wert aus net selling price und value in use darstellt, unter dem Buchwert eines asset liegt. Ist dies der Fall, muss eine Abschreibung auf den recoverable amount erfolgen.[551] Der Buchwert von property, plant and equipment hängt von der Ausübung des Bewertungswahlrechts ab.

Theoretisch können zwei Wertrelationen des fair value und des recoverable amount dazu führen, dass property, plant and equipment nach Vornahme einer außerplanmäßigen Abschreibung bei Vorliegen eines impairment unabhängig von der Ausübung des Bewertungswahlrechts des IAS 16.28 und 29 (rev. 1998) den gleichen Wert aufweisen. Dies kann zum einen dann der Fall sein, wenn der recoverable amount sowohl kleiner als die fortgeführten Anschaffungs- und Herstellungskosten als auch kleiner als der fair value ist. Es erfolgt dann unabhängig von der Ausübung des Wahlrechts eine Abschreibung auf den recoverable amount. Die Bilanzposten können zum anderen bei Vorliegen eines impairment unabhängig von der Ausübung des Bewertungswahlrechts sein, wenn der recoverable amount gleich dem fair value ist. In diesem Fall muss auch bei einer Bewertung mit fortgeführten Anschaffungs- bzw. Herstellungskosten im Rahmen der Aufstellung des Konzernabschlusses keine Wertanpassung auf die Konzernanschaffungskosten vorgenommen werden.

4.2.1.1.2.1. Wertkategorien bei impairment

Der value in use wird mittels Diskontierung der aus dem asset erwarteten Cashflows bestimmt. Generiert das asset nicht unabhängig von anderen assets Cashflows und kann der value in use nicht durch einen ermittelbaren net selling price angenähert werden, weil der Schätzwert des value in use eine starke Abweichung zum net selling price aufweist, wird der value in use einer cash-generating unit ermittelt.[552] Diese ist gemäß IAS 36.5 (1998) als die kleinste

---

[551] Vgl. IAS 36.58 (1998).
[552] Vgl. IAS 36.19 u. 26 (1998).

identifizierbare Einheit von assets definiert, die unabhängig von anderen assets Cashflows generiert.

Der net selling price ist der Preis, der bei Verkauf eines asset in einer Transaktion zwischen unabhängigen, informierten und geschäftswilligen Parteien erzielt werden kann, abzüglich der Verkaufskosten.[553] Der net selling price stellt in seiner theoretischen Konzeption auf Cashflows ab.[554] Unabhängige, informierte und geschäftswillige Parteien ermitteln ihren Grenzpreis durch Diskontierung der erwarteten Cashflows. Für die Bestimmung des net selling price ist die Existenz eines active market keine Voraussetzung. Kann der Verkaufspreis nicht zuverlässig geschätzt oder abgeleitet werden, stellt der value in use den recoverable amount dar.[555]

Sowohl der value in use als auch der net selling price werden nach ihrer theoretischen Konzeption durch Diskontierung von erwarteten künftigen Cashflows ermittelt. Der value in use stellt dabei auf die Einschätzungen des Unternehmens ab, d. h. es werden die vom Unternehmen prognostizierten Cashflows der Berechnung des value in use zugrunde gelegt, wohingegen der net selling price auf die vom Markt erwarteten Cashflows abzüglich der Veräußerungskosten abstellt.[556] Der fair value gibt in seiner theoretischen Konzeption die vom Markt erwarteten künftigen Cashflows unter Berücksichtigung der Zeitkomponente und des Risikos wieder. Der fair value entspricht damit unter Vernachlässigung der Verkaufskosten theoretisch dem net selling price.[557]

Ein Vergleich der Vorgehensweisen zur Ermittlung des fair value und des net selling price in den IFRS zeigt, dass der fair value und der net selling price unter Vernachlässigung etwaiger Verkaufskosten dennoch differieren können.

Bei der Ermittlung des net selling price ist nach folgendem Stufenkonzept vorzugehen: Falls eine verbindliche Verkaufsvereinbarung zwischen unabhängigen Parteien vorliegt, ist gemäß IAS 36.21 (1998) der darin enthaltene Preis abzüglich Veräußerungskosten der net selling price. Besteht keine Verkaufsvereinbarung, ist gemäß IAS 36.22 (1998) bei Vorliegen eines active market der Marktpreis abzüglich Veräußerungskosten der net selling price. Andernfalls wird der Preis geschätzt, zu dem das asset an einen unabhängi-

---

[553] Vgl. IAS 36.5 (1998).
[554] Vgl. IAS 36, Basis for Conclusions, Par. B22.
[555] Vgl. IAS 36.17 (1998).
[556] Vgl. IAS 36, Basis for Conclusions, Par. B22.
[557] Vgl. IAS 36, Basis for Conclusions, Par. B48.

gen, informierten und geschäftswilligen Dritten verkauft werden könnte. Von diesem Preis sind die Veräußerungskosten zu subtrahieren.[558]

Der net selling price kann demnach durch eine Verkaufsvereinbarung zwischen unabhängigen Parteien bestimmt werden. Gemäß IAS 16.30 und 31 (rev. 1998) entspricht der fair value von property, plant and equipment seinem market value. Der market value wird im Regelfall auf dem Absatzmarkt bestimmt.[559] Dies und die Festlegung, dass sich der net selling price zuzüglich der Veräußerungskosten und der fair value entsprechen, deutet darauf hin, dass bei Vorliegen einer Verkaufsvereinbarung der fair value gleich dem vereinbarten Preis ist. Eine Ausnahme wird in IAS 16.31 (rev. 1998) angesprochen. Danach kann man dann nicht davon ausgehen, dass ein Veräußerungspreis zuzüglich der Veräußerungskosten dem fair value entspricht, wenn das entsprechende asset unternehmensindividuelle Merkmale aufweist und assets dieser Art nur selten veräußert werden. Dies trifft vielfach auf Grundstücke und Gebäude und teilweise auch auf Betriebs- und Geschäftsausstattung zu.

Wird der net selling price auf einem active market bestimmt oder geschätzt, stimmt er bei Vernachlässigung der Veräußerungskosten mit dem fair value überein. Sowohl der fair value als auch der net selling price werden dann als Marktwert bestimmt oder geschätzt.[560] Allerdings besteht die Möglichkeit, den fair value von Betriebs- und Geschäftsausstattung mit fortgeführten Wiederbeschaffungskosten anzunähern.[561] Dies ist beim net selling price nicht möglich. Er stellt auf eine Veräußerungssituation ab.[562]

Der value in use kann von dem net selling price und dem fair value abweichen, wenn die Einschätzungen des Unternehmens und die des Marktes nicht übereinstimmen.[563]

Der fair value kann folglich über oder unter dem recoverable amount liegen oder mit diesem identisch sein.[564] Damit besteht die Möglichkeit, dass der Buchwert im Jahresabschluss bei Vorliegen eines impairment und nach Vor-

---

[558] Vgl. IAS 36.22 f. (1998).
[559] Vgl. Mujkanovic, Fair Value, 2002, S. 115 u.117.
[560] Vgl. IAS 16.30 f. (rev. 1998); IAS 36.22 (1998).
[561] Vgl. IAS 16.31 (rev. 1998).
[562] Vgl. IAS 36, Basis for Conclusions, Par. B41; Adler/Düring/Schmaltz, IAS-Kommentar, 2003, Abschn. 9 Rn. 157; Schmidt, WPg, 1998, S. 812.
[563] Vgl. IAS 36, Basis for Conclusions, Par. B22 u. B48.
[564] Vgl. Adler/Düring/Schmaltz, IAS-Kommentar, 2003, Abschn. 9 Rn. 157.

nahme einer außerplanmäßigen Abschreibung unabhängig von dem Bewertungswahlrecht für property, plant and equipment ist.

4.2.1.1.2.2. Wertrelationen bei impairment

Ein impairment test muss durchgeführt werden, wenn Anzeichen für eine Wertminderung des asset vorliegen. Eine nicht abschließende Aufzählung von Anzeichen findet sich in IAS 36.5 (1998). Ein Anzeichen ist ein stärker fallender Marktwert als man auf Grund von Abnutzungen oder nutzungsunabhängigen Wertverlusten erwarten würde.

Werden property, plant and equipment mit fortgeführten Anschaffungs- bzw. Herstellungskosten bewertet und liegt der fair value, der bei property, plant and equipment durch den Marktwert angenähert wird, unterhalb der fortgeführten Anschaffungs- bzw. Herstellungskosten, kann dies ein Anzeichen für ein impairment bei Bewertung mit fortgeführten Anschaffungs- bzw. Herstellungskosten sein. Die erwartete Abnutzung durch planmäßige Abschreibung ist im Buchwert erfasst und folglich ist der Marktwert des asset stärker gefallen als durch den Einsatz im Unternehmen erwartet. Der Wertverlust muss gemäß IAS 36.9 (a) (1998) wesentlich sein. Eine Information ist gemäß F.29 f. dann wesentlich, wenn ihre fehlerhafte Bekanntgabe oder die Unterlassung ihrer Bekanntgabe Entscheidungen der Jahresabschlussadressaten beeinflusst. Aus der Erläuterung sind keine konkreten Anhaltspunkte ersichtlich, wann ein Wertverlust wesentlich ist.

Ist der recoverable amount kleiner als die fortgeführten Anschaffungs- bzw. Herstellungskosten muss, bei Anwendung des benchmark treatment des IAS 16.28 (rev. 1998) auf den recoverable amount abgeschrieben werden. Bei Anwendung des allowed alternative treatment gibt es, wenn der recoverable amount kleiner als die fortgeführten Anschaffungs- bzw. Herstellungskosten ist, zwei Möglichkeiten:

1. Liegt der fair value über dem recoverable amount, muss eine außerplanmäßige Abschreibung erfolgen. Der Buchwert von property, plant and equipment nach Vornahme der Abschreibung ist damit unabhängig von der Bewertungsalternative des IAS 16.28 f. (rev. 1998). Gleiches gilt, wenn der fair value gleich dem recoverable amount ist.

2. Liegt der fair value unterhalb des recoverable amount, ist der Buchwert von property, plant and equipment bei Anwendung des benchmark treatment nach Vornahme der Abschreibung höher als dies bei Anwendung des al-

lowed alternative treatment der Fall ist. Die Wertkonstellation ist auch dann gegeben, wenn trotz eines fair value, der unterhalb des Buchwertes des asset liegt, kein impairment vorliegt.

4.2.1.1.2.3. Erfolgswirkungen eines impairment

Werden property, plant and equipment mit den fortgeführten Anschaffungs- bzw. Herstellungskosten bewertet, ist eine Abschreibung auf Grund eines impairment stets erfolgswirksam vorzunehmen. Gleiches gilt grundsätzlich auch, wenn die Bewertung gemäß IAS 16.29 (rev. 1998) mit dem fair value erfolgt, es sei denn, es wird eine frühere Neubewertung ausgeglichen. In diesem Fall erfolgt die Erfassung wie bei einer Wertminderung des fair value: Soweit vorhanden, wird die Neubewertungsrücklage vermindert und nur der darüber hinausgehende Betrag ist erfolgswirksam zu erfassen.[565]

Liegt bei einer Bewertung mit fortgeführten Anschaffungs- bzw. Herstellungskosten ein impairment vor, kann bei einer fair value-Bewertung ebenfalls eine außerplanmäßige Abschreibung auf Grund eines impairment notwendig sein. Daneben kann der Fall auftreten, dass der fair value kleiner ist als der recoverable amount. Um die Erfolgswirkungen dieser Wertkonstellationen zu zeigen, müssen zwei Fälle unterschieden werden:

1. Die Neubewertungsrücklage wird gemäß IAS 16.39 (rev. 1998) während der Nutzung des asset als Differenz zwischen der Abschreibung auf den fair value und auf die Anschaffungs- bzw. Herstellungskosten aufgelöst.

Ist der fair value größer als die fortgeführten Anschaffungs- bzw. Herstellungskosten vor Durchführung der außerplanmäßigen Abschreibung, wird bei einer fair value-Bewertung und Vorliegen eines impairment nur ein Teil der Abschreibung erfolgwirksam erfasst, und zwar in Höhe der Differenz zwischen den fortgeführten Anschaffungs- bzw. Herstellungskosten und dem niedrigeren recoverable amount. Der Rest stellt eine Umkehrung der zuvor erfolgten Wertanpassung auf den fair value dar und ist damit erfolgsneutral. Liegt der fair value schon vor der Abwertung unterhalb der fortgeführten Anschaffungs- bzw. Herstellungskosten, ist der Abwertungsbetrag als Differenz zwischen dem fair value und dem recoverable amount erfolgswirksam. Somit wird sowohl bei einer Bewertung mit fortgeführten Anschaffungs- bzw. Herstellungskosten als auch bei einer fair value-Bewertung auf den recoverable

---

[565] Vgl. IAS 36.59 (1998) i. V. m. IAS 16.38 (rev. 1998).

amount abgeschrieben. Die Erfolgswirkung ist unabhängig von der Ausübung des Bewertungswahlrechts.

Im Jahresabschluss ergeben sich nur dann Erfolgsdifferenzen, die auf der unterschiedlichen Ausübung des Bewertungswahlrechts des IAS 16 (rev. 1998) beruhen, wenn der fair value niedriger als der recoverable amount ist. In diesem Fall ist der Abschreibungsaufwand bei Anwendung des allowed alternative treatment des IAS 16.29 (rev. 1998) höher als bei einer Bewertung mit fortgeführten Anschaffungs- bzw. Herstellungskosten und anschließender Abwertung auf den recoverable amount.

2. Die Neubewertungsrücklage wird bei Stilllegung oder Veräußerung aufgelöst oder stehen gelassen.

In diesem Fall ist die Abschreibung auf Grund eines impairment bei einer fair value-Bewertung als Differenz zwischen dem fair value und dem recoverable amount nicht oder nur zum Teil erfolgswirksam. Dies liegt darin begründet, dass in den Folgeperioden einer Neubewertung die Abschreibungen auf den fair value berechnet werden und sich somit der Unterschied zwischen den fortgeführten Anschaffungs- bzw. Herstellungskosten und dem fair value im Vergleich zum Neubewertungszeitpunkt verringert, die Neubewertungsrücklage jedoch nicht reduziert wird.[566]

Folglich ist in den Fällen, in denen sowohl bei einer Bewertung mit fortgeführten Anschaffungs- bzw. Herstellungskosten als auch bei einer fair value-Bewertung eine Abschreibung auf den recoverable erfolgt, der Abschreibungsaufwand bei einer fair value-Bewertung geringer als bei einer Bewertung mit fortgeführten Anschaffungs- bzw. Herstellungskosten. Ist der fair value kleiner als der recoverable amount, kann keine Aussage getroffen werden.

4.2.1.1.3. Ausübung des Bewertungswahlrechts ohne impairment

Die Ermittlungsvorschrift des fair value für property, plant and equipment im Erstkonsolidierungszeitpunkt entspricht der des IAS 16.30 f. (rev. 1998). Die entsprechenden Regelungen hinsichtlich des Konzernabschlusses, IAS 22.39 (e) und (f) (rev. 1998), verwenden identische Formulierungen, lediglich in verkürzter Form. Eine fair value-Bewertung im Jahresabschluss kann in den

---

[566] Vgl. auch Adler/Düring/Schmaltz, IAS-Kommentar, 2003, Abschn. 9 Rn. 155.

Konzernabschluss übernommen werden. Im Folgenden wird nur der Fall betrachtet, dass der fair value größer ist als die fortgeführten Anschaffungs- bzw. Herstellungskosten.

Unbegrenzte Neubewertungsmethode:
Bei Anwendung der unbegrenzten Neubewertungsmethode werden die Bilanzposten des Tochterunternehmens in der Konzernbilanz mit dem fair value bewertet. Dies gilt unabhängig von der Bewertung im Jahresabschluss. Die Ausübung des Bewertungswahlrechts des IAS 16.28 f. (rev. 1998) wirkt sich nur auf die Höhe der stillen Reserven aus, nicht auf die Bewertung von property, plant and equipment in der Konzernbilanz. Mit der Zuschreibung der stillen Reserven im Rahmen der Aufstellung der Handelsbilanz III werden die Unterschiede im Eigenkapital, die auf die Ausübung des Bewertungswahlrechts zurückzuführen sind, ausgeglichen. Das führt dazu, dass die Höhe des Goodwills bzw. des negativen Goodwills und die Bewertung der Minderheitenanteile nicht von der Ausübung des Bewertungswahlrechts für property, plant and equipment beeinflusst werden.

Beteiligungsproportionale Neubewertungsmethode:
Die Ausübung des Wahlrechts wirkt sich bei Anwendung der beteiligungsproportionalen Neubewertungsmethode auf die Bewertung der einzelnen Posten, die unter IAS 16 (rev. 1998) fallen, und auf die Minderheitenanteile aus. Bei einer Bewertung von property, plant and equipment mit fortgeführten Anschaffungs- bzw. Herstellungskosten im Jahresabschluss werden nur die auf die Mehrheitsgesellschafter entfallenden stillen Reserven zugeschrieben. Die Bewertung in der Konzernbilanz erfolgt somit nicht mit dem fair value. Wird das allowed alternative treatment für property, plant and equipment angewandt, werden die Bilanzposten des Tochterunternehmens schon im Jahresabschluss mit dem fair value bewertet. Der fair value wird in den Konzernabschluss übernommen. In diesem Fall besteht zwischen der beteiligungsproportionalen und der unbegrenzten Neubewertungsmethode kein Unterschied.

Methoden mit Anschaffungskostenrestriktion:
Methoden mit Anschaffungskostenrestriktion haben im Vergleich zu den Methoden ohne Anschaffungskostenrestriktion nur dann eine Wirkung auf den Konzernabschluss, wenn die Summe der anteiligen stillen Reserven abzüglich stiller Lasten beim Tochterunternehmen höher ist als der Unterschiedsbetrag. Bei der Untersuchung der Auswirkung einer Anschaffungskostenrestriktion wird nur dieser Fall betrachtet. Zudem wird das Vorliegen eines positiven Unterschiedsbetrag unterstellt, da sonst, je nach Ausgestaltung

im jeweiligen Rechtssystem, eine Anwendung der unbegrenzten Neubewertungsmethode nicht erlaubt sein kann.[567]

Die Auswahl der Bewertungsalternative des IAS 16 (rev. 1998) kann zusätzlich zu den genannten Folgen eine Wirkung auf die Verteilung der stillen Reserven bei der Zuschreibung bzw. Verrechnung und somit auf die Abschreibung bzw. Auflösung in den Folgeperioden haben. Wird die Zuschreibung bzw. Verrechnung der stillen Reserven durch die Restriktion begrenzt, wird bei Anwendung des IAS 16.29 (rev. 1998) property, plant and equipment im Konzernabschluss mit dem fair value bewertet. Dies zieht eine Begrenzung der Zuschreibung bzw. Verrechung stiller Reserven, die auf die restlichen Bilanzposten des Tochterunternehmens entfallen, nach sich. Erfolgt im Jahresabschluss eine Bewertung von property, plant and equipment zu fortgeführten Anschaffungs- bzw. Herstellungskosten, wird bei proportionaler Zuschreibung bzw. Verrechnung der stillen Reserven nur ein Teil der stillen Reserven property, plant and equipment zugeschrieben.

Erfolgswirkungen:
Für den Fall, dass in den Perioden nach der Erstkonsolidierung keine Neubewertung im Jahresabschluss des Tochterunternehmens vorgenommen wird, erfolgt bei der unbegrenzten Neubewertungsmethode unabhängig von der Wahl der Bewertungsalternative die Abschreibung von property, plant and equipment im Konzernabschluss auf Basis des fair value zum Erstkonsolidierungszeitpunkt. Die durch die Wahl der Bewertungsalternative induzierte Erfolgswirkung des Jahresabschlusses wird im Konzernabschluss ausgeglichen.

Ein Ausgleich ist grundsätzlich auch bei Anwendung der beteiligungsproportionalen Neubewertungsmethode gegeben, jedoch lediglich in Bezug auf den Erfolg, der auf die Mehrheitsgesellschafter entfällt. Die Bewertung des auf die Minderheitsgesellschafter entfallenden Teils von property, plant and equipment hängt im Erstkonsolidierungszeitpunkt von der Ausübung des Bewertungswahlrechts im Jahresabschluss ab. In den Folgeperioden wird durch die Bewertung von property, plant and equipment die Höhe der auf die Minderheitsgesellschafter entfallenden Abschreibung bestimmt.

Die unterschiedliche Ausübung des Bewertungswahlrechts für property, plant and equipment kann bei Methoden mit Anschaffungskostenrestriktion zu einem periodenverschobenen Ausweis des Konzernerfolges in den Folgeperioden führen. Die stillen Reserven können je nach Ausübung des Bewertungs-

---

[567] Vgl. Kapitel 3.3.1.2.

wahlrechts für property, plant and equipment unterschiedlichen Bilanzposten zugeschrieben bzw. mit ihnen verrechnet werden. Bei einer fair value-Bewertung wird property, plant and equipment im Konzernabschluss mit dem fair value bewertet. Bei einer Bewertung im Jahresabschluss mit fortgeführten Anschaffungs- bzw. Herstellungskosten wird bei proportionaler Zuschreibung der stillen Reserven property, plant and equipment nur ein Teil der stillen Reserven zugeschrieben. Im Vergleich zu einer fair value-Bewertung im Jahresabschluss werden dafür andere Bilanzposten im Konzernabschluss höher bewertet. Haben diese eine kürzere Nutzungsdauer als property, plant and equipment, ist der Konzernerfolg bei einer Bewertung mit fortgeführten Anschaffungs- bzw. Herstellungskosten in den Perioden nach der Erstkonsolidierung auf Grund der höheren Abschreibungen[568] niedriger als bei einer fair value-Bewertung von property, plant and equipment. In späteren Perioden kehrt sich der Effekt um.

Wird in den Folgeperioden eine Neubewertung im Jahresabschluss durchgeführt, hat dies im Konzernabschluss im Vergleich zum Jahresabschluss keine zusätzlichen Wirkungen. Die Wertsteigerung wird in den Konzernabschluss übernommen.

4.2.1.1.4. Ausübung des Bewertungswahlrechts bei impairment

Bei Aufstellung des Konzernabschlusses erfolgt im Erstkonsolidierungszeitpunkt eine Bewertung mit dem fair value. Die Wertanpassung ist erfolgsneutral vorzunehmen.

Auflösung der Neubewertungsrücklage während der Nutzung des asset (Fall 1):

Wurde bei Vorliegen eines impairment unabhängig von der Wahl der Bewertungsalternative des IAS 16 (rev. 1998) auf den gleichen Wert abgeschrieben, hat das Bewertungswahlrecht keine Auswirkung auf den Konzernabschluss.

Andernfalls ist der fair value kleiner als die fortgeführten Anschaffungs- und Herstellungskosten. Es liegen bei einer Bewertung nach dem benchmark treatment stille Lasten vor, die im Rahmen der Erstkonsolidierung mit property, plant and equipment zu verrechnen sind. Die Verrechnung ist erfolgsneutral. Die Erfolgsdifferenzen des Jahresabschlusses werden nicht ausgegli-

---

[568] Dies gilt unter Vernachlässigung von außerplanmäßigen Abschreibungen.

chen. Die Summe des Eigenkapitals des Tochterunternehmens ist in der Handelsbilanz III nach Verrechnung der stillen Lasten bei Anwendung der unbegrenzten Neubewertungsmethode unabhängig von der Ausübung des Bewertungswahlrechts im Jahresabschluss. Die Ausübung des Bewertungswahlrechts hat damit keine Wirkung auf den Konzernabschluss.

Die beteiligungsproportionale Neubewertungsmethode hingegen verrechnet die stillen Lasten nur beteiligungsproportional.[569] Bei einer Beteiligungsquote des Mutterunternehmens von weniger als 100 % werden property, plant and equipment nur bei Anwendung des allowed alternative treatment des IAS 16.29 (rev. 1998) im Konzernabschluss mit dem fair value bewertet, nicht jedoch bei Anwendung des benchmark treatment. Der Unterschied schlägt sich in der Bewertung der entsprechenden assets und dem Ausgleichsposten für die Anteile anderer Gesellschafter nieder.

Die Verrechnung stiller Lasten erhöht einen positiven Unterschiedsbetrag. Aus diesem Grund ist die Verrechnungshöhe der stillen Lasten durch Methoden mit Anschaffungskostenrestriktion nicht begrenzt. Die Anschaffungskostenrestriktion hat bei Vorliegen von stillen Lasten keine Wirkung auf den Konzernabschluss.

Keine Auflösung der Neubewertungsrücklage während der Nutzung des asset (Fall 2):

Die Erfolgsdifferenzen des Jahresabschlusses werden im Konzernabschluss eliminiert. Der Jahresüberschuss und die revaluation surplus haben in der Summe ebenso wie bei Auflösung der Neubewertungsrücklage während der Nutzung des asset (Fall 1) die gleiche Höhe. Es bestehen keine Unterschiede zu Fall 1.

4.2.1.1.5. Latente Steuern

Die Abgrenzung von latenten Steuern kann auf timing oder temporary differences abstellen. Timing differences stellen Differenzen zwischen dem Ergebnis der IFRS-Bilanz und dem steuerpflichtigen Ergebnis dar, die sich in den Folgeperioden umkehren. Temporary differences sind Unterschiede zwischen dem Buchwert in der IFRS-Bilanz und der Besteuerungsgrundlage eines Bi-

---

[569] Vgl. IAS 22.32 (rev. 1998); Baetge/Siefke/Siefke, in: IAS-Kommentar, 2003, IAS 22 Rn. 93.

lanzpostens, die sich künftig in einer steuerlichen Be- oder Entlastung niederschlagen.[570] Bezüglich der Ermittlung des Steuerwertes eines Bilanzpostens
ist auf die nationale Steuergesetzgebung des Landes abzustellen, in dem die
Besteuerung bei Auflösung der temporary differences erfolgt.[571]

Die IFRS stellen bei der Bilanzierung von latenten Steuern auf temporary differences ab.[572] Wann die künftige steuerliche Be- oder Entlastung eintritt ist
irrelevant. Damit fallen auch quasi-permanente Differenzen unter temporary
differences, nicht dagegen permanente Differenzen.[573] Quasi-permanente
Differenzen führen erst in unbestimmter Zukunft durch unternehmerische
Disposition[574] zu Steuerbelastungen oder -entlastungen, im Extremfall erst bei
Liquidation des Unternehmens.[575]

Die Bewertung der tax assets bzw. liabilities erfolgt gemäß IAS 12.47 (rev.
2000) nach der liability-Methode[576], also mit einem künftigen Steuersatz, der
in der Periode der Erfüllung der Steuerverbindlichkeit oder der Realisierung
der Steuerforderung gelten wird.[577] Er wird auf Grundlage des geltenden Er-
tragssteuersatzes oder des geltenden Steuerrechts festgelegt.[578]

Temporary differences und daraus resultierende latente Steuern können im
Konzern auf drei Ebenen auftreten:

- im Jahresabschluss der Konzernunternehmen
- im Rahmen der Erstellung der HB-II-Bilanz
- bei Durchführung der Konsolidierungsmaßnahmen.[579]

Im Jahresabschluss liegen bei einer Neubewertung gemäß IAS 16.29 (rev.
1998) temporary differences vor.[580] Das deutsche Steuerrecht erlaubt keine

---

[570] Vgl. Claussen/Scherrer, in: Kölner Kommentar zum AktG, 2003, § 306 Rn. 69.
[571] Vgl. Coenenberg/Hille, DB, 1997, S. 539.
[572] Vgl. IAS 12.5 (rev. 2000).
[573] Vgl. KPMG Deutsche Treuhand-Gesellschaft (Hrsg), IFRS, 2003, S. 108 f.
[574] Vgl. Claussen/Scherrer, in: Kölner Kommentar zum AktG, 2003, § 306 Rn. 14.
[575] Vgl. Baumann/Spanheimer, in: HdR, 2003, § 274 Rn. 16; Berger/Fischer, in: Beck Bil-
     Komm., 2003, § 274 Rn. 9.
[576] Vgl. Baumann/Spanheimer, in: HdR, 2003, § 274 Rn. 35.
[577] Vgl. IAS 12.47 (rev. 2000).
[578] Vgl. IAS 12.47 (rev. 2000); Claussen/Scherrer, in: Kölner Kommentar zum AktG,
     2003, § 306 Rn. 75.
[579] Vgl. Claussen/Scherrer, in: Kölner Kommentar zum AktG, 2003, § 306 Rn. 8; Küting/
     Wirth, BB, 2003, S. 625; Arians, StuB, 2000, S. 292 f.
[580] Vgl. IAS 16.40 (rev. 1998) i. V. m. IAS 12 (rev. 2000).

Neubewertung im Sinne des IAS 16.29 (rev. 1998).[581] Die Bewertungsunterschiede führen bei der Neubewertung von Gebäuden sowie von Betriebs- und Geschäftausstattungen in den Folgeperioden zu Erfolgsdifferenzen zwischen dem IFRS- und dem Steuerabschluss. Die IFRS-Bilanz und die Steuerbilanz bemessen die Abschreibungen auf einer unterschiedlichen Abschreibungsbasis.[582] Bei Grundstücken entsteht die Differenz zum Ergebnis der Steuerbilanz erst bei Veräußerung. Im Neubewertungszeitpunkt müssen bei gestiegenem fair value gemäß IAS 12.5 i. V. m. 15 (rev. 2000) passive latente Steuern als liability bilanziert werden. Die Erfassung erfolgt gemäß IAS 12.61 (rev. 2000) direkt im Eigenkapital.

Wird die Neubewertung erst im Rahmen der Anpassung auf eine konzernweit einheitliche Ausübung der Wahlrechte in der Handelsbilanz II durchgeführt, sind latente Steuern auch erfolgsneutral zu erfassen. Die Wertanpassung auf einen höheren fair value erfolgt wie im Jahresabschluss erfolgsneutral.

Erfolgt die fair value-Bewertung bei Anwendung des benchmark treatment des IAS 16.28 (rev. 1998) erst im Rahmen der Aufstellung des Konzernabschlusses, liegen gleichermaßen temporary differences vor. Da die Wertanpassungen erfolgsneutral erfasst wurden, muss dies auch für die Behandlung der latenten Steuern gelten. Die Berücksichtigung eines deferred tax asset bzw. einer deferred tax liability mindert einen Goodwill oder erhöht einen negativen Goodwill.[583] Der Ansatz eines Goodwills bzw. negativen Goodwills selbst führt nicht zu einer Steuerabgrenzung.[584]

Hinsichtlich der Wirkung auf den Konzernabschluss ist es irrelevant, ob die stillen Reserven[585] bereits im Jahresabschluss, in der Handelsbilanz II oder erst im Rahmen der Konzernabschlusserstellung zugeschrieben bzw. verrechnet werden. In den ersten beiden Fällen mindert die erfolgsneutrale Erfassung von passiven latenten Steuern bei einer Aufwertung auf den fair value das Eigenkapital und hat damit eine Wirkung auf den Goodwill. Werden die stillen Reserven erst im Rahmen der Erstkonsolidierung zugeschrieben bzw. verrechnet, wirkt sich die Erfassung der latenten Steuern ebenfalls auf den Goodwill auf.

---

[581] Vgl. Wagenhofer, IAS, 2001, S. 302.
[582] Es gilt weiterhin die Annahme, dass der fair value über den fortgeführten Anschaffungs- bzw. Herstellungskosten liegt.
[583] Vgl. IAS 12.66 (rev. 2000).
[584] Vgl. IAS 12.15 (a) u. 24 (a) (rev. 2000).
[585] Analoges gilt für stille Lasten.

Unklar ist, wie die Erfassung der passiven latenten Steuern im Erstkonsolidierungszeitpunkt hinsichtlich der auf die Minderheiten entfallenden stillen Reserven erfolgt. Die IFRS regeln nur den Fall einer 100 %-igen Anteilsquote.[586] Die Erfassung passiver latenter Steuern muss die Minderheitenanteile schmälern. Auf die Minderheitsgesellschafter entfällt die latente Steuerverpflichtung und mindert den Wert der Anteile.

Durch die Passivierung von latenten Steuern verringern sich die Unterschiede zwischen der unbegrenzten und der beteiligungsproportionalen Neubewertungsmethode im Erstkonsolidierungszeitpunkt im Hinblick auf die Bewertung der Minderheitenanteile. In den Folgeperioden verringern Abschreibungen bzw. Auflösungen anteiliger stiller Reserven die Minderheitenanteile; die Auflösung der auf Minderheitsgesellschafter entfallenden passiven latenten Steuern führt zu einer Erhöhung.

Werden property, plant and equipment im Jahresabschluss mit fortgeführten Anschaffungs- bzw. Herstellungskosten bewertet, werden bei Anwendung der unbegrenzten Neubewertungsmethode im Vergleich zur beteiligungsproportionalen Neubewertungsmethode höhere latente Steuern erfasst, die die Minderheitenanteile reduzieren. Methoden mit Anschaffungskostenrestriktion führen im Vergleich zu Methoden ohne Anschaffungskostenrestriktion zu geringeren latenten Steuern oder latenten Steuern in gleicher Höhe. Es hängt davon ab, in welchem Umfang stille Reserven zugeschrieben bzw. verrechnet werden.

Die in Bezug auf das Bewertungswahlrecht von property, plant and equipment gewonnenen Erkenntnisse können allgemein auf Wahlrechte übertragen werden. Eine von der Steuerbilanz abweichende Bewertung im Konzernabschluss führt zur Bilanzierung von latenten Steuern. Dabei ist es irrelevant, ob die Wertanpassung im Jahresabschluss, in der Handelsbilanz II oder erst im Konzernabschluss durchgeführt wird. Die beteiligungsproportionale Neubewertungsmethode oder Methoden mit Anschaffungskostenrestriktion haben eine Wirkung auf die Höhe der latenten Steuern, wenn durch eine unterschiedliche Wahlrechtsausübung die Bewertung der Bilanzposten im Konzernabschluss differiert.

Führen timing differences zu latenten Steuern, sind latente Steuern erfolgswirksam zu erfassen.[587] Eine erfolgswirksame Erfassung im Jahresabschluss des Tochterunternehmens macht im Erstkonsolidierungszeitpunkt keinen

---

[586] Vgl. IAS 12.66 (rev. 2000) i. V. m. IAS 12 (rev. 2000) Appendix B, S. 12-67 bis 12-69.
[587] Vgl. IAS 12.58 (rev. 2000).

Unterschied zu dem hier dargestellten Fall der erfolgsneutralen Erfassung. Die Wirkung auf die Summe des Eigenkapitals des Tochterunternehmens, das im Rahmen der Erstkonsolidierung eliminiert wird, ist identisch. Lediglich die Zusammensetzung variiert.

4.2.1.2. Intangible assets

Ebenso wie bei property, plant and equipment ist auch bei intangible assets neben der Bewertung zu Anschaffungs- bzw. Herstellungskosten eine Folgebewertung zum fair value erlaubt.[588] IAS 38.64 (1998) schränkt das Wahlrecht insofern ein, als eine fair value-Bewertung nur dann zulässig ist, wenn sich der fair value auf einem active market bestimmen lässt. Die Voraussetzung liegt gemäß IAS 38.67 (1998) bei intangible assets selten vor. Sie sind häufig einzigartig.

Auch der fair value, der zu Zwecken der Konzernabschlusserstellung bestimmt wird, ist mit Rückgriff auf einen active market zu ermitteln. Im Unterschied zur Bewertung im Jahresabschluss muss der fair value aller intangible assets ermittelt werden. Für den Fall, dass die intangible assets nicht auf einem active market gehandelt werden, ist eine Bewertung mit dem Wert vorzunehmen, der von unabhängigen, informierten und zum Geschäftsabschluss bereiten Parteien gezahlt werden würde.[589] Zur Bestimmung dieses Wertes kann sich das Unternehmen gemäß IAS 38.29 f. (1998) entweder an einem kürzlich stattgefundenen Handel von ähnlichen assets orientieren oder Bewertungsverfahren, wie Multiplikator- oder DCF-Verfahren, anwenden. Wird der fair value nicht auf einem active market bestimmt, dürfen intangible assets höchstens mit einem Wert angesetzt werden, der einen negativen Goodwill weder entstehen lässt noch diesen erhöht.[590]

Das Bewertungswahlrecht für intangible assets entspricht grundsätzlich dem für property, plant and equipment. Eine Ausnahme stellt die Bewertungsobergrenze für intangible assets, deren fair value nicht auf einem active market bestimmt wird, dar. Die Bewertungsobergrenze ist dann zu beachten, wenn kein active market für das intangible asset vorliegt. In diesem Fall darf im Jahresabschluss keine fair value-Bewertung vorgenommen werden, so dass im Jahresabschluss kein Bewertungswahlrecht für intangible assets vorliegt. Liegt ein Wahlrecht vor, unterscheidet sich seine Ausübung hinsichtlich der

---

[588] Vgl. IAS 38.63 f. (1998).
[589] Vgl. IAS 22.39 (g) (rev. 1998); IAS 38.29 (1998).
[590] Vgl. IAS 22.40 (rev. 1998).

Wirkung auf den Konzernabschluss nicht von der des Wahlrechts für property, plant and equipment. Insofern wird auf obige Ausführungen bezüglich der Wirkungen der Wahl der Bewertungsalternative auf den Konzernabschluss verwiesen.

4.2.1.3. Investment property

IAS 40.24 (2000) erlaubt für Finanzinvestitionen in Immobilien (investment property) neben einer Bewertung mit den fortgeführten Anschaffungskosten eine Bewertung mit dem fair value. Dabei sind Anpassungsbeträge auf den fair value sofort erfolgswirksam zu erfassen.[591]

Einziger Unterschied zwischen dem Bewertungswahlrecht für property, plant and equipment und Finanzinvestitionen in Immobilien ist die Erfassung der Wertanpassungen auf den fair value. Da das Eigenkapital des Tochterunternehmens im Rahmen der Erstkonsolidierung eliminiert wird, stimmen die Wirkungen der Ausübung des Wahlrechts auf den Konzernabschluss mit denen des Bewertungswahlrechts für property, plant and equipment überein.

4.2.1.4. Financial assets

Es gibt zwei Wahlrechte bezüglich der Bilanzierung von financial assets: zum einen bestehen Alternativen hinsichtlich der Erfassung von Wertanpassungen auf den fair value von financial assets available for sale, zum anderen gibt es eine Wahlmöglichkeit hinsichtlich des Ansatzzeitpunktes von financial assets.

4.2.1.4.1. Wertanpassungen

Financial instruments werden gemäß IAS 39.10 (rev. 2000) in vier Kategorien eingeteilt, die sich hinsichtlich der Bilanzierung unterscheiden. Ist für ein financial asset, bei dem es sich nicht um vom Unternehmen ausgereichte Kredite oder Forderungen handelt, weder geplant, es kurzfristig und spekulativ noch bis zur Endfälligkeit zu halten, ist es in die Kategorie available-for-sale einzustufen.[592] Financial assets dieser Kategorie werden gemäß IAS 39.69 (rev. 2000) mit dem fair value bewertet, falls dieser zuverlässig ermittelbar ist. So-

---

[591] Vgl. IAS 40 (2000), Introduction, Par. 6.

[592] Vgl. IAS 39.10 (rev. 2000); Bellavite-Hövermann/Barckow, in: IAS-Kommentar, 2003, IAS 39 Rn. 57-67.

weit sie kein hedging instrument darstellen, kann die Wertanpassung gemäß IAS 39.103 (b) (rev. 2000) erfolgswirksam über das income statement oder erfolgsneutral über das statement of changes in equity im Eigenkapital erfasst werden.

Die Ausübung des Wahlrechts hat keine Wirkung auf den Konzernabschluss. Sowohl das Jahresergebnis als auch die retained earnings sind Teil des Eigenkapitals des Tochterunternehmens und werden bei Durchführung der Kapitalkonsolidierung eliminiert. Bei isolierter Betrachtung der fair value-Bewertung im Jahresabschluss werden die Unterschiede zwischen der unbegrenzten und der beteiligungsproportionalen Neubewertungsmethode aufgehoben. Bei Anwendung beider Methoden werden financial assets available for sale im Konzernabschluss mit dem fair value bewertet.

Sobald das asset nicht mehr von dem Unternehmen gehalten oder es außerplanmäßig abgeschrieben wird, ist die auf das asset zurückgehende Eigenkapitalveränderung erfolgswirksam zu erfassen.[593] Es kommt somit im Vergleich zu einer erfolgswirksamen Erfassung der Erträge bzw. Aufwendungen aus der fair value-Anpassung zu einem periodenverschobenen Erfolgsausweis in der Gewinn- und Verlustrechnung des Tochterunternehmens. Dies könnte dann eine Wirkung auf den Konzernabschluss haben, wenn der Erstkonsolidierungszeitpunkt des Tochterunternehmens nach dem Erwerb des financial asset liegt und das betreffende asset während der Konzernzugehörigkeit veräußert, außerplanmäßig abgeschrieben oder auf Grund sonstiger Transaktionen nicht mehr vom Tochterunternehmen gehalten wird. In diesem Fall sind bei erfolgsneutraler Behandlung der Wertanpassungen die gesamten kumulierten fair value-Veränderungen im Jahreserfolg des Tochterunternehmens während seiner Konzernzugehörigkeit enthalten, wohingegen bei erfolgswirksamer Erfassung nur die Anpassungen ab dem Erstkonsolidierungszeitpunkt zum Konzernerfolg beitragen.

Es stellt sich die Frage, ob bei Wiederholung der Erstkonsolidierung im Rahmen der Folgekonsolidierung der durch die Auflösung der Rücklage entstandene Ertrag oder Aufwand eliminiert werden muss, um den Veräußerungserfolg des asset aus Konzernsicht zu ermitteln. Bei Verlust der Verfügungsmacht über die Ansprüche aus dem asset ist zur Ermittlung des Erfolges aus dem Abgang aus Konzernsicht den Erträgen aus der Veräußerung der Aufwand in Höhe der fortgeführten Konzernanschaffungskosten des asset gegenüberzustellen. Die Anschaffungskosten des Konzerns entsprechen dabei dem

---

[593] Vgl. IAS 39.103 (b) (ii) u. 117 f. (rev. 2000).

fair value im Erstkonsolidierungszeitpunkt. Aus Konzernsicht besteht im Erstkonsolidierungszeitpunkt keine revaluation surplus. Sie wird bei Durchführung der Erstkonsolidierung verrechnet. Eine Übernahme der erfolgswirksamen Auflösung einer positiven revaluation surplus bei Veräußerung des asset aus dem Jahresabschluss weist den Veräußerungserfolg aus Konzernsicht zu hoch aus. Der Ertrag oder Aufwand aus der Auflösung der revaluation surplus des Jahresabschlusses ist somit bei Wiederholung der Erstkonsolidierung zu verrechnen. Insofern hat die Wahl der Alternative des IAS 39.103 (b) (rev. 2000) auch in den Folgeperioden keine Wirkung auf den Konzernabschluss.

4.2.1.4.2. Ansatzzeitpunkt

Bei Kauf oder Verkauf eines financial asset können zwischen Erteilen der Order und Erfüllung des Vertrages mehrere Tage liegen. An der Frankfurter Börse sind dies gemäß dem Regelwerk zwei Tage.[594] IAS 39.30 (rev. 2000) räumt dem Bilanzierenden das Wahlrecht ein, Finanzinstrumente am Handelstag (trade date) oder am Erfüllungstag (settlement date) anzusetzen. Bei Ansatz am Handelstag muss gleichzeitig eine liability passiviert werden. Das Wahlrecht muss für alle financial assets derselben Kategorie identisch ausgeübt werden.[595] Liegt zwischen Handels- und Erfüllungstag ein Bilanzstichtag, werden Wertschwankungen gemäß den Bilanzierungsregelungen der Kategorie, zu dem das financial asset zählt, erfasst. Dies gilt unabhängig davon, wie das Ansatzwahlrecht ausgeübt wird. Erfolgt kein Ansatz am Handelstag, ist die Wertanpassung unter den Forderungen bzw. unter den liabilities auszuweisen.[596]

Die Ausübung des Ansatzwahlrechtes hat keine Wirkung auf die Höhe des Eigenkapitals des Tochterunternehmens und damit keinen Einfluss auf die Höhe des Goodwills bzw. negativen Goodwills. Es besteht lediglich eine Wirkung auf die Bilanzsumme der Konzernbilanz.

Eine weitere Konsequenz der Ausübung des Ansatzwahlrechtes ergibt sich bei einem financial instrument (hedged item), das mit einem Sicherungsinstrument (hedging item) gegen Risiken abgesichert wird.[597] Denkbar ist die

---

[594] Vgl. Frankfurter Wertpapierbörse, FBW04, 2004, § 15 I.
[595] Vgl. IAS 39.30-34 (rev. 2000).
[596] Vgl. IAS 39.34 (rev. 2000).
[597] Vgl. IAS 39.10 (rev. 2000).

Absicherung gegen Währungs-, Preis- oder Zinsänderungsrisiken.[598] Bei Vorliegen einer Sicherungsbeziehung und den Voraussetzungen des IAS 39.142 (rev. 2000) sind die Regelungen des hedge accounting anzuwenden.[599] Eine der Voraussetzungen ist, dass die Sicherungsbeziehung sowie die Ziele und die Strategie, die hinter der Risikoabsicherung stehen, dokumentiert werden.[600] Die IFRS enthalten keine Verpflichtung zur Dokumentation, wenn eine Sicherungsbeziehung zwischen zwei financial instruments vorliegt. Fehlt die Dokumentation, sind die Voraussetzungen des hedge accounting nicht erfüllt und das Unternehmen darf die entsprechenden Regelungen nicht anwenden. Insofern unterliegt die Anwendung des hedge accounting einem impliziten Wahlrecht.

IAS 39.137 (rev. 2000) unterscheidet mehrere Kategorien von Sicherungsinstrumenten, wobei der fair value hedge und der cash flow hedge für das hier betrachtete Ansatzwahlrecht relevant sind:

Fair value hedges sind dazu bestimmt, den fair value eines aktivierten asset oder einer passivierten liability bzw. Teile davon abzusichern. Bei Vorliegen eines fair value hedge ist das hedging instrument mit dem fair value zu bewerten, Wertänderungen sind erfolgswirksam zu erfassen. Dies gilt ebenso bei Wertänderungen des hedged item, die auf das abgesicherte Risiko zurückzuführen sind.[601] Dadurch hat der Teil der Wertänderungen, der abgesichert wurde, keine Erfolgswirkung.

Cash flow hedges hingegen sollen Wertschwankungen künftiger Cashflows ausgleichen, die entweder im Zusammenhang mit einem aktivierten asset bzw. einer passivierten liability oder einer forecasted transaction[602] (antizipiertes, mit hoher Wahrscheinlichkeit eintretendes, künftiges Geschäft ohne rechtliche Verpflichtung)[603] stehen und sich im Jahreserfolg niederschlagen werden. Die Wertänderungen eines Sicherungsinstruments bei cash flow hedges sind erfolgsneutral über das statement of changes in equity zu erfassen, soweit sie effektiv[604] sind. Der nicht effektive Teil ist nach den allgemeinen Regelungen für financial instruments erfolgswirksam oder erfolgsneutral

---

[598] Vgl. Scharpf, Instruments, 2001, S. 182 f.
[599] Vgl. IAS 39.121 (rev. 2000).
[600] Vgl. IAS 39.142 (a) (rev. 2000).
[601] Vgl. IAS 39.153 (rev. 2000).
[602] Vgl. für Beispiele ICG 137-2 u. ICG 137-4.
[603] Vgl. Bellavite-Hövermann/Barckow, in: IAS-Kommentar, 2003, IAS 39 Rn. 158.
[604] Vgl. zur Bestimmung der Effektivität IAS 39.146-152 (rev. 2000).

zu behandeln.[605] Bei Lieferung des asset oder der liability sind gemäß IAS 39.160 (rev. 2000) die im Eigenkapital erfassten Wertänderungen in die Anschaffungskosten einzubeziehen.

IAS 39.137 (b) (rev. 2000) stellt fest, dass die Absicherung von Kauf- oder Verkaufsverpflichtungen zu einem vereinbarten Preis als cash flow hedge zu qualifizieren ist. Vom Wesen her handelt es sich um einen fair value hedge. Das abzusichernde Risiko ist die Schwankung des fair value.[606] Allerdings kann ein fair value hedge definitionsgemäß nur in Bezug auf bilanzierte assets oder liabilities vorliegen. Zudem vertritt das IASB die Meinung, dass diese Art von Kauf- bzw. Verkaufsverpflichtung nicht angesetzt werden darf bis eine Vertragspartei ihre Leistung erbracht hat.[607] Die Kategorisierung der Absicherung einer Kauf- bzw. Verkaufsverpflichtung als fair value hedge würde jedoch zu dem Ansatz eines Teiles des Verpflichtung, nämlich der Wertänderung, die durch ein effektives Sicherungsinstrument abgesichert ist, führen. Um dies zu verhindern, wird eine solche Absicherung als cash flow hedge definiert.[608]

Erteilt ein Unternehmen eine Kauf- bzw. Verkaufsorder, deren Erfüllung erst zu einem späteren Zeitpunkt erfolgt, wodurch der Ansatzzeitpunkt unter das Wahlrecht des IAS 39.30 (rev. 2000) fällt, und sichert das Unternehmen das zu erwerbende asset oder die zu erwerbende liability gegen Wertschwankungen ab, fällt die Sicherungsbeziehung bei Ansatz am trade date in die Kategorie fair value hedge, bei Ansatz zum settlement date in die Kategorie cash flow hedge. Die Wahl des Ansatzzeitpunktes hat keine Wirkung auf die Kapitalkonsolidierung. In beiden Fällen werden die Wertänderungen des Grundgeschäftes im Eigenkapital und die Wertänderungen des effektiven Teils des Sicherungsinstruments entweder über die Gewinn- und Verlustrechnung in die retained earnings oder direkt im Eigenkapital erfasst. Dabei ist es irrelevant, dass unterschiedliche Eigenkapitalbestandteile angesprochen werden.

---

[605] Vgl. IAS 39.137 (b) u. 158 (rev. 2000).
[606] Vgl. IAS 39.140 (rev. 2000).
[607] Vgl. IAS 39.29 (b) (rev. 2000).
[608] Vgl. IAS 39.140 (rev. 2000).

4.2.2. Andere Wahlrechte

4.2.2.1. Inventories

4.2.2.1.1. Bewertungsverfahren im Jahresabschluss

Vorräte, die in großer Stückzahl vorliegen[609] und untereinander austauschbar sind (hier vereinfacht als Vorräte bezeichnet), wie Roh-, Hilfs- und Betriebsstoffe,[610] können gemäß IAS 2.21 und 23 (rev. 1993) nach dem Fifo- bzw. dem Durchschnittskostenverfahren (benchmark treatment) oder dem Lifo-Verfahren (allowed alternative treatment) bewertet werden. Das Standing Interpretation Committee (SIC) stellt in der Auslegung des IAS 2 (rev. 1993) bezüglich der Bewertungsstetigkeit klar, dass auf alle Vorräte, die in ihrer Natur und ihrer Verwendung im Unternehmen gleichartig sind, ein identisches Bewertungsverfahren anzuwenden ist.[611]

Die in IAS 2.19 und 21 (rev. 1993) genannten Verfahren können grundsätzlich in verschiedenen Ausprägungen angewandt werden, wobei die Zulässigkeit der verschiedenen Möglichkeiten in den IFRS nicht spezifiziert wird.[612] Daraus wird gefolgert, dass alle Ausprägungen des Fifo-, Durchschnittskosten- und Lifo-Verfahrens zulässig sind,[613] bis auf das in den USA verwendete Dollar-Value-Lifo-Verfahren. Beim Dollar-Value-Lifo-Verfahren werden nicht nur gleichartige assets für die Bewertung zusammengefasst.[614]

Im Folgenden wird das periodische Fifo- und Lifo-Verfahren betrachtet. Periodisch bedeutet, dass das Bewertungsverfahren erst am Bilanzstichtag auf den Verbrauch angewandt wird, wohingegen die permanente Variante das Verfahren bei jedem Verbrauch während der Berichtsperiode anwendet.[615] Das periodische und das permanente Fifo-Verfahren sind im Bezug auf den Jahresabschluss identisch. Es wird jeweils der Verbrauch der zuerst gelieferten Vorräte fingiert. Da bei den Fifo- und Lifo-Verfahren auf eine Bewertung am Bilanzstichtag abgestellt wird, erfolgt dies hier auch bei dem Durch-

---

[609] Vgl. Adler/Düring/Schmaltz, IAS-Kommentar, 2003, Abschn. 15 Rn. 60.

[610] Vgl. Achleitner/Behr, Standards, 2003, S. 165; Risse, IAS, 1996, S. 125.

[611] Vgl. SIC-1.1.

[612] Vgl. Adler/Düring/Schmaltz, IAS-Kommentar, 2003, Abschn. 15 Rn. 63-66; Cairns, Applying, 2002, S. 655 f.

[613] Vgl. Epstein/Mirza, IAS, 2003, S. 211; Jacobs, in: IAS-Kommentar, 2003, IAS 2 Rn. 49 f.

[614] Vgl. Adler/Düring/Schmaltz, IAS-Kommentar, 2003, Abschn. 15 Rn. 67; Jacobs, in: IAS-Kommentar, 2003, IAS 2 Rn. 51.

[615] Vgl. Förschle/Kropp, in: Beck Bil-Komm., 2003, § 256 Rn. 42.

schnittskostenverfahren. Es wird das Verfahren des gewogenen Durchschnitts verwendet.[616]

Zur Untersuchung der Wirkungen der Ausübung des Bewertungswahlrechts für Vorräte wird unterstellt, dass alle Vorräte in einer Periode angeschafft werden. Betrachtet wird zunächst die Periode der Anschaffung, in der ein Teil der Vorräte verbraucht wird. Danach werden die folgenden Perioden untersucht, in denen die restlichen Vorräte verarbeitet werden.

Es müssen zwei Fälle unterschieden werden, um die Wirkung der Bewertungsverfahren auf den Jahres- und den Konzernabschluss zu untersuchen: Werden die Produkte, in die die Vorräte eingehen, in der Anschaffungsperiode veräußert, führt der Vorräteverbrauch zu einer Erfolgswirkung in der Gewinn- und Verlustrechnung (1. Fall). Befinden sich die fertigen oder unfertigen Erzeugnisse am Ende der Periode, in der die Vorräte angeschafft wurden, im Bestand des Unternehmens, geht der Vorräteverbrauch in die Bewertung der fertigen oder unfertigen Erzeugnisse ein. Der Vorräteverbrauch hat dann keine Erfolgswirkung (2. Fall).

1. Vorräteverbrauch, der mit einer Erfolgswirkung verbunden ist

Bei erfolgswirksamer Erfassung des Vorräteverbrauchs wirkt sich die Wahl der Bewertungsalternative in der Periode der Anschaffung bei Anwendung des Umsatzkostenverfahrens auf die cost of sales[617] und auf die Vorratsbewertung aus, sofern nicht alle Vorräte veräußert wurden. Im Gesamtkostenverfahren sind die Höhe des Materialaufwands[618] in der Gewinn- und Verlustrechnung und eventuell die Vorratsbewertung betroffen.

In den Folgeperioden liegt bei Anwendung des Fifo-Verfahrens in der Regel ein Verbrauch der Vorratsbestände aus der vergangenen Periode vor. Werden die Produkte, zu deren Herstellung die Vorräte verwendet wurden in der Folgeperiode veräußert, beeinflusst die Vorratsbewertung im zurückliegenden Jahr die Höhe der cost of sales bzw. des Materialaufwands der Betrachtungsperiode. Das Durchschnittskostenverfahren führt zu einer Einbeziehung der Bewertung des Vorratsendbestandes der Vorperiode in die Berechnung der Durchschnittskosten, mit denen sowohl der Verbrauch als auch der Endbestand an Vorräten bewertet wird. Nach dem Lifo-Verfahren wird der Endbe-

---

[616] Vgl. Jacobs, in: IAS-Kommentar, 2003, IAS 2 Rn. 49.
[617] Vgl. IAS 1.82 (rev. 1997).
[618] Vgl. IAS 1.80 (rev. 1997).

stand der Vorperiode erst dann vollständig erfolgswirksam, wenn die gesamten Vorräte verbraucht werden.

2. Vorräteverbrauch, der mit keiner Erfolgswirkung verbunden ist

Wenn der Vorräteverbrauch keine Erfolgswirkung hat, er also in ein unfertiges oder fertiges Erzeugnis eingeht, das sich am Bilanzstichtag noch im wirtschaftlichen Eigentum des Unternehmens befindet, hat die Wahl der Bewertungsmethode in der Periode der Anschaffung keine Wirkung auf den Jahreserfolg. Die Summe aus aktiviertem Vorräteverbrauch in den fertigen bzw. unfertigen Erzeugnissen und dem Endbestand an Vorräten ist bei allen drei Verfahren identisch.

In den Folgeperioden wird der Verbrauch erfolgswirksam, wenn die fertigen bzw. unfertigen Erzeugnisse abgehen. Es werden folglich die Höhe der cost of sales bzw. der Bestandsminderung sowie die der Vorrätebestände durch die Wahl der Bewertungsmethode beeinflusst. Hinsichtlich der in der Anschaffungsperiode nicht verbrauchten Vorräte besteht kein Unterschied zu Fall 1.

In Bezug auf die Wirkungen der Ausübung des Bewertungswahlrechts für Vorräte auf den Konzernabschluss werden zwei Grundfälle betrachtet: die Situation mit stetig steigenden und stetig fallenden Preisen von Vorräten auf dem Beschaffungsmarkt. Mit der Fallunterscheidung kann die Wertrelation der aus den Bewertungsverfahren resultierenden Vorrätebestände festgestellt werden.

4.2.2.1.2. Wirkungen bei stetig steigenden Preisen

4.2.2.1.2.1. Kapitalkonsolidierungsmethoden ohne Anschaffungskostenrestriktion

Im Zuge der Aufstellung des Konzernabschlusses muss der fair value für die Bilanzposten ermittelt werden, um die Höhe der stillen Reserven zu bestimmen. IAS 22.39 (d) (iii) (rev. 1998) legt fest, dass der fair value von Vorräten die current replacement costs (Wiederbeschaffungskosten) sind. Dies steht im Einklang mit der Einzelerwerbsfiktion der Erwerbsmethode im Konzern, die zur Folge hat, dass die Bewertung vom Beschaffungsmarkt abzuleiten ist.[619] Bei steigenden Preisen der Vorräte auf dem Beschaffungsmarkt liegt der fair value unabhängig von der gewählten Bewertungsmethode über dem Bilanz-

---

[619] Vgl. Scherrer, Konzernrechnungslegung, 1994, S. 245.

wert der Vorräte. Die Höhe der stillen Reserven ist damit bei Anwendung des Fifo-Verfahrens niedriger als bei Anwendung des Durchschnittskostenverfahrens. Bei Anwendung des Lifo-Verfahrens liegen die betragsmäßig höchsten stillen Reserven vor.

Unbegrenzte Neubewertungsmethode:
Die Ausübung des Bewertungswahlrechts für Vorräte wirkt sich bei Vorräteverbrauch, der zu einer Erfolgswirkung in der Anschaffungsperiode führt (1. Fall) ebenso wie die Ausübung des Wahlrechts des IAS 16 (rev. 1998) auf die Bewertung der jeweiligen Bilanzposten im Jahresabschluss und auf die Höhe des Eigenkapitals aus. Unterschiede im Eigenkapital resultieren bei der Ausübung des Bewertungswahlrechts von Vorräten im Gegensatz zu dem Wahlrecht des IAS 16 (rev. 1998) aus einem unterschiedlichen Erfolg im Jahresabschluss. Da das Eigenkapital des Tochterunternehmens im Rahmen der Kapitalkonsolidierung eliminiert wird, ist dies jedoch irrelevant. Die Unterschiede im Jahresabschluss in Bezug auf die Bewertung und auf das Eigenkapital werden durch die fair value-Bewertung im Konzernabschluss ausgeglichen. Die Ausübung des Bewertungswahlrechts hat in Bezug auf Vorräte bei Anwendung der unbegrenzten Neubewertungsmethode keine Wirkung.

In den Folgeperioden ist der Aufwand im Konzernabschluss bei Verbrauch der im Erstkonsolidierungszeitpunkt vorhandenen Vorräte unabhängig von dem Verbrauchsfolgeverfahren des Jahresabschlusses. Die Vorräte wurden im Erstkonsolidierungszeitpunkt mit dem fair value bewertet.[620]

Gehen die Vorräte in fertige oder unfertige Erzeugnisse ein (2. Fall), muss im Zuge der Aufstellung der Handelsbilanz III neben dem fair value des Vorratsbestandes auch der fair value der fertigen oder unfertigen Erzeugnisse ermittelt werden. Der fair value fertiger Erzeugnisse ist gemäß IAS 22.39 (d) (i) (rev. 1998) als der Verkaufspreis abzüglich der Verkaufskosten sowie einer vernünftig geschätzten Gewinnspanne definiert. Für unfertige Erzeugnisse ist der fair value gemäß IAS 22.39 (d) (ii) (rev. 1998) der Verkaufspreis der fertigen Erzeugnisse abzüglich der geplanten noch anfallenden Kosten, der Verkaufskosten sowie eines nach kaufmännischer Beurteilung vernünftig geschätzten Gewinns, dessen Höhe aus dem Verkauf ähnlicher Produkte abgeleitet wird. Grundsätzlich sind die Bestandteile des fair value bei allen Bewertungsverfahren identisch, jedoch können sich die noch anfallenden Kosten in Abhängigkeit von der Ausübung des Wahlrechts des IAS 2.21 und 23 (rev. 1993) verändern, wenn in die Produktion der assets noch Vorräte eingehen,

---

[620] Vgl. IAS 22.39 (d) (iii) (rev. 1998).

die mittels eines Bewertungsverfahrens gemäß IAS 2.21 und 23 (rev. 1993) bewertet wurden. Würde man zur Bewertung der noch anfallenden Kosten die Buchwerte der Vorräte aus den Jahresabschlüssen nehmen, wäre der fair value, wenn die nach dem Fifo-Verfahren bewerteten Vorräte noch in das Produkt eingehen, niedriger als es der Fall wäre, wenn die Vorräte nach dem Lifo-Verfahren bewertet werden würden. Die Anwendung des Durchschnittskostenverfahrens würde zu einem Wert führen, der zwischen den sich aus dem Fifo- und Lifo-Verfahren ergebenden Werten liegt.

Gegen eine solche Vorgehensweise spricht, dass der fair value definitionsgemäß unabhängig von der Situation des jeweiligen Unternehmens[621] und damit auch unabhängig von der Ausübung von Wahlrechten durch das Unternehmen sein soll. Zudem sind die Vorräte, die noch in das unfertige Erzeugnis eingehen, in der Konzernbilanz mit dem fair value bewertet, so dass der fair value für die Bemessung der noch anfallenden Kosten relevant ist.

Der fair value der fertigen oder unfertigen Erzeugnisse und der fair value des Vorrätebestandes ist unabhängig von den Bewertungsverfahren. Ebenso ist im Jahresabschluss die Summe aus dem Vorrätebestand und den fertigen oder unfertigen Erzeugnissen nicht von den Bewertungsverfahren abhängig. Daraus folgt, dass die Summe aus den in den Vorräten und den fertigen bzw. unfertigen Erzeugnissen vorhandenen stillen Reserven unabhängig von den Bewertungsverfahren ist. Die Ausübung des Wahlrechts hat bei Anwendung der unbegrenzten Neubewertungsmethode keine Wirkung auf den Konzernabschluss.

Beteiligungsproportionale Neubewertungsmethode:
Führt der Vorräteverbrauch in der Periode der Anschaffung zu Erfolgswirkungen (1. Fall), ist bei Anwendung der beteiligungsproportionalen Neubewertungsmethode der auf das Mutterunternehmen entfallende Konzernerfolg ebenso wie bei Anwendung der unbegrenzten Neubewertungsmethode unabhängig von dem im Jahresabschluss angewandten Bewertungsverfahren für Vorräte. Dies gilt auch für die Höhe des Goodwills bzw. des negativen Goodwills. Die Bewertung der Minderheitenanteile sowie der auf die Minderheitsgesellschafter entfallende Erfolg ist abhängig von den Bewertungsverfahren. Die Buchwerte der Vorräte werden in Höhe der Anteilsquote der Minderheitsgesellschafter in den Konzernabschluss übernommen. Die Bewertung der Vorräte im Konzernabschluss ist somit bei Anwendung des Fifo-Verfahrens im Jahresabschluss höher als bei Anwendung des Lifo-Verfahrens. Das

---

[621] Vgl. Mujkanovic, Fair Value, 2002, S. 113.

Durchschnittskostenverfahren führt zu einem Wert dazwischen. Die Bewertungsunterschiede in den Vorräten sind durch die Zuschreibung bzw. Verrechnung der auf das Mutterunternehmen entfallenden stillen Reserven geringer als im Jahresabschluss.

Gehen die Vorräte in fertige oder unfertige Erzeugnisse ein, die sich am Bilanzstichtag im Besitz des Tochterunternehmens befinden (2. Fall), ist sowohl die Bewertung der Vorräte als auch die der fertigen oder unfertigen Erzeugnisse abhängig von dem im Jahresabschluss angewandten Bewertungsverfahren. In der Summe sind die beiden Posten unabhängig von dem angewandten Verfahren. In den Folgeperioden ist der auf die Minderheiten entfallende Erfolg abhängig von dem im Jahresabschluss angewandten Bewertungsverfahren.

Vergleich der unbegrenzten mit der beteiligungsproportionalen Neubewertungsmethode:
Bei Vergleich der unbegrenzten mit der beteiligungsproportionalen Neubewertungsmethode und jeweils identischer Ausübung des Bewertungswahlrechts für Vorräte bestehen im Konzernabschluss in den Folgeperioden Unterschiede im Konzernerfolg. Diese sind umso größer, je mehr stille Reserven den Vorräten zugeschrieben wurden. Bei Erfolgswirksamkeit des Vorratsverbrauchs in der ersten Betrachtungsperiode (1. Fall) ist der Unterschied bei Anwendung des Fifo-Verfahrens kleiner als bei Anwendung des Durchschnittskostenverfahrens. Der größte Unterschied entsteht bei Anwendung des Lifo-Verfahrens. Die Differenzen im Konzernerfolg sind darin begründet, dass bei Anwendung der unbegrenzten Neubewertungsmethode auch die Abschreibung der auf die Minderheitsgesellschafter entfallenden stillen Reserven den Konzernerfolg belasten. Daneben treten Unterschiede bei der Bewertung der Vorräte und bei den Minderheitenanteilen auf, die umso größer ausfallen, je höher die in den Vorräten vorhandenen stillen Reserven sind.

Werden die Produkte, in die die Vorräte eingehen, nicht in der Betrachtungsperiode veräußert (2. Fall), ist die Summe der stillen Reserven bei allen Bewertungsverfahren identisch. Lediglich die Aufteilung auf die Vorräte und auf die fertigen oder unfertigen Erzeugnisse differiert. Betrachtet man die Summe aus Vorräten und fertigen bzw. unfertigen Erzeugnissen, ist sie bei Anwendung der beteiligungsproportionalen Neubewertungsmethode kleiner als bei Anwendung der unbegrenzten Neubewertungsmethode. Der Unterschied ergibt sich unabhängig von dem angewandten Bewertungsverfahren im Jahresabschluss.

4.2.2.1.2.2. Kapitalkonsolidierungsmethoden mit Anschaffungskostenrestriktion

Die Anschaffungskostenrestriktion hat zur Folge, dass die stillen Reserven nicht vollständig zugeschrieben bzw. verrechnet werden dürfen, wenn der Unterschiedsbetrag kleiner als die Summe der stillen Reserven abzüglich stiller Lasten ist. Für die Aufteilung des Unterschiedsbetrages auf die einzelnen Konzernbilanzposten gibt es unterschiedliche Verfahren.

Werden die stillen Reserven wegen der geringen Verweildauer im Unternehmen vorrangig den Vorräten zugeschrieben und ist eine vollständige Zuschreibung auf Grund einer ausreichenden Höhe des Unterschiedsbetrages möglich, gibt es im Hinblick auf die Vorratsbewertung keine Unterschiede zu den Methoden ohne Anschaffungskostenrestriktion. Unterschiede bestehen darin, dass die auf übrige Bilanzposten entfallenden stillen Reserven nicht im vollen Umfang zugeschrieben bzw. verrechnet werden dürfen. Der Umfang der stillen Reserven, die den übrigen Bilanzposten zugeschrieben bzw. mit ihnen verrechnet werden können, ist bei allen Vorratsbewertungsverfahren identisch. Ist der Unterschiedsbetrag kleiner als die auf die Vorräte entfallenden stillen Reserven, ergibt sich eine niedrigere Bewertung der Vorräte als bei Methoden ohne Anschaffungskostenrestriktion.

Der Unterschiedsbetrag als Differenz zwischen dem Kaufpreis der Anteile und dem anteiligen Eigenkapital des Tochterunternehmens wird bei Vorräteverbrauch, der mit einer Erfolgswirkung verbunden ist (1. Fall), durch die Höhe des Materialaufwandes beim Tochterunternehmen bestimmt. Er ist beim Fifo- Verfahren niedriger als beim Durchschnittsverfahren. Beim Lifo-Verfahren ist er am höchsten. Bei Anwendung des Fifo-Verfahren können damit insgesamt weniger stille Reserven zugeschrieben bzw. verrechnet werden als bei Anwendung der anderen Verfahren. Die Vorratsbewertung im Konzernabschluss ist bei Anwendung des Fifo-Verfahrens trotzdem höher als bei den anderen Verfahren. Dies liegt darin begründet, dass die Vorräte schon im Jahresabschluss höher bewertet waren. Die Abschreibung der stillen Reserven sowie die Höhe der Vorratsbewertung beeinflussen in den Folgeperioden den Konzernerfolg.

Durch die Anschaffungskostenrestriktion werden die Unterschiede in der Bewertung der Bilanzposten zwischen der unbegrenzten und der beteiligungsproportionalen Neubewertungsmethode abgeschwächt. Im Vergleich zu Methoden ohne Anschaffungskostenrestriktion ist in dem hier betrachteten Fall die Zuschreibung bzw. Verrechnung der stillen Reserven begrenzt. Entsprechen die Anschaffungskosten der Anteile dem anteiligen Eigenkapital, treten keine Unterschiede zwischen den beiden Kapitalkonsolidierungsmethoden auf, wenn sie mit Anschaffungskostenrestriktion angewandt werden.

Problematisch ist, wenn der Unterschiedsbetrag bei Anwendung von unterschiedlichen Bewertungsverfahren der Vorräte sein Vorzeichen wechselt. Diese Konstellation kann nur bei Vorratsverbrauch mit Erfolgswirkung auftreten, da sonst das Eigenkapital im Jahresabschluss unabhängig von den Bewertungsverfahren ist. Zum einen ist die Anwendbarkeit der unbegrenzten Neubewertungsmethode in diesem Fall strittig, zum anderen führt diese Konstellation zur Vermittlung von unterschiedlichen Informationen aus dem Konzernabschluss. Die Entstehung eines negativen Goodwills ist abhängig von dem auf identische Vorräte angewandten Bewertungsverfahren. Dies führt auf Grund der Auflösungsregelungen für den negativen Goodwill zu einer Periodenverschiebung des Erfolgsausweises im Konzern.

4.2.2.1.3. Wirkungen bei stetig fallenden Preisen

Bei stetig fallenden Preisen auf dem Beschaffungsmarkt muss geprüft werden, ob die Vorräte bei Aufstellung des Jahresabschlusses abgeschrieben werden müssen. Muss die Abschreibung bei allen Bewertungsverfahren erfolgen, ist die Höhe der Vorräte im Jahresabschluss unabhängig von dem vor der Abschreibung angewandten Bewertungsverfahren.

Das Bewertungskonzept für Vorräte sieht eine Bewertung gemäß dem Prinzip „lower of cost and net realisable value" vor.[622] Vorräte sind gemäß IAS 2.25 (rev. 1993) dann abzuschreiben, wenn der net realisable value unterhalb der Anschaffungskosten liegt. Der net realisable value wird bei Vorräten gemäß IAS 2.4 (rev. 1993) grundsätzlich vom Verkaufsmarkt abgeleitet. Auf Roh-, Hilfs- und Betriebsstoffbestände ist die Regelung des IAS 2.29 (rev. 1993) anzuwenden. Danach ist der net realisable value durch die Wiederbeschaffungskosten festzulegen. Da der fair value mit den Wiederbeschaffungskosten bestimmt wird, müsste bei Aufstellung des Jahresabschlusses eine Abwertung der Vorräte auf den net realisable value vorgenommen werden, wenn der fair value im Vergleich zu den Anschaffungskosten gesunken ist. Dem steht die Regelung des IAS 2.29 (rev. 1993) entgegen, nach der Roh-, Hilfs- und Betriebsstoffe nur abgeschrieben werden dürfen, wenn das Produkt, in das die Vorräte eingehen, voraussichtlich nur zu einem Preis unterhalb seiner Herstellungskosten verkauft werden kann.

---

[622] Vgl. IAS 2.6 (rev. 1993).

Wurden die Vorräte im Jahresabschluss trotz fallender Preise auf Grund des IAS 2.29 (rev. 1993) nicht abgeschrieben, liegt der fair value der Vorräte, der bei Aufstellung des Konzernabschlusses ermittelt wird, unterhalb des Buchwertes aus dem Jahresabschluss. Es liegen somit stille Lasten vor, die gemäß IAS 22.32 und 34 (rev. 1998) entweder beteiligungsproportional oder vollständig im Zuge der Konzernabschlusserstellung mit den Vorräten verrechnet werden. Die Wirkungen sind analog zur Situation mit steigenden Preisen. So ist die Vorratsbewertung bei Anwendung der beteiligungsproportionalen Neubewertungsmethode und erfolgswirksamer Erfassung des Vorräteverbrauchs (1. Fall) beim Fifo-Verfahren niedriger als beim Durchschnittskostenverfahren. Die Vorräte weisen beim Lifo-Verfahren die höchste Bewertung auf.

Bei Methoden mit Anschaffungskostenrestriktion können die stillen Lasten unabhängig von der Höhe des Unterschiedsbetrages zugeschrieben bzw. verrechnet werden. Sie erhöhen den Unterschiedsbetrag und sind nicht von der Restriktion betroffen. In diesem Fall hat die Anschaffungskostenrestriktion bei isolierter Betrachtung der Vorräte keine Wirkung auf den Konzernabschluss.

4.2.2.2. Fundamental Errors and Changes in Accounting Policies

IAS 8.34 und 38 (rev. 1993) enthält das Wahlrecht, die Korrektur von grundlegenden Fehlern (fundamental errors) erfolgswirksam oder erfolgsneutral zu erfassen. Dieses Wahlrecht hat der Bilanzierende gemäß IAS 8.49 und 54 (rev. 1993) auch bei Vornahme von Änderungen in den Bilanzierungsmethoden. In diesem Fall sind rückwirkend die Wirkungen der neuen Bilanzierungsmethode im Vergleich zu der bisherigen zu ermitteln. Die Differenzen sind über die Vorperioden zu kumulieren und entweder in der Eröffnungsbilanz mit den retained earnings zu verrechnen bzw. diesen zuzuschreiben oder erfolgswirksam in der Betrachtungsperiode zu erfassen.

Dieses Wahlrecht fällt in dieselbe Kategorie wie das Wahlrecht zur Behandlung der fair value-Anpassungsbeträge des IAS 39.103 (b) (rev. 2000). Seine Ausübung hat keine Wirkung auf den Konzernabschluss. Auch die Folgeperioden werden nicht von der Ausübung des Wahlrechts beeinflusst. Es betrifft lediglich die Behandlung der retrospektiv angefallenen Differenzen.

4.2.2.3. Fremdkapitalkosten

Fremdkapitalkosten stellen gemäß IAS 23.7 (rev. 1993) grundsätzlich Aufwand der Periode dar. Können die Kosten einem qualifying asset direkt zugeordnet werden ist eine Aktivierung erlaubt,[623] sofern ein künftiger Nutzenzufluss aus ihnen wahrscheinlich ist und die Kosten zuverlässig messbar sind.[624] Ein qualifying asset stellt gemäß IAS 23.4 (rev. 1993) ein asset dar, das einen längeren Zeitraum (substantial period of time) beansprucht bis es einsatz- oder verkaufsbereit ist. Wie lange der Zeitraum sein muss, wird in den IFRS nicht erläutert. In IAS 23.6 (rev. 1993) werden lediglich Beispiele genannt. Es kann sich sowohl um einen Herstellungs- als auch um einen Erwerbsvorgang handeln.[625] Eine Aktivierung der Fremdkapitalkosten hat einen im Vergleich zur aufwandwirksamen Erfassung höheren Jahreserfolg zur Folge. Zugleich erhöht sich durch die Aktivierung der Buchwert des betreffenden asset.

Im Zugangszeitpunkt eines asset entsprechen die Anschaffungskosten dem fair value, wenn die Transaktion zwischen zwei unabhängigen Parteien stattgefunden hat. Die Anschaffungskosten von qualifying assets können bei einer unterschiedlichen Ausübung des Wahlrechts des IAS 23.7 und 10 f. (rev. 1993) um den Betrag der Fremdkapitalkosten differieren. Damit wäre auch der fair value abhängig von der Ausübung des betrachteten Wahlrechts, wenn der fair value gleich den Anschaffungskosten ist. Dies widerspricht jedoch der Definition des fair value. Er ist unabhängig von der Situation eines einzelnen Unternehmens zu ermitteln. Die Finanzierung des Erwerbs eines asset darf sich nicht in dem fair value niederschlagen. Er ist ohne Berücksichtigung von Fremdkapitalkosten zu ermitteln. Erfolgt eine Aktivierung von Fremdkapitalkosten im Jahresabschluss, liegen aus Konzernsicht stille Lasten in Höhe der Fremdkapitalkosten vor.

Der zweite mögliche Wertmaßstab im Zugangszeitpunkt sind Herstellungskosten, die von dem fair value abweichen können. Letzterer ist bei fertigen Erzeugnissen gemäß IAS 22.39 (d) (i) (rev. 1998) definiert als der Verkaufspreis der fertigen Güter abzüglich der Verkaufskosten und eines nach kaufmännischer Beurteilung vernünftig geschätzten Gewinns. Der zur Bestimmung des fair value geschätzte Gewinn wird nicht aus den Gegebenheiten des Unternehmens, insbesondere der im Bewertungszeitpunkt gültigen Erlös-Kosten-Relation, abgeleitet, sondern bemisst sich an Verkäufen ähnlicher assets. Somit unterscheidet sich der fair value von den Herstellungskosten. Es

---

[623] Vgl. IAS 23.10 f. (rev. 1993).
[624] Vgl. IAS 23.12 (rev. 1993).
[625] Vgl. IAS 23.12 (rev. 1993).

ist damit nicht feststellbar, ob und in welcher Höhe im Erstkonsolidierungszeitpunkt stille Lasten bei mit Herstellungskosten bewerteten assets vorliegen.

Im Hinblick auf die unbegrenzte Neubewertungsmethode hat die Alternativenwahl des IAS 23.7 und 10 f. (rev. 1993) keine Wirkungen auf den Konzernabschluss. Es erfolgt in jedem Fall eine Anpassung an den fair value. Dadurch werden die auf die Ausübung des Wahlrechts zur Aktivierung von
Fremdkapitalkosten zurückgehenden Bewertungsunterschiede im Jahresabschluss ausgeglichen.

Bei einer Beteiligungsquote des Mutterunternehmens am Tochterunternehmen
unter 100 % gilt dies nicht für die beteiligungsproportionale Neubewertungsmethode, die die stillen Reserven und stillen Lasten nur beteiligungsproportional zuschreibt bzw. verrechnet. Die Höhe der stillen Reserven und stillen
Lasten hängt davon ab, ob die Fremdkapitalkosten aktiviert werden. Der Unterschied zeigt sich in der Bewertung der Minderheitenanteile und des qualifying asset. Liegen trotz Aktivierung der Fremdkapitalkosten stille Reserven
vor, ist die Bewertung des asset und der Minderheitenanteile im Konzernabschluss bei Aktivierung der Fremdkapitalkosten im Jahresabschluss höher als
bei erfolgswirksamer Erfassung des Aufwands. Liegen stillen Lasten vor, ist
die Bewertung niedriger.

Die Wirkungen der Ausübung des Wahlrechts fallen in dieselbe Kategorie
wie die des Wahlrechts hinsichtlich der Bewertung von property, plant and
equipment. Damit können die Wirkungen der Ausübung des Wahlrechts des
IAS 23.7 und 10 f. (rev. 1993) auf Methoden mit Anschaffungskostenrestriktion aus der Untersuchung des Wahlrechts hinsichtlich der Bewertung von
property, plant and equipment abgeleitet werden. Es kann zu einer Periodenverschiebung des Konzernerfolges kommen.

4.2.2.4. Leistungen nach Beendigung des Arbeitsverhältnisses

Bei Leistungen nach Beendigung des Arbeitsverhältnisses handelt es sich vor
allem um Pensionen, Renten, Lebensversicherungen und medizinische Ver-
sorgung für die Zeit nach Beendigung des Arbeitsverhältnisses.[626] Die
Leistungen werden unterschieden nach leistungsorientierten Plänen (defined
benefit plan) und beitragsorientierten Plänen (defined contribution plan).
Leistungsorientierte Pläne sind im Gegensatz zu beitragsorientierten Plänen
dadurch gekennzeichnet, dass sich die Zahlungen des Unternehmens an den

---

[626] Vgl. IAS 19.24 (rev. 2002); Wagenhofer, IAS, 2001, S. 246.

Empfänger nicht auf die eingezahlten Beiträge beschränken, sondern eine bestimmte Versorgungsleistung, die sich in Abhängigkeit von Gehalt und Beschäftigungszeit bestimmt, vereinbart wird. Das Unternehmen trägt das Ausfallrisiko, wenn der Fonds, in den das Unternehmen eingezahlt hat, nicht über ausreichende Mittel verfügt, um die Ansprüche des Arbeitnehmers zu befriedigen.[627] Zahlt das Unternehmen zur Erfüllung der späteren Rentenansprüche in einen Fonds ein, wird das Fondsvermögen Planvermögen (plan asset) genannt. Hat das Unternehmen einen qualifizierten Versicherungsvertrag (qualifying insurance police) abgeschlossen, der die Charakteristika des IAS 19.7 (rev. 2002) erfüllt, fällt auch der Wert des Versicherungsvertrages unter den Begriff Planvermögen.[628]

Bei leistungsorientierten Altersversorgungspläne ist der Anwartschaftsbarwert (present value of defined benefit obligation) am Bilanzstichtag gemäß IAS 19.54 i. V. m. 64 (rev. 2002) nach der projected unit credit method zu ermitteln. Der Anwartschaftsbarwert hängt von versicherungsmathematischen Annahmen über die demografische Entwicklung und über finanzielle Entwicklungen, wie zum Beispiel über die Entwicklung des Zinssatzes oder des Gehaltsniveaus, ab.[629] Veränderungen des Anwartschaftsbarwertes, die auf eine Änderung oder das Nicht-Eintreten dieser Annahmen zurückgehen, werden gemäß IAS 21.92 (rev. 2000) nach der so genannten Korridormethode behandelt. Demnach müssen noch nicht berücksichtigte kumulierte Beträge, berechnet auf das Ende der Vorperiode, die auf die Änderung von versicherungsmathematischen Annahmen zurückgehen, nicht vollständig in einer Periode bilanziell erfasst werden. Eine Erfassung hat nur insoweit zu erfolgen, als die kumulierten Beträge 10 % des höheren Betrages aus dem Anwartschaftsbarwert oder dem Planvermögen zum Ende der Vorperiode übersteigen. Dieser Betrag darf über die durchschnittliche restliche Dienstzeit der Arbeitnehmer erfolgswirksam erfasst werden. Bei dieser Regelung handelt es sich um die Untergrenze von Veränderungen des Anwartschaftsbarwertes, die in einer Periode zu erfassen sind. Daneben können die den Korridor von 10 % überschreitenden Beträge auch über eine kürzere Zeit erfolgswirksam verteilt oder ein höherer Betrag als nur der überschreitende Betrag erfasst werden. Es ist zulässig, die gesamte Abweichung, die auf die Änderung versicherungsmathematischer Annahmen zurückgeht, sofort erfolgswirksam zu erfassen.[630]

---

[627] Vgl. IAS 19.25-27 (rev. 2002); Wollmert u. a., IAS-Kommentar, 2003, IAS 19 Rn. 20; Wagenhofer, IAS, 2001, S. 247.

[628] Vgl. IAS 19.7 (rev. 2002); Wagenhofer, IAS, 2001, S. 254 f.

[629] Vgl. IAS 19.73 (rev. 2002).

[630] Vgl. IAS 19.92-95 (rev. 2002) u. Appendix A; Wagenhofer, IAS, 2001, S. 252 f. u. 256.

Die Bewertung der Pensionsverpflichtung im Jahresabschluss ist grundsätzlich der Anwartschaftsbarwert abzüglich des fair value des Planvermögens. Nach der Korridormethode müssen Änderungen des Anwartschaftsbarwertes nicht vollständig in der Periode des Auftretens der Änderung bilanziell erfasst werden. Demnach ist der Anwartschaftsbarwert um noch nicht bilanziell erfasste Änderungen zu korrigieren. Daneben ist eine Korrektur für noch nicht erfasste Änderungen der Pensionsansprüche (past service costs) notwendig, die über den durchschnittlichen Zeitraum bis zur Unverfallbarkeit der Anwartschaft zu verteilen sind.[631] Die Ausübung des oben beschriebenen Wahlrechts wirkt sich somit im Jahresabschluss auf die Bewertung der Pensionsverpflichtung in der Bilanz und auf den Jahreserfolg aus.

Im Konzernabschluss ist eine Verpflichtung aus einem leistungsorientierten Plan gemäß IAS 22.39 (h) (rev. 1998) mit dem Anwartschaftsbarwert abzüglich dem fair value des Planvermögens zu bewerten. Der Anwartschaftsbarwert beinhaltet gemäß IAS 19.108 (rev. 2002) alle vor Erwerb des Konzernunternehmens angefallenen versicherungsmathematischen Verluste und Gewinne sowie alle Änderungen der Ansprüche der Arbeitnehmer gemäß IAS 19.97 (rev. 2002), die in diesem Zeitraum angefallen sind. Der Barwert ist in voller Höhe anzusetzen.

Da der fair value unabhängig von der Ausübung der Wahlrechte im Jahresabschluss ist, fällt das Wahlrecht bezüglich der Wirkungen seiner Ausübung in die Kategorie des Wahlrechts hinsichtlich der Bewertung von property, plant and equipment.

4.2.2.5. Fremdwährungsumrechnungsdifferenzen

4.2.2.5.1. Spezielle Fremdwährungsverbindlichkeiten

Umrechnungsdifferenzen aus monetären Posten sind gemäß IAS 21.15 (rev. 1993) grundsätzlich erfolgswirksam zu erfassen. Eine Ausnahme besteht dann, wenn die Währungsdifferenz aus einer Fremdwährungsverbindlichkeit resultiert, die durch einen asset-Kauf entstand, die Berichtswährung des Unternehmens innerhalb von 12 Monaten nach dem Kauf[632] stark abgewertet wurde und keine Möglichkeit bestand, die Währungsrisiken abzusichern. Die Voraussetzungen der Aktivierung zielen darauf ab, dass die Fremdwährungs-

---

[631] Vgl. IAS 19.54 (rev. 2002); Wagenhofer, IAS, 2001, S. 253.
[632] Vgl. SIC-11.

verluste unvermeidbar[633] und somit notwendig für die Anschaffung des asset waren. In diesem Fall darf die Währungsdifferenz gemäß IAS 21.21 (rev. 1993) als nachträgliche Anschaffungskosten des asset bilanziell erfasst werden, wenn der Buchwert des asset dann nicht den niedrigeren Betrag aus Wiederbeschaffungskosten und recoverable amount übersteigt.

Das Wahlrecht ist bezüglich der Wirkungen seiner Ausübung vergleichbar mit dem Wahlrecht hinsichtlich der Bewertung von property, plant and equipment. Es resultiert in einer unterschiedlichen Bewertung des betrachteten asset und in einer unterschiedlichen Höhe des Eigenkapitals im Jahresabschluss.

4.2.2.5.2. Derivativer Goodwill und stille Reserven bzw. stille Lasten

Ein weiteres Wahlrecht besteht gemäß IAS 21.33 (rev. 1993) bezüglich der Umrechnung eines Goodwills und zugeschriebener bzw. verrechneter stiller Reserven und stiller Lasten einer ausländischen wirtschaftlich selbständigen Teileinheit (foreign entity) bei Aufstellung des Konzernabschlusses. Sie können wie assets oder liabilities der wirtschaftlich selbständigen Teileinheit oder des beteiligten Unternehmens, also des Mutterunternehmens, bilanziert werden.

Die Bilanzposten von ausländischen wirtschaftlich selbständigen Teileinheiten werden gemäß IAS 21.30 (rev. 1993) mit dem Stichtagskurs umgerechnet. Umrechnungsdifferenzen sind erfolgsneutral zu erfassen. Wird der Goodwill als asset und die stillen Reserven und stillen Lasten als Teile von Bilanzposten der ausländischen wirtschaftlichen Teileinheit betrachtet, sind der Goodwill sowie die stillen Reserven und stillen Lasten in der Fremdwährung zu ermitteln und anschließend mit dem Stichtagskurs umzurechnen.[634]

Nicht monetäre assets und liabilities des Mutterunternehmens in Fremdwährung sind gemäß IAS 21.11 (b) (rev. 1993) mit dem historischen Kurs umzurechnen, Währungsdifferenzen sind erfolgswirksam zu behandeln. Alternativ kann der Wert des Goodwills und der stillen Reserven bzw. stillen Lasten auch direkt in der Berichtswährung des beteiligten Unternehmens ermittelt

---

[633] Vgl. Adler/Düring/Schmaltz, IAS-Kommentar, 2002, Abschn. 9 Rn. 35 u. Abschn. 15 Rn. 57.

[634] Vgl. Adler/Düring/Schmaltz, IAS-Kommentar, 2003, Abschn. 5 Rn. 108.

werden. In diesem Fall entfällt eine erneute Umrechnung in den Folgeperioden.[635]

IAS 21.11 (b) (rev. 1993) bezieht sich auf die Folgebewertung. Die erstmalige Umrechnung erfolgt gemäß IAS 21.9 (rev. 1993) mit dem Stichtagskurs, der für den Goodwill nur der Kurs zum Zeitpunkt des Übergangs der Leitung/Beherrschung auf das Mutterunternehmens sein kann. Gleiches gilt gemäß der Einzelerwerbsfiktion für den relevanten Kurs von zugeschriebenen bzw. verrechneten stillen Reserven oder stillen Lasten.[636] Folglich besteht im Erstkonsolidierungszeitpunkt kein Unterschied zwischen den beiden Alternativen der Währungsumrechnung.

In den Folgeperioden erfolgt bei Zurechnung des Goodwills und der stillen Reserven und stillen Lasten zu der ausländischen selbständigen Teileinheit an jedem Bilanzstichtag eine Umrechnung mit dem Stichtagskurs. Bei Zurechnung des Goodwills und der stillen Reserven und stillen Lasten zu dem Mutterunternehmen wird weiterhin mit dem Kurs bei Übergang der Leitung/Beherrschung umgerechnet. Obwohl die Umrechnungsdifferenzen bei der Stichtagskursmethode erfolgsneutral im Eigenkapital zu erfassen sind, hat die Alternativenwahl bezüglich der Währungsumrechnung Einfluss auf den Konzernerfolg in den Folgeperioden. Dies liegt darin begründet, dass Abschreibungen des Goodwills sowie Abschreibungen bzw. Auflösungen stiller Reserven bzw. stiller Lasten mit unterschiedlichen Kursen umgerechnet werden.[637] Zudem unterscheidet sich das Konzerneigenkapital durch die erfolgsneutrale Behandlung der Umrechnungsdifferenzen. Bei steigenden Kursen führt eine Umrechnung mit dem Stichtagskurs zu positiven Umrechnungsdifferenzen, aber auch zu höheren Abschreibungen als bei Umrechnung mit historischen Kursen.

Je weniger stillen Reserven zugeschrieben bzw. verrechnet wurden und je kleiner der im Erstkonsolidierungszeitpunkt angesetzte Goodwill ist, desto geringer sind die Unterschiede zwischen den Alternativen des IAS 21.33 (rev. 1993). Kapitalkonsolidierungsmethoden, die zu einer geringeren Zuschreibung bzw. Verrechnung stiller Reserven bzw. stiller Lasten und einem geringeren Goodwill im Vergleich zu anderen Kapitalkonsolidierungsmethoden führen, sind somit vorzuziehen. Methoden mit Anschaffungskostenrestriktion begrenzen die Zuschreibung bzw. Verrechnung von stillen Reserven in manchen Fällen. Sie sind positiv zu beurteilen. Die beteiligungsproportionale

---

[635] Vgl. Oechsle/Müller/Doleczik, in: IAS-Kommentar, 2003, IAS 21 Rn. 83.
[636] Vgl. Adler/Düring/Schmaltz, IAS-Kommentar, 2003, Abschn. 5 Rn. 106 f.
[637] Vgl. Oechsle/Müller/Doleczik, in: IAS-Kommentar, 2003, IAS 21 Rn. 82.

Neubewertungsmethode ist der unbegrenzten Neubewertungsmethode vorzuziehen. Bei der beteiligungsproportionalen Neubewertungsmethode werden
weniger stille Reserven und stille Lasten zugeschrieben bzw. verrechnet als
bei der unbegrenzten Neubewertungsmethode.

4.3. Wahlrechte beim Mutterunternehmen

4.3.1. Wirkungen der Ausübung der Wahlrechte im Konzernabschluss

Im Jahresabschluss des Mutterunternehmens können Anteile an Tochterunternehmen gemäß IAS 27.29 f. (rev. 2000) entweder mit fortgeführten Anschaffungskosten, nach der Equity-Methode oder nach den Bewertungsregeln für
financial assets als available-for-sale bilanziert werden. Die Wahl der Bilan-
zierungsalternative des IAS 27.29 f. (rev. 2000) hat im Jahresabschluss Wirkungen auf die Vermögenshöhe sowie den Zeitpunkt und Umfang der Vereinnahmung der anteiligen Gewinne und Verluste aus dem Tochterunternehmen.

Im mehrstufigen Konzern kann die Ausübung des Wahlrechts auf jeder Ebene
Einfluss auf den Konzernabschluss haben. Bezüglich der Wirkungen der Ausübung des Wahlrechts des IAS 27.29 f. (rev. 2000) können zwei Fälle unterschieden werden:

- das Tochterunternehmen wird in den Konzernabschluss nicht einbezogen
- das Tochterunternehmen wird in den Konzernabschluss einbezogen

Wird das Tochterunternehmen nicht einbezogen, hat die Alternativenwahl in-
sofern eine Wirkung auf die Kapitalkonsolidierung, als die Höhe der in dem
Posten „Anteile" enthaltenen stillen Reserven bzw. stillen Lasten von der
Bewertung der Anteile am Tochterunternehmen abhängt. Ebenso ist die Höhe
des Eigenkapitals des Mutterunternehmens abhängig von der Bewertung der
Anteile am Tochterunternehmen. Wenn ein Unternehmen Anteile an einem
Tochterunternehmen hält und gleichzeitig Teil eines mehrstufigen Konzerns
ist, bei dem es mittels Vollkonsolidierung einbezogen ist, fällt das betrachtete
Wahlrecht bezüglich der Wirkungen seiner Ausübung auf den Konzernabschluss in dieselbe Kategorie wie das Wahlrecht hinsichtlich der Bewertung
von property, plant and equipment.

Wird das Tochterunternehmen in den Konzernabschluss einbezogen, werden
die Anteile im Rahmen der Kapitalkonsolidierung verrechnet. Die Bewertung
der Anteile im Jahresabschluss des Mutterunternehmens wirkt sich im Kon-

zernabschluss auf die Höhe des Goodwills oder des negativen Goodwills aus. Bei Methoden mit Anschaffungskostenrestriktion kann die Bewertung der Anteile zudem die Höhe der stillen Reserven, die zugeschrieben bzw. verrechnet werden dürfen, bestimmen.

Erfolgt der Erwerb aller Anteile am Tochterunternehmen zum gleichen Zeitpunkt und besteht kein Einbeziehungsverbot, hat die Ausübung des Bewertungswahlrechts des IAS 27.29 f. (rev. 2000) keine Wirkungen auf den Konzernabschluss. Im Zugangszeitpunkt hat unabhängig von der Ausübung der Wahlrechte eine Bewertung mit Anschaffungskosten zu erfolgen.[638] Es kann folglich nur Unterschiede bezüglich der Wirkungen der Bewertungsalternativen auf den Konzernabschluss geben, wenn sich die Anteile oder zumindest einige Anteile am Tochterunternehmen schon länger als eine Periode im wirtschaftlichen Eigentum des Mutterunternehmens befinden, bevor die Erstkonsolidierung durchgeführt wird.

4.3.2. Bewertung von Anteilen an Tochterunternehmen

4.3.2.1. Anteilserträge

Ein Unterschied zwischen einer Bewertung der Anteile zu fortgeführten Anschaffungskosten, nach der Equity-Methode oder gemäß IAS 39 (rev. 2000) besteht hinsichtlich des Vereinnahmungszeitpunktes der Anteilserträge:

Bei Anwendung der Equity-Methode hat das erwerbende Unternehmen den anteiligen Gewinn des Beteiligungsunternehmens phasengleich als Ertrag zu erfassen. Dadurch erhöht sich der Buchwert der Anteile. Ausschüttungen mindern die Bewertung der Anteile in der Bilanz des Mutterunternehmens entsprechend.[639]

Im Rahmen einer Bewertung mit den Anschaffungskosten ist gemäß IAS 28.3 (rev. 2000) eine erfolgswirksame Vereinnahmung von Erfolgen des Tochterunternehmens nur in Höhe der vom Tochterunternehmen gezahlten Dividenden aus dem seit dem Kaufzeitpunkt erwirtschafteten Jahreserfolg möglich. Erfolgt die Ausschüttung des Tochterunternehmens aus den vor dem Anteilskauf gebildeten Rücklagen, liegt gemäß IAS 28.7 (rev. 2000) eine Kapitalrückzahlung vor, die die Anschaffungskosten mindert. Die Anschaffungskostenmethode unterscheidet sich somit von der Equity-Methode darin, dass Er-

---

[638] Vgl. IAS 28.6 f. (rev. 2000); IAS 39.66 (rev. 2000).
[639] Vgl. IAS 28.3 (rev. 2000).

träge nur in Höhe der Dividendenzahlung und nicht in Höhe des anteiligen Gewinns vereinnahmt werden. Zudem führt die Vereinnahmung bei der Anschaffungskostenmethode nicht zu einer Erhöhung des Anteilsbuchwertes.

Die Anschaffungskostenmethode stellt bei Bemessung der Höhe der Beteiligungserträge auf Dividenden ab. Gewinne werden frühestens in der auf die Periode der Erwirtschaftung folgenden Periode ausgezahlt. Der Vereinnahmungszeitpunkt von Anteilserträgen könnte bei Anwendung der Anschaffungskostenmethode im Vergleich zur Equity-Methode in einer späteren Periode liegen: Dividenden führen gemäß IAS 18.29 (rev. 1993) beim beteiligten Unternehmen in dem Zeitpunkt zu Erträgen, in dem der wirtschaftliche Nutzenfluss wahrscheinlich und zuverlässig messbar wird. IAS 18.30 (rev. 1993) legt fest, dass dies der Zeitpunkt des Entstehens des Rechtsanspruchs ist. In den IFRS ist nicht geregelt, wann ein Rechtsanspruch entsteht.[640] In diesem Fall kann gemäß IAS 1.22 (rev. 1997) auf nationales Recht Rückgriff genommen werden.

Eine Möglichkeit ist die Betrachtung des deutschen Rechts. Danach entsteht der Rechtsanspruch auf die Dividende bei Abschluss eines Gewinnabführungsvertrags mit Ablauf des Geschäftsjahres. Ohne Abschluss eines solchen Vertrages entsteht der rechtliche Anspruch auf die Beteiligungserträge bei Kapitalgesellschaften grundsätzlich gemäß § 174 I AktG bzw. §§ 29, 46 Nr. 1 GmbHG erst mit dem Gewinnverwendungsbeschluss. Demnach dürfen Erträge aus Anteilen erst vereinnahmt werden, wenn bis zum Abschlussstichtag des Mutterunternehmens ein Gewinnverwendungsbeschluss besteht.[641]

Allerdings gilt im deutschen Recht die wirtschaftliche Betrachtungsweise. So sieht ein BGH-Urteil aus dem Jahr 1998[642] vor, dass unter bestimmten Voraussetzungen eine phasengleiche Gewinnvereinnahmung verpflichtend vorzunehmen ist. Die Voraussetzungen zielen darauf ab, dass der Anteilsertrag aus wirtschaftlicher Sicht des Mutterunternehmens schon als Vermögensgegenstand konkretisiert ist.[643] Dem Urteil lag ein Fall zugrunde, in dem das Mutterunternehmen alle Anteile an einem Tochterunternehmen hielt. Das Urteil regelt somit nicht, ob die phasengleiche Gewinnvereinnahmung bei Stimmrechtsmehrheit angewandt werden darf. Aus der Begründung des Urteils wird auch in diesem Fall eine Pflicht zur phasengleichen Gewinnverein-

---

[640] Vgl. Ordelheide/Böckem, in: IAS-Kommentar, 2003, IAS 18 Rn. 90.

[641] Vgl. Ellrott/Bartels-Hetzler, in: Beck Bil-Komm., 2003, § 266 Rn. 120; IDW (Hrsg.), WP-Handbuch, Bd. I, 2000, F 437.

[642] Vgl. BGH-Urteil II ZR 82/93, abgedruckt in: WPg, 1998, S. 375-378.

[643] Vgl. Gabelsberger, Equity-Bewertung, 2000, S. 54 f.

nahmung abgeleitet, da die Stimmrechtsmehrheit genügt, um einen Gewinn-verwendungsbeschluss durchzusetzen.[644]

In den IFRS ist ebenso wie im HGB der Grundsatz der wirtschaftlichen Be-trachtungsweise (substance over form)[645] anzuwenden. Daher könnte die ge-schilderte Vorgehensweise auf die IFRS übertragbar sein. Allerdings wird in IAS 18.30 (c) (rev. 1993) explizit festgestellt, dass Dividenden erst verein-nahmt werden dürfen, „when the shareholder's right to receive payment is established". Die IFRS stellen folglich nicht darauf ab, ob das Mutterunter-nehmen die Dividendenzahlung sicher herbeiführen kann, sondern darauf, dass der Anspruch besteht. Da die Regelungen der IFRS in ihrer Bedeutung über denen des Framework stehen,[646] kann ein Mutterunternehmen einen Ge-winn erst vereinnahmen, wenn ein Gewinnverwendungsbeschluss gefasst wurde.

Erfolgt die Bewertung der Anteile mit dem fair value, besteht hinsichtlich des Vereinnahmungszeitpunktes und der Höhe von Beteiligungserträgen kein Unterschied zu einer Bewertung mit Anschaffungskosten.

4.3.2.2. Verluste beim beteiligten Unternehmen

Bei Anwendung der Equity-Methode werden gemäß IAS 28.6 (rev. 2000) anteilige Verluste des Tochterunternehmens bei Entstehung erfolgswirksam im Jahresabschluss des Mutterunternehmens erfasst, um die Veränderungen des Nettovermögens des Tochterunternehmens abzubilden. Führt die Bilan-zierung der anteiligen Verluste zu einem negativen Wert der Anteile, sind die Anteile gemäß IAS 28.22 (rev. 2000) mit einem Wert von null zu bewerten, weitere Verluste sind in einer Nebenrechnung fortzuführen. Erzielt das Toch-terunternehmen in den folgenden Perioden Gewinne, sind diese gegen die kumulierten Verluste der Nebenrechnung aufzurechnen.[647]

Bei einer Bewertung der Anteile mit Anschaffungskosten oder mit dem fair value werden Gewinne des Tochterunternehmens nur insofern berücksichtigt, als dem Mutterunternehmen Ausschüttungen zufließen. Analog dazu müssen

---

[644] Vgl. Ellrott/Bartels-Hetzler, in: Beck Bil-Komm., 2003, § 266 Rn. 120; Gabelsberger, Equity-Bewertung, 2000, S. 56; IDW (Hrsg.), WP-Handbuch, Bd. I, 2000, F 438; Groh, DStR, 1998, S. 818; IDW (Hrsg.), Verlautbarung des HFA, WPg, 1998, S. 427.

[645] Vgl. F.35.

[646] Vgl. IFRS, Introduction, S. 9.

[647] Vgl. Epstein/Mirza, IAS, 2003, S. 395.

anteilige Verluste des Tochterunternehmens beim Mutterunternehmen nur dann berücksichtigt werden, wenn es eine Verlustausgleichspflicht hat,[648] wie sie bei Vorliegen eines Beherrschungs- oder Gewinnabführungsvertrags gemäß § 302 I AktG vorgeschrieben ist. Die Ausgleichspflicht führt nicht zu einer Abschreibung des Anteilsbuchwerts, sondern stellt eine liability des Mutterunternehmens dar, wenn noch keine Zahlung erfolgt ist. Eine Abschreibung der Anteile erfolgt gemäß IAS 36.58 (1998) nur dann, wenn ein impairment vorliegt[649] oder eine verdeckte Kapitalrückzahlung durch Ausschüttung von vor dem Anteilserwerb bestehender Rücklagen erfolgt. [650]

4.3.2.3. Wertrelationen und Erfolgswirkungen

Das Verhältnis der Anteilsbewertung nach den drei Methoden des IAS 27.29 f. (rev. 2000) hängt von vielen Faktoren ab. Die Bewertung mit dem fair value wird im Vergleich zur Anschaffungskostenmethode durch die Marktentwicklung bedingt. Der fair value der Anteile ist häufig nicht identisch mit einer Bewertung nach der Equity-Methode.

Erzielt das Tochterunternehmen einen Jahresüberschuss, wird bei Anwendung der Equity-Methode der anteilige Gewinn vom Mutterunternehmen sofort vereinnahmt. Bei einer Bewertung mit den Anschaffungskosten oder dem fair value wird ein Anteilsertrag in Höhe der auf das Mutterunternehmen entfallenden Ausschüttungen erst in den Folgeperioden ausgewiesen. Die Bilanzierung des Anteilsertrags erhöht nicht den Buchwert der Anteile. Betrachtet man nur die Wirkung eines Jahresüberschusses des Tochterunternehmens auf die Bewertung der Anteile des Mutterunternehmens, sind die Anteile bei einer Bewertung nach der Equity-Methode im Vergleich zu den anderen Methoden höher bewertet, bis c. p. der gesamte anteilige Gewinn einer Betrachtungsperiode ausgeschüttet wurde.

Ein Verlust des Tochterunternehmens wird lediglich bei Anwendung der Equity-Methode beim Mutterunternehmen anteilig erfasst. Werden beim Tochterunternehmen trotz auftretender Verluste Dividenden gezahlt, werden bei Anwendung der Equity-Methode anteilige Verluste erfolgswirksam erfasst, wohingegen bei den anderen beiden Methoden Erträge aus den Anteilen

---

[648] Vgl. Gabelsberger, Equity-Bewertung, 2000, S. 102 f.

[649] Vgl. Berger/Gutike, in: Beck Bil-Komm., 2003, § 253 Rn. 405; Gabelsberger, Equity-Bewertung, 2000, S. 102 f.; IDW (Hrsg.), WP-Handbuch, Bd. I, 2000, E 400; IDW (Hrsg.), HFA 1/1991, WPg, 1991, S. 335 in Bezug auf das HGB.

[650] Vgl. IAS 28.7 (rev. 2000).

ausgewiesen werden. Bei isolierter Betrachtung der Wirkungen eines Verlustes des Tochterunternehmens ist die Bewertung nach der Equity-Methode niedriger als bei den anderen beiden Methoden.

Allerdings wird der nach der Equity-Methode bestimmte Wert noch von weiteren Sachverhalten beeinflusst. Dazu gehören Ausschüttungen, Abschreibungen bzw. Auflösungen von stillen Reserven bzw. stillen Lasten und Abschreibungen bzw. Auflösungen eines Goodwills bzw. negativen Goodwills sowie Eigenkapitalveränderungen durch direkt im Eigenkapital erfasste Wertanpassungen. Eigenkapitalveränderungen des Tochterunternehmens durch Kapitalerhöhung oder Kapitalherabsetzung können zudem den Anteilsbuchwert beeinflussen.[651] Folglich hängt die Wertrelation der Bewertungsmethoden vom Einzelfall ab.

4.3.2.4. Erstkonsolidierung in einer Folgeperiode des Anteilskaufs

Der Fall, dass die Erstkonsolidierung in einer Folgeperiode des Anteilskaufs erfolgt, kann dann auftreten, wenn das Tochterunternehmen auf Grund der in IAS 27.13 (rev. 2000) genannten Tatbestände nicht in den Konzernabschluss einbezogen wurde und die Tatbestände in einer Folgeperiode wegfallen. Daneben kann ein Unternehmen die Leitung/Beherrschung über ein Unternehmen erlangen, an dem es schon Anteile hält. In diesem Fall liegt ein sukzessiver Anteilserwerb vor.[652]

4.3.2.4.1. Sukzessiver Anteilserwerb

Beim sukzessiven Anteilserwerb muss zum Zeitpunkt jeder wesentlichen Transaktion der fair value der assets und liabilities ermittelt werden, um damit die Höhe des Goodwills oder negativen Goodwills zu bestimmen. Dies geschieht, indem die Kosten der jeweils erworbenen Anteile dem neubewerteten anteiligen Eigenkapital des Tochterunternehmens zum Erwerbszeitpunkt der Anteile gegenübergestellt werden.[653]

---

[651] Vgl. IAS 28.6, 20 u. 23 (rev. 2000); SIC-3; Epstein/Mirza, IAS, 2003, S. 381-396; Claussen/Scherrer, in: Kölner Kommentar zum AktG, 2003, § 312 Rn. 89; Baetge/ Kirsch/Thiele, Konzernbilanzen, 2002, S. 435, in Bezug auf die Equity-Methode im Konzernabschluss nach HGB.

[652] Vgl. IAS 22.36 (rev. 1998).

[653] Vgl. IAS 22.36 (rev. 1998).

Eine Erleichterung zu dieser Regelung enthält IAS 22.38 (rev. 1998), der den Fall regelt, dass ein assoziiertes Unternehmen zum Tochterunternehmen wird. So ist es zulässig, für alle Anteilserwerbe vor dem Zeitpunkt der erstmaligen Anwendung der Equity-Methode den fair value der assets und liabilities zum Zeitpunkt der Equity-Konsolidierung zugrunde zu legen.[654] Zudem müssen nur wesentliche (significant) Anteilserwerbe separat bei der Erstkonsolidierung berücksichtigt werden. Das Wesentlichkeitskriterium wird in IAS 22 (rev. 1998) nicht erläutert. Zur allgemeinen Beschreibung ist auf die qualitative characteristics des Framework und ihre Einschränkungen zurückzugreifen, insbesondere auf das Kriterium materiality und die Einschränkung der „balance between benefit and cost". Die Einschränkung der „balance between benefit and cost" besagt, dass die Kosten der Informationsermittlung, wie bei der Bestimmung des fair value von assets und liabilities, nicht höher sein sollen als ihr monetärer Nutzen.[655]

Für die praktische Anwendung helfen die Kriterien nicht weiter, da sie keinen konkreten Maßstab für die Beurteilung von Wesentlichkeit liefern,[656] insbesondere die Forderung nach „balance between benefit and cost" ist problematisch. Um sie beurteilen zu können, muss der Nutzen (benefit) einer Information gemessen werden. Dies setzt zum einen die Ermittlung der Information voraus. Ist die Information ermittelt, kann sie auch verwendet werden. Zum anderen kann der Nutzen einer Information nicht gemessen werden.

Da zum jeweiligen Erwerbszeitpunkt die Anschaffungskosten der Anteile dem anteiligen Eigenkapital gegenübergestellt werden, hat die Ausübung des Bewertungswahlrechts des IAS 27.29 f. (rev. 2000) keine Wirkung auf die Erstkonsolidierung. Weicht die Bewertung der Anteile im Jahresabschluss im Erstkonsolidierungszeitpunkt von den Anschaffungskosten ab, weil sie beispielsweise als available-for-sale klassifiziert wurden, ist die Wertanpassung rückgängig zu machen.[657]

Gleiches gilt für die geplante Änderung des sukzessiven Anteilserwerbs im Rahmen der zweiten Phase des Business Combinations Project. Es ist auf Basis des fair value der Anteile bei Übergang der Leitung/Beherrschung zu kon-

---

[654] Vgl. Baetge/Siefke/Siefke, in: IAS-Kommentar, 2003, IAS 22 Rn. 127 u. 129.

[655] Vgl. F.30 u. 44.

[656] Vgl. Kapitel 3.2.3.1.

[657] Vgl. IFRS 3, Draft Illustrative Examples, S. 17-23; Küting/Elprana/Wirth, KoR, 2003, S. 482 f.

solidieren. Die Konsolidierung ist damit unabhängig von der Ausübung des Bewertungswahlrechts des Jahresabschlusses.[658]

4.3.2.4.2. Einbeziehungsverbot von Tochterunternehmen

Die IFRS unterscheiden zwei Sachverhalte, die einer Einbeziehung von Tochterunternehmen in den Konzernabschluss entgegenstehen:

Zum einen dürfen Tochterunternehmen nicht einbezogen werden, für die in naher Zukunft eine Veräußerung geplant ist.[659] Die Veräußerungsabsicht muss schon im Erwerbszeitpunkt bestehen. Revidiert das Unternehmen seine Pläne oder scheitern die Verkaufsverhandlungen, fällt der Tatbestand der baldigen Verkaufsabsicht weg und das Tochterunternehmen muss vollkonsolidiert werden.

Zum anderen besteht dann ein Einbeziehungsverbot, wenn die Beherrschungsmöglichkeiten des Mutterunternehmens insofern eingeschränkt sind, als der Finanzmitteltransfer an das Mutterunternehmen langfristig erheblich beeinträchtigt ist.[660] Dies kann beispielsweise durch staatliche Eingriffe oder bei Fremdverwaltung durch einen Insolvenzverwalter der Fall sein.[661] Auch dieser Tatbestand kann wegfallen, wodurch die Pflicht zur Vollkonsolidierung entsteht.

Sind die Tatbestände des Einbeziehungsverbotes nicht mehr gegeben, ist das Tochterunternehmen zu konsolidieren. IAS 27.15 (a) (rev. 2000) schreibt vor, dass der Buchwert der Anteile und das anteilige Eigenkapital des Tochterunternehmens verrechnet werden. Im Regelfall entspricht der Buchwert den Anschaffungskosten. Erfolgt die Erstkonsolidierung des Tochterunternehmens erst in einer dem Anteilskauf folgenden Periode, kann der Buchwert der Anteile gemäß IAS 27.29 (rev. 2000) entweder die fortgeführten Anschaffungskosten, der fair value oder ein nach der Equity-Methode ermittelter Wert sein. Wird die Erstkonsolidierung auf Basis dieser Werte durchgeführt, führt dies zu einer unterschiedlichen Höhe des Goodwills oder des negativen Goodwills, worunter die Vergleichbarkeit von Konzernabschlüssen leidet. Bei Methoden

---

[658] Vgl. IASB, Business Combinations II, 2004, S. 18; Küting/Elprana/Wirth, KoR, 2003, S. 488 f.

[659] Vgl. IAS 27.13 (a) (rev. 2000).

[660] Vgl. IAS 27.13 (b) (rev. 2000); Baetge/Schulze, in: IAS-Kommentar, 2003, IAS 27 Rn. 94.

[661] Vgl. Baetge/Schulze, in: IAS-Kommentar, 2003, IAS 27 Rn. 97.

mit Anschaffungskostenrestriktion hätte die Ausübung des Wahlrechts den Effekt, dass, wenn die Summe der stillen Reserven abzüglich der stillen Lasten größer ist als der Unterschiedsbetrag, stille Reserven in der Summe in unterschiedlicher Höhe zugeschrieben bzw. verrechnet werden.

Dieses Problem könnte gelöst werden, indem die Regelungen des sukzessiven Anteilskaufs analog angewandt werden. Sie behandeln den Fall, dass Anteile gekauft werden, die erst später als Anteile an einem Tochterunternehmen klassifiziert und konsolidiert werden. Die Regelungen zeigen, dass grundsätzlich eine Konsolidierung auf Basis der Anschaffungskosten der Anteile durchzuführen ist. Dies lässt sich ebenso aus IAS 22.19 f. (rev. 1998) ableiten. Darin ist geregelt, dass der Erwerber eines Unternehmens die Erstkonsolidierung an dem Tag, an dem er „control" über die Finanz- und Geschäftspolitik eines anderen Unternehmens ausüben kann, durchzuführen hat. Der Übergang der Leitung/Beherrschung erfolgt zu dem Zeitpunkt, zu dem das Unternehmen Tochterunternehmen wurde. Dies gilt unabhängig davon, ob es in den Konzernabschluss einbezogen wird. Bei Durchführung der Kapitalkonsolidierung ist folglich auf die Anschaffungskosten abzustellen.[662]

Problematisch ist der Fall, bei dem die Bewertung der Anteile des Mutterunternehmens auf Grund eines impairment unterhalb der Anschaffungskosten liegt. Die Erstkonsolidierung kann auf Basis des abgeschriebenen Wertes durchgeführt oder die Abschreibung storniert werden. Wird die Erstkonsolidierung auf Basis des abgeschriebenen Wertes durchgeführt, entsteht bei Methoden ohne Anschaffungskostenrestriktion ein niedrigerer Goodwill bzw. ein höherer negativen Goodwill als bei Stornierung der Abschreibung vor der Erstkonsolidierung. Bei Methoden mit Anschaffungskostenrestriktion variiert bei den beiden Alternativen der Umfang der stillen Reserven, die zugeschrieben bzw. verrechnet werden dürfen.

Gemäß der Einheitstheorie kann im Konzernabschluss nach der Erstkonsolidierung keine Abschreibung auf die vom Mutterunternehmen gehaltenen Anteile vorgenommen werden. Die Anteile erscheinen nicht in der Konzernbilanz. Allerdings wurde das Tochterunternehmen im Abschreibungszeitpunkt noch nicht in den Konzernabschluss einbezogen und die Abschreibung erfolgte vor der Erstkonsolidierung.

Wird die Kapitalkonsolidierung auf Basis der Anschaffungskosten vorgenommen, kann ein gesunkener Anteilswert ein Anzeichen für eine Wertmin-

---

[662] Vgl. auch Baetge/Siefke/Siefke, in: IAS-Kommentar, 2003, IAS 22 Rn. 61.

derung des Goodwills sein.[663] Das Vorliegen einer Wertminderung im Sinne
eines impairment bedeutet, dass der Barwert der prognostizierten, vom Toch-
ter- zum Mutterunternehmen fließenden Cashflows entweder aus der Sicht
des Marktes oder des Mutterunternehmens unterhalb der Anschaffungskosten
liegt. Im Konzern werden die Zukunftsaussichten des Tochterunternehmens
im Goodwill wiedergegeben. Bei einer Bewertung mit Anschaffungskosten
müsste folglich ein impairment test des Goodwills durchgeführt werden.

Ein impairment test ist nicht objektivierbar und der Abschreibungsbetrag auf
die Anteile kann leichter festgestellt werden als in Bezug auf den Goodwill.
Um Manipulationsspielraum einzuschränken, ist deshalb eine Konsolidierung
auf Basis der abgeschriebenen Anteile gegenüber der zweiten Alternative zu
bevorzugen.

Ergibt sich bei Durchführung der Erstkonsolidierung auf Basis der Anschaffungskosten der Anteile ein negativer Goodwill, kann kein impairment test
durchgeführt werden. Er ist nur für den Goodwill definiert. Eine Abschreibung der Anteile ist ein Indiz für einen zu hohen Kaufpreis. Es wird in Zukunft mit niedrigeren Cashflows aus dem Tochterunternehmen gerechnet als
ursprünglich angenommen. Die Durchführung der Erstkonsolidierung auf Basis der Anschaffungskosten würde die Erwartung der niedrigen Cashflows aus
dem Tochterunternehmen nicht berücksichtigen und den negativen Goodwill
zu niedrig ausweisen. Der negative Goodwill kann nicht durch einen impairment test korrigiert werden. Die Erstkonsolidierung ist folglich auf Basis des
abgeschriebenen Wertes durchzuführen

Die Ausübung des Wahlrechts des IAS 27.29 (rev. 2000) hat somit keine
Wirkung auf die Erstkonsolidierung. Bei einem Einbeziehungsverbot sind
Anteile an dem jeweiligen Tochterunternehmen im Konzernabschluss nach
den Regelungen des IAS 39 (rev. 2000) zu behandeln, was je nach Einstufung
in die Kategorien held-for-trading, available-for-sale oder held-to-maturity
gemäß IAS 39.69 (rev. 2000) zu einer Bilanzierung mit den Anschaffungskosten oder dem fair value führt.

4.4. Folgerungen

Die Untersuchung der Bewertungswahlrechte der IFRS hinsichtlich des Jahresabschlusses des Tochterunternehmens hat gezeigt, dass man diese in Bezug
auf ihre Wirkungen in verschiedene Kategorien einteilen kann.

---

[663] Vgl. Claussen/Scherrer, in: Kölner Kommentar zum AktG, 2003, § 301 Rn. 185.

Zum einen sind dies Wahlrechte, deren Ausübung sich nur auf der Kapital-seite des Tochterunternehmens niederschlägt. Da das Eigenkapital im Rahmen der Erstkonsolidierung eliminiert wird, ist für alle Kapitalkonsolidierungsmethoden, sowohl mit als auch ohne Anschaffungskostenrestriktion, nur die Höhe des Eigenkapitals relevant.

Zum anderen beeinflusst die Ausübung der überwiegenden Zahl der Wahlrechte die Bewertung von Bilanzposten und gleichzeitig die Höhe des gesamten Eigenkapitals. Bei Anwendung der unbegrenzten Neubewertungsmethode werden die aus einer unterschiedlichen Ausübung von Wahlrechten resultierenden Unterschiede in der Bewertung von Bilanzposten im Jahresabschluss ausgeglichen. Die Bilanzposten werden im Konzernabschluss im Erstkonsolidierungszeitpunkt mit dem fair value bewertet. Dagegen hat die Ausübung der Wahlrechte dieser Kategorie eine Wirkung bei Anwendung der beteiligungsproportionalen Neubewertungsmethode, da nur anteilige stille Reserven und stille Lasten zugeschrieben bzw. verrechnet werden. Die Ausübung der Wahlrechte wirkt sich auf die Bewertung des Nettovermögens und auf die Minderheitenanteile aus. Zudem ist der Konzernerfolg in den Folgeperioden bei Vergleich der unbegrenzten mit der beteiligungsproportionalen Neubewertungsmethode nicht identisch. Bei Anwendung der unbegrenzten Neubewertungsmethode verringern auch die auf die Minderheiten entfallenden Abschreibungen den Konzernerfolg.

Je geringer die stillen Reserven bzw. stillen Lasten im Jahresabschluss sind, desto geringer ist der durch die Ausübung der Wahlrechte induzierte Unterschied in der Bewertung der Bilanzposten des Tochterunternehmens in der Konzernbilanz und in der Bewertung der Minderheitenanteile bei Anwendung der beteiligungsproportionalen Neubewertungsmethode und desto geringer ist der Unterschied zwischen der unbegrenzten und der beteiligungsproportionalen Neubewertungsmethode. Werden die Bilanzposten schon im Jahresabschluss mit dem fair value bewertet, besteht kein Unterschied zwischen der unbegrenzten und der beteiligungsproportionalen Neubewertungsmethode.

Bei Vorliegen eines impairment im Jahresabschluss wird auf den recoverable amount abgeschrieben, der von dem fair value des Bilanzpostens abweichen kann. Im Erstkonsolidierungszeitpunkt können folglich bei dem abgeschriebenen asset stille Reserven oder stille Lasten vorliegen. Die Anwendung der beteiligungsproportionalen Neubewertungsmethode kann damit zu oben beschriebenen Unterschieden in der Bewertung des asset und in den Minderheitenanteilen im Konzernabschluss führen.

Bei Methoden mit Anschaffungskostenrestriktion und einem Unterschiedsbetrag, der kleiner als die Summe der stillen Reserven abzüglich stiller Lasten ist, kann die Aufteilung der stillen Reserven auf die einzelnen Bilanzposten abhängig von der Ausübung der Wahlrechte sein. Differiert die Abschreibungsdauer unterschiedlicher Bilanzposten bzw. die Dauer, die sich der Bilanzposten im Bestand des Unternehmens befindet, schlägt sich die unterschiedliche Aufteilung der stillen Reserven in den Folgeperioden in einem periodenverschobenen Erfolgsausweis nieder. Zudem führt die Anschaffungskostenrestriktion dazu, dass in der Summe weniger stille Reserven zugeschrieben werden als ohne Anschaffungskostenrestriktion. Damit ist der Unterschied in den Bilanzposten und den Minderheitenanteilen im Konzernabschluss, der sich bei Vergleich der unbegrenzten mit der beteiligungsproportionalen Neubewertungsmethode ergibt, geringer, wenn Kapitalkonsolidierungsmethoden mit Anschaffungskostenrestriktion angewandt werden. In den Folgeperioden ist auch der Unterschied im Konzernergebnis geringer.

Je größer die durch Bewertungswahlrechte induzierten Bewertungsunterschiede im Jahresabschluss sind, desto größer sind die Unterschiede zwischen der unbegrenzten und der beteiligungsproportionalen Neubewertungsmethode und desto stärker kann sich die Anwendung der Methoden mit Anschaffungskostenrestriktion auswirken. Bewertungsunterschiede werden vermehrt dann entstehen, wenn die Entwicklung der IFRS weiter in Richtung der fair value-Bewertung im Jahresabschluss geht und das Wahlrecht zu einer Bewertung mit Anschaffungs- bzw. Herstellungskosten beibehalten wird. In diesem Fall würde die Anwendung von Methoden mit Anschaffungskostenrestriktion die Unterschiede zwischen den beiden Ausprägungen der Kapitalkonsolidierungsmethoden abschwächen. Allerdings verringert sich die Vergleichbarkeit von Konzernabschlüssen, wenn nur eine der beiden Kapitalkonsolidierungsmethoden eine Anschaffungskostenrestriktion beinhaltet. Dies kann dazu führen, dass bei Methoden ohne Anschaffungskostenrestriktion ein negativer Goodwill ausgewiesen wird, wohingegen bei Methoden mit Anschaffungskostenrestriktion die Bewertung der Bilanzposten niedriger ist. Dies führt zu einer Periodenverschiebung des Konzernerfolgsausweises.

Wird im Jahresabschluss eine vollständige fair value-Bewertung durchgeführt, bestehen keine Unterschiede zwischen den beiden Kapitalkonsolidierungsmethoden. Dabei ist es irrelevant, ob die Erfassung des Anpassungsbetrages erfolgswirksam oder erfolgsneutral erfolgt. Eine fair value-Bewertung im Jahresabschluss hat zudem zur Folge, dass Methoden mit und ohne Anschaffungskostenrestriktion zu gleichen Konzernabschlüssen führen.

Werden Wahlrechte, deren Ausübung in einer unterschiedlichen Bewertung von Posten im Jahresabschluss des Tochterunternehmens resultiert, beibehalten, ist die unbegrenzte Neubewertungsmethode ohne Anschaffungskostenrestriktion hinsichtlich der Informationsfunktion von Konzernabschlüssen den anderen Methoden überlegen. Bei Anwendung der unbegrenzten Neubewertungsmethode ohne Anschaffungskostenrestriktion ist der Konzernabschluss unabhängig von der Ausübung der Wahlrechte im Jahresabschluss des Tochterunternehmens.

4.5. Überarbeitung der IFRS

4.5.1. Improvement Project

Zur Verbesserung der bestehenden Standards in dem Sinne, dass Widersprüche und Wahlrechte eliminiert oder verringert werden, führte das IASB das so genannte Improvement Project durch. Es endete am 18. Dezember 2003 mit der Verabschiedung von 13 überarbeiteten Standards.[664] IAS 15 (ref. 1994) wurde gestrichen.[665] Die Standards sind für Geschäftsjahre, die am 1.1.2005 oder später beginnen, anzuwenden.[666]

4.5.1.1. Abschaffung oder Einschränkung von Wahlrechten

Im Hinblick auf die Überarbeitung des IAS 2 (rev. 1993) hat das IASB seiner Vorgabe, Wahlrechte zu eliminieren, Rechnung getragen. In Zukunft sind bei der Bewertung von Vorräten nur noch das Fifo- und das Durchschnittskostenverfahren erlaubt.[667] Begründet wird die geplante Abschaffung des Lifo-Verfahrens damit, dass die ihr zugrunde liegende Verbrauchsfiktion selten der Realität entspreche.[668]

Unterschiedliche Bewertungsverfahren für Vorräte haben bei Anwendung der beteiligungsproportionalen Neubewertungsmethode und bei Anwendung von Kapitalkonsolidierungsmethoden mit Anschaffungskostenrestriktion eine

---

[664] Vgl. IASB, press release, 2003.
[665] Vgl. IAS, Improvements, Content, S. 3.
[666] Vgl. IAS 1.127 (rev. 2003); IAS 2.40 (rev. 2003); IAS 8.54 (rev. 2003); IAS 10.23 (rev. 2003); IAS 16.81 (rev. 2003); IAS 17.69 (rev. 2003); IAS 21.58 (rev. 2003); IAS 24.23 (rev. 2003); IAS 27.43 (rev. 2003); IAS 28.41 (rev. 2003); IAS 31.58 (rev. 2003); IAS 33.74 (rev. 2003); IAS 40.85 (rev. 2003).
[667] Vgl. IAS 2.25 (rev. 2003).
[668] Vgl. IAS 2 (rev. 2003), Basis for Conclusions, Par. BC10 f.

Wirkung auf den Konzernabschluss. Es bleibt ein Wahlrecht zwischen zwei Methoden bestehen, so dass sich die in Bezug auf die Bewertungsalternativen für Vorräte getroffenen Schlussfolgerungen nicht ändern. Allerdings sind die Unterschiede in der Vorratsbewertung zwischen dem Fifo- und dem Durchschnittskostenverfahren in der Regel geringer als zwischen einer Fifo- und einer Lifo-Bewertung. Die Wirkungen einer unterschiedlichen Ausübung des Wahlrechts auf den Konzernabschluss verringern sich nach Abschaffung des Lifo-Verfahrens. Die Abschaffung ist positiv zu beurteilen.

Eine Eliminierung eines weiteren Wahlrechts sieht das IASB hinsichtlich der Behandlung von Fehlern früherer Perioden und Änderungen der Bilanzierungsmethoden vor. Die Unterscheidung zwischen fundamentalen Fehlern und sonstigen wesentlichen Fehlern wurde dabei aufgehoben.[669] Um eine Vergleichbarkeit im Zeitablauf zu gewährleisten, wurde das allowed alternative treatment der IAS 8.38 und 54 (rev. 1993), das eine erfolgswirksame Erfassung der Anpassungsbeträge vorsah, gestrichen.[670] Für die Vergleichbarkeit von Konzernabschlüssen ist die Abschaffung des Wahlrechts ohne Bedeutung.

Bezüglich der Fremdwährungsumrechnung hat das IASB die Wahlrechte des IAS 21 (rev. 1993) gestrichen. So wurde zum einen das allowed alternative treatment des IAS 21.21 (rev. 1993) abgeschafft, das eine Einbeziehung von Fremdwährungsumrechnungsdifferenzen in die Anschaffungskosten vorsah. Die Abschaffung wird damit begründet, dass Fremdwährungsverluste nicht die Voraussetzungen für das Vorliegen eines asset erfüllen und die Aktivierungsmöglichkeit somit nicht im Einklang mit dem Framework steht. Außerdem ist eine Aktivierung in keinem der bei der Erarbeitung der IFRS mitwirkenden Ländern erlaubt, so dass eine Abschaffung im Einklang mit nationalen Rechnungslegungssystemen steht.[671] Zum anderen sieht IAS 21.47 (rev. 2003) vor, dass zugeschriebene bzw. verrechnete stille Reserven oder stille Lasten und ein Goodwill künftig nur noch mit dem Stichtagskurs umgerechnet werden dürfen. Stille Reserven bzw. stille Lasten und ein Goodwill wurden vom beteiligten Unternehmen erworben und sie sind folglich wie assets und liabilities der erworbenen wirtschaftlich selbständigen Teileinheit zu behandeln.[672]

---

[669] Vgl. IAS 8 (rev. 2003), Par. IN12.

[670] Vgl. IAS 8 (rev. 2003), Par. IN8; IAS 8.19 (b), 22, 42 (rev. 2003) u. Basis for Conclusions, Par. BC7.

[671] Vgl. IAS 21 (rev. 2003) Par IN10; IAS 21 (rev. 2003).28 u. Basis for Conclusions, Par. BC24 f.

[672] Vgl. IAS 21 (rev. 2003), Basis for Conclusions, Par. BC28 u. BC31 f.

Die Abschaffung der Wahlrechte verbessert die Vergleichbarkeit von Konzernabschlüssen.

4.5.1.2. Änderungen des IAS 27

Die Bewertung von Anteilen an Tochterunterunternehmen im Jahresabschluss des Mutterunternehmens gemäß IAS 27.4 (rev. 2003) ist nunmehr in IAS 27.37 (rev. 2003) geregelt. Der Standard sieht vor, die Bewertung im Jahresabschluss von der Bewertung im Konzernabschluss abhängig zu machen. Wurden die Anteile im Konzernabschluss gemäß IAS 39 (rev. 2003) bewertet, ist auch im Jahresabschluss eine Bewertung gemäß IAS 39 (rev. 2003) durchzuführen. Die Möglichkeit der Anwendung der Equity-Methode wurde gestrichen. Nach Meinung des IASB werden die Informationen, die diese Methode liefert, im Konzernabschluss gegeben. Für den Jahresabschluss ist eine Bewertung mit dem fair value oder den fortgeführten Anschaffungskosten vorzuziehen.[673] Die Bewertungsalternativen für Anteile an Tochterunternehmen im Jahresabschluss haben keine Wirkung auf den Konzernabschluss.

Ferner werden die Einbeziehungsverbote für Tochterunternehmen geändert. So wird das Verbot der Einbeziehung bei geplanter Veräußerung in naher Zukunft dahingehend konkretisiert, dass die Veräußerung innerhalb von zwölf Monaten geplant sein und das Management aktiv einen Käufer suchen muss.[674] Damit wird der Ermessensspielraum des Bilanzierenden zumindest teilweise eingeschränkt. Weiterhin wurde das zweite Einbeziehungsverbot des 27.13 (b) (rev. 2000) gestrichen.[675] Das IASB ist der Meinung, dass, auch wenn der Finanzmitteltransfer an das Mutterunternehmen langfristig erheblich beeinträchtigt ist, ein Leitungs-/Beherrschungsverhältnis im Sinne von IAS 27.4 (rev. 2003) vorliegen kann.[676]

4.5.1.3. Vorläufige Beibehaltung von Wahlrechten

Die Überarbeitung des IAS 16 umfasste nicht die Überprüfung des Bewertungswahlrechtes des IAS 16.28 f. (rev. 1998). Dies wäre nach Meinung des IASB nicht innerhalb des Zeitrahmens des Improvement Project möglich ge-

---

[673] Vgl. IAS 27 (rev. 2003), Basis for Conclusions, Par. BC29.
[674] Vgl. IAS 27.16 (rev. 2003)
[675] Vgl. IAS 27 (rev. 2003), Par. IN9.
[676] Vgl. IAS 27 (rev. 2003), Basis for Conclusions, Par. BC15.

wesen.[677] Es wurde lediglich die Einteilung der Wahlrechtsalternativen in ein benchmark treatment und ein allowed alternative treatment aufgehoben.[678]

Auch das Wahlrecht des IAS 40 (2000) wurde beibehalten.[679] Allerdings ist eine spätere Überprüfung der Bewertung von Finanzinvestitionen in Immobilien mit Anschaffungskosten vorgesehen. Das Wahlrecht hat den Hintergrund, dass in einzelnen Ländern die institutionellen Voraussetzungen für eine fair value-Bewertung hinsichtlich Immobilienmärkten und Sachverständigen noch nicht ausreichend gegeben sind. Nach Meinung des IASB wäre es deshalb für eine Abschaffung der Bewertung mit den Anschaffungskosten zu früh, da IAS 40 (2000) erst am 1.1.2001 in Kraft getreten ist.[680]

Das Wahlrecht des IAS 23 (rev. 1998) bezüglich der Bilanzierung von Fremdkapitalkosten wurde zwar geprüft, eine Entscheidung wurde jedoch vertagt. Es soll bei der Diskussion über die Bewertung eines asset bei Zugang wieder auf die Agenda gesetzt werden.[681]

4.5.2. Änderungen des IAS 39

Die Überarbeitung des IAS 39 (rev. 2000) war im Zusammenhang mit dem Improvement Project geplant. Sie wurde in ein eigenständiges Projekt ausgegliedert, da der Sachverhalt sehr komplex ist.[682] IAS 39.55 (b) (rev. 2003) schreibt bei der Folgebewertung von financial assets available for sale eine erfolgsneutrale Erfassung der Wertanpassungen auf den fair value, die keinen impairment loss darstellen, vor. Das Wahlrecht zur erfolgswirksamen Erfassung des IAS 39.103 (b) (rev. 2000) wird abgeschafft. Bei Vorliegen eines impairment ist das asset erfolgswirksam abzuschreiben.[683] Die Regelungen des IAS 21.28 (rev. 2003) zur Erfassung von Wertänderungen bei in ausländischer Währung erworbenen monetären assets auf Grund von Kursänderungen bleiben unberührt.[684]

IAS 39.23 (rev. 2003) sieht eine neue Einteilung von financial instruments vor. Die Kategorien held-to-maturity investments und available-for-sale fin-

---

[677] Vgl. IASB, Project Summary, Mai 2002, S. 11; IAS 16.29 u. 31 (rev. 2003).
[678] Vgl. IAS 16.29-31 (rev. 2003).
[679] Vgl. IAS 40.30 (rev. 2003).
[680] Vgl. IASB, Project Summary, Mai 2002, S. 23.
[681] Vgl. IASB, Project Summary, Mai 2002, S. 17.
[682] Vgl. Kleinmanns, StuB, 2003, S. 101 u. 105.
[683] Vgl. IAS 39.67 (rev. 2003).
[684] Vgl. IAS 39 (rev. 2003), Application Guidance, Par. AG83.

ancial assets bleiben im Vergleich zu IAS 39 (rev. 2000) bestehen. Im Unterschied zu IAS 39 (rev. 2000) dürfen jedoch alle financial assets, mit Ausnahme von financial assets held for trading als available for sale eingestuft werden.[685] Daneben finden sich in IAS 39.23 (rev. 2003) die Kategorien loans and receivables und financial asset or financial liability at fair value through profit or loss. Letztgenannte Kategorie umfasst solche financial assets oder liabilities, die nach IAS 39.10 (rev. 2000) als held-for-trading eingestuft wurden. Zudem kann der Bilanzierende alle übrigen financial assets oder liabilities bei Zugang in die Kategorie einstufen. Die einzige Ausnahme besteht für Eigenkapitalinstrumente, für die keine Marktpreise auf einem active market bestimmbar sind und deren fair value nicht zuverlässig messbar ist. Financial instruments der Kategorie „financial asset or financial liability at fair value through profit or loss" sind gemäß IAS 39.46 (rev. 2003) nach Zugang mit dem fair value zu bewerten. Wertanpassungen sind erfolgswirksam über die Gewinn- und Verlustrechnung zu erfassen.

Die Abschaffung des Wahlrechts hinsichtlich der Erfassung von Wertanpassungen auf den fair value bei financial assets available for sale steht im Zusammenhang mit der Änderung der Kategorien von financial assets. Der Bilanzierende kann jedes financial instrument als „financial asset or financial liability at fair value through profit or loss" einstufen und Wertanpassungen auf den fair value erfolgswirksam erfassen. Das Wahlrecht des IAS 39.103 (b) (rev. 2000) ist damit überflüssig.[686]

Die Abschaffung des Wahlrechts hat hinsichtlich des Konzernabschlusses keine Wirkungen, da die Unterschiede im Erfolg des Jahresabschlusses durch die Konsolidierung eliminiert werden. Eine Einführung eines impliziten Wahlrechts zur fair value-Bewertung aller Finanzinstrumente ist hinsichtlich seiner Wirkungen auf den Konzernabschluss vergleichbar mit dem Bewertungswahlrecht von property, plant and equipment.

Das Wahlrecht, bestimmte financial assets am Handelstag oder am Erfüllungstag anzusetzen, bleibt bestehen.[687] Firm commitments sind gemäß IAS 39.86 (a) (rev. 2003) als fair value hedge und nicht mehr als cash flow hedge zu klassifizieren. Das abzusichernde Risiko stellt eine fair value-Änderung dar. Zudem bedeutet eine Klassifizierung als fair value hedge eine Übereinstimmung mit SFAS 133.[688] Für den im Kapitel 4.2.1.4.2. dargestellten Fall

[685] Vgl. IAS 39.9 (rev. 2003) u. Basis for Conclusions, Par. BC84.
[686] Vgl. IAS 39 (rev. 2003), Basis for Conclusions, Par. BC77.
[687] Vgl. IAS 39.38 (rev. 2003) u. Application Guidance, AG53-AG56.
[688] Vgl. IAS 39 (rev. 2003), Basis for Conclusions, Par. BC151 u. BC153.

bedeutet dies, dass die effektiven fair value-Änderungen sowohl des Grundgeschäfts als auch des Sicherungsinstruments erfolgswirksam erfasst werden. Die Änderung hat keine Wirkung auf den Konzernabschluss. Es ändert sich lediglich der Eigenkapitalposten, in dem die Wertänderungen erfasst werden, nicht aber ihre Höhe.

5. Vollständige fair value-Bewertung im Jahresabschluss

Die bisherigen Untersuchungen haben gezeigt, dass die unbegrenzte Neubewertungsmethode ohne Anschaffungskostenrestriktion den anderen Kapitalkonsolidierungsmethoden hinsichtlich der Erfüllung der Informationsfunktion überlegen ist. Das Ergebnis gilt dann nicht mehr, wenn im Jahresabschluss eine vollständige fair value-Bewertung durchgeführt wird. In diesem Fall führen die betrachteten Kapitalkonsolidierungsmethoden zu dem gleichen Ergebnis. Die neuen Regelungen, die im Rahmen des Business Combinations Project und des Improvement Project beschlossen wurden, weisen darauf hin, dass das IASB eine Ausweitung der fair value-Bewertung anstrebt.

5.1. Historische Entwicklung des fair value

In der aktuellen Diskussion wird der fair value zuweilen als revolutionäres Konzept des angloamerikanischen Bilanzierungsverständnisses dargestellt.[689] Dies entspricht nicht der Realität. Die Idee, die Bewertung in der Bilanz mit dem beizulegenden Wert, der ebenso wie der fair value auf die Verhältnisse am Bewertungstag abstellt, vorzunehmen, ist nicht neu. Schon bei Aufstellung des preußischen Landrechts wurde sie diskutiert[690] und in dem Allgemeinen Deutschen Handelsgesetzbuch (AHGB) von 1861 ist in Artikel 31 festgeschrieben: „Bei der Aufnahme des Inventars und der Bilanz sind sämtliche Vermögensstücke und Forderungen nach dem Wert anzusetzen, welcher ihnen zur Zeit der Aufnahme beizulegen ist."[691] Über die Auslegung des Artikels wurde in der Zeit nach der Verabschiedung diskutiert. Neben einer Pflicht zur Bewertung mit dem beizulegenden Wert wurde in ihr auch eine Höchstbewertungsvorschrift gesehen.[692] Die Diskussion zeigte die Tendenz, „daß nur der gemeine Wert als Bilanzwert in Frage komme"[693].

Nach In-Kraft-Treten der Aktiennovelle von 1870 wurden in großer Zahl Aktiengesellschaften gegründet. In der Folgezeit ging ungefähr 30 % des Kapitals der Aktiengesellschaften durch Kapitalherabsetzung, Konkurs oder Liquidation verloren. Ein Grund dafür kann darin gesehen werden, dass noch nicht realisierte Gewinne an die Anteilseigner ausgeschüttet und somit das zur

---

[689] Vgl. Baetge/Zülch, BFuP, 2001, S. 544; Wiedmann, FS Havermann, 1995, S. 781 u. 783.
[690] Vgl. Barth, Entwicklung, 1953, S. 130-132.
[691] Art. 31 AHGB, zitiert nach: Barth, Entwicklung, 1953, S. 135.
[692] Vgl. Schmalenbach, Bilanz, 1962, S. 36 f.; Barth, Entwicklung, 1953, S. 136-138.
[693] Simon, Bilanzen, 1. Aufl., 1886, zitiert nach: Barth, Entwicklung, 1953, S. 158.

Befriedigung der Gläubigeransprüche zur Verfügung stehende Kapital des Unternehmens gekürzt wurde. Die Vorgänge werden im Zusammenhang damit gesehen, dass trotz des allgemeinen Zuspruchs zu einer Bewertung mit dem gemeinen Wert die Anschaffungs- und Herstellungskosten in der Aktienrechtsnovelle von 1884 als Bewertungsobergrenze für Aktiengesellschaften eingeführt wurden.[694]

Gegen Ende des 19. Jahrhunderts wendete sich auch die öffentliche Meinung. Als Argument gegen die Verwendung des gemeinen Wertes wurde angeführt, dass ein objektiver Wert nicht feststellbar sei. Zudem diene die Bewertung von Anlagegütern dazu, die Anschaffungskosten auf die Perioden der Nutzung zu verteilen. Eine von den fortgeführten Anschaffungskosten abweichende Bewertung würde Gewinne oder Verluste ausweisen, die nur bei Verkauf entstehen würden, was bei Anlagevermögen jedoch nicht vorgesehen sei.[695] Eine ähnliche Diskussion lässt sich aktuell beobachten.

Das theoretische Konzept der Zeitwertbilanzierung wurde in Deutschland nach dem ersten Weltkrieg wieder stärker diskutiert. In dieser Zeit, die von hoher Inflation geprägt war, haben viele Bilanztheorien ihren Ursprung.[696] Dies gilt auch für das Konzept der organischen Tageswertbilanz von Fritz Schmidt. Danach werden Vermögensgegenstände, mit Ausnahme von Nominalgütern, mit Tagesbeschaffungswerten bewertet. Wertänderungen sind erfolgsneutral direkt im Eigenkapital oder auf einem Vermögenswertänderungskonto, das aktiv oder passiv sein kann, zu erfassen.[697] Zudem sieht das Konzept die Aktivierung von immateriellen Kostenwerten vor. Dies sind Kosten, die noch nicht zu Umsatz geführt haben. Die Folgebewertung von immateriellen Gütern erfolgt gleichfalls zu Tagesbeschaffungswerten.[698] Zweck der organischen Bilanztheorie ist sowohl die Bemessung des ausschüttbaren Erfolges als auch die Vermögensdarstellung am Bilanzstichtag.[699]

Die aktuelle Diskussion um den fair value wird mit Veränderungen der Finanzmärkte, die eine hohe Volatilität und Komplexität aufweisen,[700] und einem zunehmenden Einsatz von derivativen Finanzinstrumenten in dem Fi-

---

[694] Vgl. Barth, Entwicklung, 1953, S. 75 f., 78 u. 156.
[695] Vgl. Barth, Entwicklung, 1953, S. 159 u. 163-166.
[696] Vgl. Schweitzer, in: HWR, 1970, Sp. 271.
[697] Vgl. Schmidt, Tageswertbilanz, 1951, S. 94, 96 u. 103.
[698] Vgl. Schmidt, Tageswertbilanz, 1951, S. 118 f. u. 129 f.
[699] Vgl. Schweitzer, HWR, 1970, Sp. 271; Schmidt, Tageswertbilanz, 1951, S. 91 f.
[700] Vgl. Wiedmann, FS Havermann, 1995, S. 784.

nanz- und Risikomanagement von Unternehmen begründet.[701] Zudem wurde die fair value-Bewertung durch neue Erkenntnisse der Finanztheorie, die häufig auf zukunftsgerichtete Größen wie den Ertragswert abstellt, sowie durch die Entwicklung neuer Bewertungsmodelle für Finanzinstrumente und neuer Computertechnologien, die die fair value-Bewertung vereinfachten, begünstigt.[702]

5.2. Konzept und Ermittlung des fair value nach IFRS

5.2.1. Konzept des fair value

Der fair value ist in den IFRS definiert als „the amount for which an asset could be exchanged, or a liability settled between knowledgeable, willing parties in an arm's length transaction"[703]. Eine Umsetzung der fair value-Definition würde bedeuten, dass Marktpreise zur Annäherung an den fair value zu verwenden sind.[704] Marktpreise sind jedoch nicht für alle assets vorhanden. Es ist folglich aus der Definition des fair value und den Erläuterungen in den IFRS[705] eine Vorgehensweise zur Ermittlung des fair value abzuleiten, die auch den Fall umfasst, dass keine Marktpreise für assets vorhanden sind. Eine solche Umsetzung des fair value-Konzeptes stellt das Drei-Ebenen-Konzept (fair value hierarchy) zur Ermittlung des fair value dar, auf das sich das IASB mit dem FASB im Rahmen der zweiten Phase des Business Combinations Project geeinigt hat.[706] Im Rahmen des Projektes der Joint Working Group of Standard Setters zur Bilanzierung von financial instruments wurde eine vergleichbare fair value hierarchy festgelegt.[707]

Das Drei-Ebenen-Konzept sieht folgende Vorgehensweise zur fair value-Ermittlung vor: Liegt ein active market vor, ist der fair value gleichzusetzen mit dem kurz vor dem oder am Tag der Durchführung der Bewertung auf dem Absatzmarkt ermittelten Marktpreis (erste Ebene).[708] Liegt kein Marktpreis

---

[701] Vgl. Pfitzer/Dutzi, in: HWRP, 2002, Sp. 749; JWG, Draft Standard, Summary, 2000, S. i; Siegel, WPK-Mitt. Sonderheft, 1997, S. 82.

[702] Vgl. Siegel, WPK Mitt. Sonderheft, 1997, S. 83 f. u. 88 f.

[703] IAS 39.8 (rev. 2000); IAS 18.7 (rev. 1993); IAS 21.7 (rev. 1993); IAS 22.8 (rev. 1998); IAS 32.5 (rev. 1998); IAS 41.8 (2001); vgl. auch IAS 16.6 (rev. 1998); IAS 20.3 (ref. 1994); IAS 38.7 (1998); IAS 40.4 (2000) in Bezug auf den fair value von assets.

[704] Vgl. bspw. auch IAS 39.99 (rev. 2000); IAS 40.39 (2000).

[705] Vgl. bspw. IAS 40.34-43 (2000).

[706] Vgl. IASB, Business Combinations II, 2004, S. 9 f.

[707] Vgl. Pape, WPg, 2001, S. 1459 u. 1463.

[708] Vgl. IAS 19 (rev. 2002), Basis for Conclusions, Par. 69.

vor, muss dieser angenähert werden. Dazu sind Marktpreise ähnlicher assets oder liabilities an die speziellen Eigenschaften des zu bewertenden asset oder der zu bewertenden liability anzupassen (zweite Ebene). Ist dies nicht möglich, sind Bewertungsmodelle heranzuziehen (dritte Ebene).[709]

Die Objektivierung der Bewertung nimmt von der ersten zur dritten Ebene ab. Auf der ersten Ebene liegen der Bewertung theoretisch intersubjektiv nachprüfbare Preise zugrunde, die für alle Unternehmen gleich sind. Damit ist die Vergleichbarkeit gewährleistet. Auf der zweiten Ebene findet eine Orientierung an Marktpreisen statt, allerdings ist die Vornahme der Anpassung von subjektiven Einschätzungen abhängig. Je größer der Unterschied zwischen dem am Markt gehandelten asset bzw. der jeweiligen liability und dem Bewertungsobjekt ist, desto größer wird die subjektive Komponente der fair value-Ermittlung. Das Bewertungskonzept der letzten Ebene hängt stark von den Einschätzungen des Managements ab.

Tatsächlich ist eine objektivierte Ermittlung des fair value nicht einmal auf der ersten Ebene gewährleistet, wie es sich bei Betrachtung von an der Börse gehandelten Wertpapieren zeigt. Es können für ein Wertpapier unterschiedliche Preise existieren, wenn es an mehreren Börsenplätzen gehandelt wird.

5.2.2. Fair value-Ermittlung in den Einzelregelungen der IFRS

Allen Standards, die sich mit der Ermittlung des fair value im Jahresabschluss befassen, ist gemein, dass sie zur Ermittlung des fair value auf einen Marktwert (market value) abzielen, dessen Annäherung jedoch nicht immer mit dem Marktpreis vorgeschrieben ist.[710]

Bei der Bewertung von Sachanlagen lassen sich die Ebenen der fair value-Ermittlung noch nicht erkennen. IAS 16.30 f. (rev. 1998) stellt fest, dass Sachanlagen mit dem market value zu bewerten sind, der im Falle von Grundstücken und Gebäuden von einem Gutachter zu bestimmen und im Falle von Betriebs- und Geschäftsausstattung zu schätzen ist. Wie bei der Schätzung vorzugehen ist, wird nicht festgelegt. Betriebs- und Geschäftsausstattungen können unter bestimmten Voraussetzungen auch mit den Wiederbeschaf-

---

[709] Vgl. IASB, Business Combinations II, 2004, S. 9 f.; Baetge/Zülch, BFuP, 2001, S. 547; JWG, Draft Standard, 2000, Summary, S. iii.

[710] Vgl. IAS 16.30 f. (rev. 1998); IAS 38.64 (1998); IAS 39.70 (rev. 2000); IAS 40.29 (2000); IAS 41.17 (2001).

fungskosten bewertet werden.[711] Die Definition des fair value stellt nicht explizit auf einen Marktpreis ab, was darauf schließen lässt, dass es auf Grund der Art der assets häufig keinen Markt gibt und somit Bewertungsverfahren anzuwenden sind.

Das Planvermögen, das gemäß IAS 19.54 (d) (rev. 2002) zur Bemessung der Höhe der zu passivierenden Pensionsverpflichtung im Rahmen eines defined benefit plan von dem Anwartschaftsbarwert in Abzug zu bringen ist, ist mit dem fair value zu bewerten. Der fair value ist als Veräußerungspreis ohne Abzug von Transaktionskosten[712] zu ermitteln oder, falls ein Veräußerungspreis nicht verfügbar ist, zu schätzen. Als Beispiel für anwendbare Schätzungsmethoden werden DCF-Verfahren genannt.[713] Das Drei-Ebenen-Konzept wird nur in Teilen umgesetzt. Aus dem Wortlaut des IAS 19.102 (rev. 2002) geht nicht eindeutig hervor, ob das Ableiten eines Marktwertes aus vergangenen Transaktionen zulässig ist.

Für intangible assets ist eine fair value-Bewertung nur dann zulässig, wenn der fair value auf der ersten Ebene ermittelt werden kann, also ein Preis auf einem active market vorliegt.[714]

Die Regelungen zur Bestimmung des fair value für financial instruments des IAS 39.99-102 (rev. 2000) setzen im Wesentlichen das Drei-Ebenen-Konzept um. So ist das financial asset oder die financial liability mit dem Börsenkurs zu bewerten, soweit dieser bestimmbar ist. Liegt kein aktueller Börsenkurs vor, kann der Preis einer in der Vergangenheit liegenden Transaktion zur Annäherung an den fair value verwendet werden, wenn sich die wirtschaftliche Situation nicht wesentlich geändert hat. Besteht zwar ein Markt für das financial instrument, erfüllt er jedoch nicht die Voraussetzungen eines active market, sind Anpassungen an die Marktpreise vorzunehmen. Stellt auch dieser Wert keine zuverlässige Annäherung an den fair value dar, sind Bewertungsmodelle anzuwenden. Der fair value kann auch durch den Marktpreis ähnlicher financial instruments oder als Summe der Marktpreise der einzelnen Bestandteile des financial instrument bestimmt werden.

Aus den Regelungen wird deutlich, dass financial liabilities indirekt über die korrespondierende Forderung zu bewerten sind, da financial liabilities nicht

---

[711] Vgl. IAS 16.31 (rev. 1998).
[712] Vgl. IAS 19 (rev. 2002), Basis for Conclusions, Par. 69.
[713] Vgl. IAS 19.102 (rev. 2002).
[714] Vgl. IAS 38.64 (1998).

gehandelt werden, sondern nur die zugehörige Forderung in der Form einer Anleihe.

IAS 40 (2000) regelt die Bilanzierung von Finanzinvestitionen in Immobilien. Sie sind definiert als Grundstücke, Gebäude und/oder Gebäudeteile, die zur Erzielung von Miet- und/oder Pachterträgen und nicht zum Einsatz in der Produktion, zum Angebot von Gütern oder Dienstleistungen, zum Einsatz in der Verwaltung oder zum Verkauf im Rahmen der normalen Geschäftstätigkeit bestimmt sind.[715] Für diese Immobilien ist der fair value der Marktwert, der als der Preis zu verstehen ist, der auf vernünftiger Basis (reasonably) mit der größten Wahrscheinlichkeit auf einem Markt erzielt werden kann und der die fair value-Definition erfüllt.[716] Die Formulierungen sind allgemein und es handelt sich nicht um eine konkrete Ermittlungsvorschrift. Das IASB konkretisiert die Vorgehensweise zur fair value-Ermittlung in IAS 40.39 f. (2000) dahingehend, dass der Preis auf einem active market für ähnliche Immobilien in gleichem Zustand, gleicher Lage und gleichen Vertragsbedingungen zu verwenden ist. Ist ein solcher Preis nicht verfügbar, sind verschiedene Informationen zur Ermittlung des fair value zu berücksichtigen. Die Ausführungen des IAS 40.39 f. (2000) deuten darauf hin, dass allgemein anerkannte Immobilienbewertungsverfahren zu verwenden sind. IAS 40.40 (2000) beschreibt das Vergleichswertverfahren,[717] nach dem die aktuelle Preise auf einem active market oder in der Vergangenheit erzielte Preise für Immobilien, die sich hinsichtlich eines Wertbestimmungsfaktors von der zu bewertenden Immobilie unterscheiden, entsprechend den Eigenschaften der zu bewertenden Immobilie angepasst werden. Daneben können auch DCF-Verfahren verwendet werden. Auch für diese sind, soweit möglich, Marktdaten, wie die Höhe der für vergleichbare Immobilien in vergleichbarer Lage erzielten Mieterträge, heranzuziehen.[718]

Die Vorgehensweise entspricht im Prinzip dem Drei-Ebenen-Konzept zur Ermittlung des fair value. Eine Wertermittlung auf der ersten Ebene ist auf Grund der vielfach vorhandenen Einzigartigkeit von Immobilien nicht möglich. Gleichwohl nimmt die Vorgehensweise auf einen active market Bezug. Der Hauptunterschied zwischen IAS 40.39 f. (2000) und IAS 16.30 (rev. 1998), die beide auch die Bilanzierung von Immobilien regeln, ist, dass in IAS 40 (2000) kein Gutachter gefordert wird. Das IASB begründet dies damit, dass das Unternehmen zu entscheiden hätte, ob genügend interne Infor-

---

[715] Vgl. IAS 40.4 (2000).
[716] Vgl. IAS 40.29 (2000).
[717] Vgl. Baetge/Zülch, BFuP, 2001, S. 556.
[718] Vgl. Cairns, Applying, 2002, S. 532.

mationen zur Durchführung der Bewertung zur Verfügung ständen und zudem nicht immer ausreichend qualifizierte Gutachter gefunden werden könnten. Es wird lediglich die Empfehlung ausgesprochen, einen unabhängigen Gutachter zu konsultieren. In der Begründung wird ferner angeführt, dass diese Vorgehensweise im Einklang mit IAS 19.57 (rev. 2002) stehe.[719] IAS 40 (2000) und IAS 19 (rev. 2002) wurden nach dem Jahr 2000 verabschiedet, IAS 16 (rev. 1998) im Jahre 1998. Für diese Zeitspanne ist ein Meinungswechsel des IASB erkennbar, durch den die Objektivität der Bewertung vermindert wird.

Biological assets, d. h. lebende Tiere oder Pflanzen,[720] sind gemäß IAS 41.12 (2001) bei Zugang und in den Folgeperioden mit dem fair value abzüglich point-of-sale costs zu bewerten. Unter point-of-sale costs fallen Provisionen an Makler und Händler, Verkehrssteuern und Zölle.[721] Für landwirtschaftliche Erzeugnisse aus einem biological asset dient der fair value zur Bewertung bei Zugang, also im Erntezeitpunkt. Die Folgebewertung hat gemäß IAS 2 (rev. 1993) zu erfolgen. Zur Ermittlung des fair value ist ein Marktpreis heranzuziehen. Ist dieser nicht verfügbar, hat eine Annäherung über Marktdaten zu erfolgen.[722] Auch hinsichtlich der Bestimmung des fair value von biological assets oder landwirtschaftlichen Erzeugnissen wird das Drei-Ebenen-Konzept nur zum Teil umgesetzt; Schätzverfahren werden nicht angesprochen.

Neben der Bewertung von assets und liabilities ist der fair value auch für die Bewertung von Erlösen relevant. Ihre Höhe wird durch den fair value der Gegenleistung bestimmt. Die Gegenleistung wird meist in Form von Zahlungsmitteln oder Zahlungsmitteläquivalenten erbracht, die mit deren Nominalbetrag unter Berücksichtung von Zinseffekten zu bewerten sind.[723]

Bei Tausch von nicht gleichartigen oder gleichwertigen Gütern werden gemäß IAS 18.12 (rev. 1993) Erträge realisiert. Die Höhe der Erträge aus dem Tausch bemisst sich an dem fair value der erhaltenen Güter oder, sofern dieser nicht bestimmbar ist, an dem fair value der hingegebenen Güter. Zur Bestimmung des fair value enthält IAS 18.12 (rev. 1993) keine Vorgaben.

IAS 39.69 (c) (rev. 2000), IAS 40.47 (2000) und IAS 41.12 (2001) schreiben vor, dass der fair value nur dann als Bewertungsmaßstab verwendet werden

---

[719] Vgl. IAS 40 (2000), Basis for Conclusions, B55 f.
[720] Vgl. IAS 41.5 (2001).
[721] Vgl. IAS 41.14 (2001).
[722] Vgl. IAS 41.13 u. 17 f. (2001); Mujkanovic, Fair Value, 2002, S. 181.
[723] Vgl. IAS 18.9-11 (rev. 1993).

darf, wenn er zuverlässig ermittelt werden kann. Dabei werden für Finanzinstrumente zwei Kriterien vorgegeben, die anzeigen, wann der fair value zuverlässig ermittelt werden kann und es werden Beispiele genannt.[724] Ein Kriterium ist, dass „the variability in the range of reasonable fair value estimates is not significant for that instrument"[725]. Sowohl der Begriff „reasonable" als auch „significant" ist auslegungsbedürftig, so dass das Kriterium eher formaler Natur ist und keine konkreten Anhaltspunkte dafür bietet, wann ein fair value zuverlässig ermittelbar ist. Auch das zweite Kriterium enthält den Begriff „reasonable". Es stellt darauf ab, dass die Wahrscheinlichkeiten der Werte innerhalb der Bandbreite der Schätzung vernünftig („reasonably") bestimmbar sind und damit bei der Ermittlung des fair value berücksichtigt werden können. Für financial instruments available for sale oder held for trading besteht gemäß IAS 39.70 (rev. 2000) die Vermutung, dass der fair value zuverlässig ermittelt werden kann. Ist dies nicht der Fall, sind die fortgeführten Anschaffungskosten als Bewertungsmaßstab zu verwenden.[726]

Auch für Finanzinvestitionen in Immobilien gilt grundsätzlich die widerlegbare Vermutung, dass der fair value zuverlässig ermittelt werden kann. Gleichzeitig nennt IAS 40.47 (2000) eine Einschränkung der Vermutung. Der fair value ist dann nicht zuverlässig ermittelbar, wenn vergleichbare Markttransaktionen für das asset selten und alternative Schätzungen des fair value nicht verfügbar sind. In diesem Fall sind Finanzinvestitionen in Immobilien nach dem benchmark treatment des IAS 16.28 (rev. 1998) mit den fortgeführten Anschaffungskosten zu bewerten.[727] Eine Bewertung mit fortgeführten Herstellungskosten ist auch für biological assets vorgeschrieben, deren fair value nicht zuverlässig ermittelt werden kann.[728]

Weder IAS 16 (rev. 1998) noch IAS 17 (rev. 1997) schreiben vor, dass der fair value zuverlässig messbar sein muss. Auffällig ist, dass die Standards, die in einer Fassung von 1998 oder von früheren Jahren vorliegen,[729] die Forderung nach zuverlässiger Messbarkeit nicht beinhalten, wohingegen dies bei später verabschiedeten oder überarbeiteten Standards der Fall ist.

---

[724] Vgl. IAS 39.95 f. (rev. 2000).
[725] IAS 39.95 (rev. 2000).
[726] Vgl. IAS 39.69 (c) i. V. m. 73 (rev. 2000).
[727] Vgl. IAS 40.47 (2000).
[728] Vgl. IAS 41.30 (2001).
[729] Vgl. auch IAS 20 (ref. 1994) u. IAS 26.32 (ref. 1994).

Für die Ermittlung des fair value gilt allgemein, dass Transaktionskosten nicht einzubeziehen sind.[730] Dies steht im Einklang mit der Definition des fair value, die auf den Preis abstellt, für den ein asset getauscht oder eine liability beglichen werden könnte, und nicht auf tatsächlich gezahlte Beträge. Eine Ausnahme stellt die Regelung des IAS 22.39 (d) (i) und (ii) (rev. 1998) dar. Für die Ermittlung des fair value von fertigen und unfertigen Erzeugnissen sind die Veräußerungskosten von dem Veräußerungspreis in Abzug zu bringen. In manchen Fällen enthält der Marktpreis schon Transaktionskosten. So werden an der Börse unterschiedliche Preise bei Kauf und Verkauf von Wertpapieren gezahlt. Dies ist unter anderem auf Gebühren zurückzuführen.[731]

5.3. Umsetzung der vollständigen fair value-Bewertung in den IFRS

Die Untersuchung der Kapitalkonsolidierungsmethoden führte zum Ergebnis, dass der Unterschied zwischen der unbegrenzten und der proportionalen Neubewertungsmethode mit und ohne Anschaffungskostenrestriktion dann aufgehoben wird, wenn im Jahresabschluss eine vollständige fair value-Bewertung durchgeführt wird. Eine vollständige fair value-Bewertung kann in zweierlei Hinsicht verstanden werden. Zum einen kann man sie als reines Bewertungskonzept verstehen, zum anderen kann sie im Hinblick auf ihre Zielsetzung betrachtet werden. Im zweiten Fall müssen auch Ansatzprobleme diskutiert werden, da mit einer vollständigen fair value-Bewertung das Ziel verfolgt wird, das Vermögen des Unternehmens so abzubilden, dass die Lücke zwischen dem Marktwert und dem bilanziellen Eigenkapital geschlossen werden kann.[732]

Das Bewertungskonzept einer vollständigen fair value-Bewertung ist in den IFRS noch nicht umgesetzt. Bei entsprechender Ausübung der Wahlrechte werden zum Beispiel Vorräte, intangible assets, für die kein active market besteht, financial instruments der Kategorie held-to-maturity, vom Unternehmen ausgereichte Kredite und Forderungen (loans and receivables originated by the enterprise) und solche assets, für die der fair value nicht zuverlässig bestimmt werden kann, mit fortgeführten Anschaffungs- bzw. Herstellungskosten bewertet. Die Änderungen des Improvement Project und des IAS 39 führen zu einer Ausweitung der fair value-Bewertung, indem gemäß IAS 39 (rev. 2003) für alle Finanzinstrumente eine Bewertung mit dem fair value zulässig

---

[730] Vgl. IAS 40.30 (2000); IAS 36.4 (1998).
[731] Vgl. Mishkin/Eakins, Markets, 2000, S. 598.
[732] Vgl. Kümpel, DSWR, 2003, S. 223.

ist.[733] Zudem wurde der Anwendungsbereich des IAS 40 (2000) insofern erweitert, als ein Leasingnehmer unter den Voraussetzungen des IAS 40.6 (rev. 2003) property interests[734] im Rahmen eines operating lease gemäß IAS 40 (2000) bilanzieren darf. Dies ist nur dann zulässig, wenn das fair value model des IAS 40.27-49 (2000) angewandt wird.[735] Die Änderungen führen nicht zu der Umsetzung einer vollständigen fair value-Bewertung.

Selbst bei assets und liabilities, für die eine fair value-Bewertung vorgeschrieben bzw. das Wahlrecht zur fair value-Bewertung entsprechend ausgeübt wird, erfolgt die Bewertung in der Bilanz nicht immer mit dem fair value. Bei Vorliegen eines impairment sind assets, soweit sie unter den Anwendungsbereich des IAS 36 (1998) fallen,[736] auf den recoverable amount abzuschreiben. Dieser ist nicht mit dem fair value gleichzusetzen. Das IASB misst dem fair value eine höhere Entscheidungsrelevanz zu als anderen Bewertungsmethoden.[737] Insofern ist es inkonsequent, von der fair value-Bewertung bei Vorliegen eines impairment abzuweichen und eine Bewertung mit dem recoverable amount vorzuschreiben. In den neueren Standards ist das IASB konsequenter. So sind financial assets, die unter den Anwendungsbereich von IAS 32 (rev. 1998) fallen, Finanzinvestitionen in Immobilien, die mit dem fair value bewertet werden, und biological assets, die einer Neubewertung unterliegen, von dem impairment test des IAS 36 (rev. 1998) ausgenommen.[738]

Nur IAS 39 (rev. 2000) weist spezielle impairment Regelungen auf. Liegt ein impairment loss bei einem mit dem fair value bewerteten financial asset vor[739], sind bis zu diesem Zeitpunkt erfolgsneutral erfasste Wertänderungen erfolgswirksam in der Gewinn- und Verlustrechnung auszuweisen. Die Bewertung des financial asset erfolgt weiterhin mit dem fair value. Die Regelung ist folglich nur auf financial assets available for sale, deren Wertanpassungen auf den fair value erfolgsneutral erfasst werden, anzuwenden. IAS 40 (2000) und IAS 41 (2001) verzichten auf eine gesonderte impairment Regelung. Sowohl IAS 40.28 (2000) als auch IAS 41.26 (2001) schreiben eine erfolgswirksame Erfassung der Anpassungsbeträge auf den fair value vor.

---

[733] Vgl. IAS 39.46 i.V.m 9 (rev. 2003).

[734] Vgl. Cairns, Applying, 2002, S. 524 f.

[735] Vgl. IAS 40.6 (rev. 2003).

[736] Vgl. IAS 36.1 (1998).

[737] Dies kann bspw. aus IAS 40 (2000), Basis for Conclusions, Par. B44 i. V. m. B48 geschlossen werden.

[738] Vgl. IAS 36.1 (e)-(g) (1998).

[739] Vgl. IAS 39.117 i. V. m. 110 (rev. 2000).

Betrachtet man die vollständige fair value-Bewertung hinsichtlich ihres Zweckes, ist die Umsetzung noch weniger weit fortgeschritten als dies hinsichtlich der reinen Bewertung der Fall ist. Selbst eine durchgängige fair value-Bewertung der nach IFRS ansetzbaren Bilanzposten würde nicht den Marktwert des Unternehmens wiedergeben. Grund dafür ist zum einen, dass der Wert eines Unternehmens am Zukunftserfolgswert gemessen wird, der in der Regel nicht der Summe der mit dem fair value bewerteten assets abzüglich liabilities entspricht.[740] Zum anderen können nicht alle wertbestimmenden Faktoren, wie Synergieeffekte, angesetzt werden, da sie nicht identifizierbar sind und ein Marktwert fehlt.

5.4. Wirkungen einer vollständigen fair value-Bewertung

Ein nach IFRS aufgestellter Jahresabschluss führt nicht zu einer vollständigen fair value-Bewertung. Um trotzdem die Wirkungen einer vollständigen fair value-Bewertung im Jahrsabschluss auf den Konzernabschluss untersuchen zu können, wird unterstellt, dass eine vollständige fair value-Bewertung im Jahresabschluss möglich ist und auch durchgeführt wird.

Bei einer vollständigen fair value-Bewertung im Jahresabschluss und einer Übernahme der fair value-Bewertung aus dem Jahresabschluss in den Konzernabschluss bestehen keine Unterschiede zwischen der unbegrenzten und der beteiligungsproportionalen Neubewertungsmethode. Auch eine Anschaffungskostenrestriktion hat keine Wirkung auf den Konzernabschluss. Eine vollständige fair value-Bewertung führt zudem dazu, dass zwischen der Erwerbsmethode und der fresh-start-Methode hinsichtlich der Bewertung der Bilanzposten im Konzernabschluss kein Unterschied besteht. Ein Unterschied besteht dann, wenn bei der fresh-start-Methode der Goodwill des Mutterunternehmens angesetzt wird.[741]

Zudem gibt es bei einer vollständigen fair value-Bewertung im Jahresabschluss keine Unterschiede zwischen den Ausgestaltungsformen der Erwerbsmethode hinsichtlich der Zwischenergebniseliminierung. Die Zwischenergebniseliminierung ist dann notwendig, wenn ein asset zwischen zwei Konzernunternehmen geliefert wurde und das asset sich noch am Bilanzstichtag im Besitz des empfangenden Unternehmens befindet. Das liefernde Unternehmen weist einen Gewinn (oder Verlust) aus, der im Konzern als wirtschaftliche Einheit nicht entstanden ist. Zudem entspricht die Bewertung des asset im

---

[740] Vgl. Ordelheide, BFuP, 1998, S. 605.
[741] Vgl. Pellens/Basche/Sellhorn, KoR, 2003, S. 2; Pellens/Sellhorn, BB, 1999, S. 2126.

Jahresabschluss nicht den fortgeführten Konzernanschaffungskosten. Der Erfolg aus der internen Lieferung sowie die von den fortgeführten Konzernanschaffungskosten abweichende Bewertung werden im Rahmen der Zwischenergebniseliminierung korrigiert.[742]

Bei einer vollständigen fair value-Bewertung im Jahresabschluss sind die assets und liabilities nicht mit dem Lieferpreis, sondern mit dem fair value im Jahresabschluss bilanziert. Der fair value wird in den Konzernabschluss übernommen. Es ist keine Anpassung hinsichtlich der Bewertung des asset und damit auch keine Zwischenergebniseliminierung notwendig. Lediglich einige Umgliederungen von Jahresabschlussposten sind vorzunehmen, um den Sachverhalt aus Konzernsicht abzubilden. Aus Konzernsicht ist kein Veräußerungsgewinn oder -verlust entstanden. Der Netto-Gewinn oder Verlust aus der Veräußerung und der Auflösung der Wertanpassungsrücklage beim veräußernden Unternehmen ist bei erfolgsneutraler Behandlung der Wertanpassungen[743] auf den fair value der Wertanpassungsrücklage beim erwerbenden Tochterunternehmen zuzuschreiben oder mit ihr zu verrechnen. Werden die Wertanpassungen erfolgswirksam ausgewiesen, ist ein Veräußerungsgewinn oder -verlust mit den Erträgen oder Aufwendungen aus der Wertanpassung beim erwerbenden Unternehmen zu verrechnen.

Wird im Jahresabschluss eine vollständige fair value-Bewertung durchgeführt, ist sie in den auf die Erstkonsolidierung folgenden Perioden in den Konzernabschluss zu übernehmen. Im Rahmen der Folgekonsolidierung ist keine Abschreibung bzw. Auflösung stiller Reserven oder stiller Lasten notwendig. Im Erstkonsolidierungszeitpunkt ist weder eine Zuschreibung noch eine Verrechnung stiller Reserven oder stiller Lasten erfolgt.

Die Vorgehensweise zur Abbildung eines Anteilszukaufs ändert sich durch eine vollständige fair value-Bewertung im Jahresabschluss nicht. Es ist bei Anwendung des proprietary und des parent company concept eine Erstkonsolidierung der neuen Anteile durchzuführen. Einzige Wirkung der vollständigen fair value-Bewertung im Jahresabschluss ist, dass im Rahmen der Aufstellung des Konzernabschlusses keine stillen Reserven oder stillen Lasten den Bilanzposten des Tochterunternehmens zugeschrieben oder mit ihnen verrechnet werden. Dies gilt auch bei Anwendung des parent company extension concept, wenn bei diesem zur Abbildung des Anteilskaufs auf das parent company concept abgestellt wird. Wird hingegen auf das entity concept abge-

---

[742] Vgl. IAS 27.18 (rev. 2000).
[743] Es wird unterstellt, dass die erfolgsneutral erfassten Wertanpassungen im Veräußerungszeitpunkt erfolgswirksam werden.

stellt, wird der Anteilskauf als Kapitaltransaktion zwischen Konzerngesellschaftern dargestellt. Die Kapitaleinzahlung oder -rückzahlung bei Anwendung des entity concept entspricht dem Kaufpreis der Anteile abzüglich des anteiligen Nettovermögens des Tochterunternehmens und abzüglich eines anteiligen Goodwills. Durch eine vollständige fair value-Bewertung im Jahresabschluss steigt das Nettovermögen des Tochterunternehmens im Vergleich zu einer Bewertung mit fortgeführten Anschaffungs- oder Herstellungskosten. Die Kapitaleinzahlung oder -rückzahlung verringert sich damit bei einer vollständigen fair value-Bewertung im Jahresabschluss.

Eine vollständige fair value-Bewertung hat ebenso wie beim Anteilszukauf keine Wirkung auf die Vorgehensweise zur Abbildung des Anteilsverkaufs in der Konzernbilanz. Bei Konzepten, die einen Anteilsverkauf annehmen, kann aus Konzernsicht kein Abgang von stillen Reserven oder stillen Lasten vorliegen.

In den bisherigen Ausführungen wurde unterstellt, dass die fair value-Bewertung des Jahresabschlusses in den Konzernabschluss übernommen wird. Wie angeführt, stellt das IASB zur Ermittlung des fair value auf den Absatzmarkt ab. Im Konzernabschluss wird die Einzelerwerbsfiktion unterstellt. Eine Bewertung mit Veräußerungswerten widerspricht der Konzeption der Erstkonsolidierung. Im Erstkonsolidierungszeitpunkt wird aus Konzernsicht ein Zugang der Bilanzposten des Tochterunternehmens angenommen. Die Konzernanschaffungskosten müssten auf dem Beschaffungsmarkt und nicht, wie es bei Ermittlung des fair value der Fall ist, auf dem Absatzmarkt bestimmt werden.

In den Folgeperioden widerspricht eine Übernahme der fair value-Bewertung aus dem Jahresabschluss nicht der Konzeption der Kapitalkonsolidierung. Die Bewertung im Konzernabschluss hat nicht mit Konzernanschaffungskosten zu erfolgen.

Da der fair value nur auf einem active market bestimmbar ist, muss er meist angenähert werden. Welches Wertkonzept dafür verwendet wird, hängt von der mit der Bewertung verfolgten Zwecksetzung ab.[744] Somit würde es nicht gegen die Konzeption einer fair value-Bewertung sprechen, wenn der fair value im Erstkonsolidierungszeitpunkt im Rahmen der Aufstellung des Konzernabschlusses als Beschaffungswert und im Jahresabschluss als Veräußerungswert bestimmt wird. In diesem Fall hat die proportionale Neubewer-

---

[744] Vgl. Göbel, in: US-amerikanische Rechnungslegung, 2000, S. 172.

tungsmethode keine Aussagekraft mehr, da man für die Bewertung der assets und liabilities in Höhe der Minderheitenanteile auf die Buchwerte in den Jahresabschlüssen abstellt. Dieser Teil der assets und liabilities würde mit einem fair value, der als Veräußerungswert bestimmt wird, bewertet. Der auf die Mehrheitsgesellschafter entfallende Teil der assets und liabilities wäre hingegen mit einem fair value, der als Beschaffungswert bestimmt wird, bewertet. Die beteiligungsproportionale Neubewertungsmethode wäre in diesem Fall abzulehnen. Methoden mit Anschaffungskostenrestriktion könnten ebenso zu Mischwerten führen. Die fair value-Bewertung im Sinne von Veräußerungswerten würde aus dem Jahresabschluss des Tochterunternehmens übernommen werden. Stille Reserven bzw. stille Lasten als positive bzw. negative Differenz zwischen dem Beschaffungsmarkt- und dem Absatzmarktwert dürfen jedoch nur unter Beachtung der Anschaffungskostenrestriktion zugeschrieben bzw. verrechnet werden.

5.5. Beurteilung der Wertkonzepte zur Annäherung an den fair value

Die Beurteilung der vollständigen fair value-Bewertung erfolgt hinsichtlich der Darstellung der Vermögens- und Erfolgslage.

5.5.1. Mögliche Wertkonzepte zur Annäherung an den fair value

Zur Annäherung an den fair value von Aktivposten können unterschiedliche Wertkonzepte verwendet werden:[745]

- Wiederbeschaffungs- bzw. Reproduktionswerte
- Veräußerungswerte
- Nutzungswerte (value in use)

Zur Bewertung von liabilities kann auch der Erfüllungsbetrag verwendet werden.

Stellt man auf die Wiederbeschaffung oder Reproduktion eines Aktivpostens ab, erfolgt die Bewertung mit den Wiederbeschaffungskosten. Darunter ist der Betrag zu verstehen, der am Bewertungstag zum Erwerb eines vergleichbaren asset aufgewendet werden müsste.[746] Sind nur Preise für assets, die sich in

---

[745] Vgl. Pfitzer/Dutzi, in: HWRP, 2002, Sp. 750; Barth/Landsman, Accounting Horizons, 1995, S. 99.

[746] Vgl. F.100 (b); Mujkanovic, Fair Value, 2002, S. 122.

ihrer Leistungsfähigkeit von dem zu bewertenden asset unterscheiden, verfügbar, sind die Wiederbeschaffungskosten unter Berücksichtung der veränderten Leistungsfähigkeit zu bestimmen. Der auf dem Markt verfügbare Wiederbeschaffungspreis wird mit dem Quotienten aus der Leistungsfähigkeit zum Anschaffungszeitpunkt und der Leistungsfähigkeit am Bewertungstag multipliziert. Bei abnutzbaren assets muss danach differenziert werden, ob der Preis eines vergleichbaren asset im Neuzustand (Wiederbeschaffungsneuwert) oder im Gebrauchszustand (Wiederbeschaffungsaltwert) der Wertermittlung zugrunde gelegt wird.[747] Unter Wiederbeschaffungskosten fallen auch die Reproduktionskosten, also die Kosten, die notwendig sind, um das asset wiederherzustellen.

Der Veräußerungswert ist der Betrag, der bei Verkauf eines Gutes zum Bewertungszeitpunkt erzielt werden kann. Der Wert kann mit oder ohne Berücksichtigung von Transaktionskosten ermittelt werden. Den IFRS ist zu entnehmen, dass bei der fair value-Ermittlung keine Transaktionskosten zu berücksichtigen sind.[748]

Existiert kein Markt für das jeweilige asset, können sowohl die Wiederbeschaffungskosten als auch die Veräußerungswerte mittels Schätzverfahren angenähert werden.

Unter Nutzungswert, im Folgenden in Anlehnung an die IFRS mit value in use bezeichnet, ist der Barwert des subjektiven, monetären Nutzens, den das Unternehmen aus dem Einsatz des asset erwartet, zu verstehen.

Die Bewertung einer liability kann mit dem diskontierten oder undiskontierten Rückzahlungsbetrag erfolgen. Daneben ist eine Bewertung der liability mit dem Wert der korrespondierenden Forderung möglich.

5.5.2. Annäherung durch Wiederbeschaffungskosten

Das Konzept der Bewertung mit Wiederbeschaffungskosten wird aus dem Konzept der Substanzerhaltung, wie bei der organischen Tageswertbilanz, abgeleitet.[749] Die Tageswerte sind bei dem Konzept am Bilanzstichtag auf dem Beschaffungsmarkt zu bestimmen. Wertänderungen sind erfolgsneutral auf einem Vermögenswertänderungskonto, das aktiv oder passiv sein kann,

---

[747] Vgl. Scherrer, Kostenrechnung, 1999, S. 266.
[748] Vgl. Kapitel 5.2.2.
[749] Vgl. Schildbach, in: HWR, 1993, Sp. 1893 f.; Samuelson, in: Accounting, 1981, S. 274.

oder direkt im Eigenkapital zu erfassen.[750] Der Gewinn soll als die Größe ermittelt werden, die ausschüttbar ist, ohne das reale Kapital zu mindern. Der Gewinn kann nach dem Konzept nur aus der Umsatztätigkeit resultieren. Er stellt die Differenz zwischen dem Verkaufspreis und dem Tagesbeschaffungswert am Umsatztag dar.[751] Ein auf Basis der Anschaffungskosten berechneter Gewinn wäre „immer wieder sogleich durch die Mehrkosten der Neuanschaffung gebunden"[752]. Dieses Konzept zeigt, dass eine fair value-Bewertung dem Vorsichtsprinzip entsprechen kann. Ein nach dem Konzept der Substanzerhaltung ermittelter Gewinn ist bei steigenden Preisen niedriger als dies bei Anwendung des Konzeptes der Nominalkapitalerhaltung, das dem HGB zu Grund liegt, der Fall ist. Dies liegt darin begründet, dass Wertsteigerungen des Unternehmensvermögens bei der organischen Tageswertbilanz den Gewinn nicht erhöhen.[753]

Die aus dem Konzept der Substanzerhaltung abgeleitete Bewertung mit Wiederbeschaffungskosten wird im Hinblick auf die Ausschüttungsbemessungsfunktion des Jahresabschlusses begründet. Einem Jahresabschluss nach IFRS kommt diese Funktion jedoch nicht zu.[754] Eine Bewertung zu Wiederbeschaffungskosten in den IFRS kann somit nicht aus dem Konzept der Substanzerhaltung abgeleitet werden.

Weiterhin wird eine Bewertung mit den Wiederbeschaffungskosten aus der Informationsfunktion des Jahresabschlusses abgeleitet. Es wird angenommen, dass die Wiederbeschaffungskosten dem vom Markt geschätzten Barwert der künftigen Netto-Cashflows aus dem asset entsprechen. Dies gilt nur bei Vorliegen eines vollkommenen Marktes.[755] Tatsächlich können sich die Wiederbeschaffungskosten und der Barwert der erwarteten Netto-Cashflows entgegengesetzt entwickeln.[756] So werden in einem Markt, in dem man für ein bestimmtes Gut hohe Renditen erzielen kann, und folglich der Barwert der erwarteten Netto-Cashflows aus dem Gut hoch ist, neue Konkurrenten versuchen in den Markt einzutreten. Daraus resultiert eine steigende Nachfrage nach Anlagen, mit denen das betreffende Gut gefertigt werden kann. Der Preis der Anlage steigt und der Barwert der erwarteten Netto-Cashflows aus

---

[750] Vgl. Schmidt, Tageswertbilanz, 1951, S. 96 u. 103.

[751] Vgl. Schmidt, Tageswertbilanz, 1951, S. 100 u. 139.

[752] Schmidt, Tageswertbilanz, 1951, S. 100.

[753] Vgl. Schildbach, BFuP, 1998, S. 581.

[754] Vgl. Adler/Düring/Schmaltz, IAS-Kommentar, 2003, Abschn. 9 Rn. 142.

[755] Vgl. Samuelson, in: Accounting, 1981, S. 274.

[756] Vgl. Samuelson, in: Accounting, 1981, S. 274-280; Revsine, Accounting Review, 1970, S. 513, 515 u. 517-520.

dem Gut sinkt durch Konkurrenzprodukte.[757] Die Wiederbeschaffungskosten geben folglich nicht den vom Markt geschätzten Barwert der künftigen Netto-Cashflows wieder.

Das Konzept der Bewertung mit den Wiederbeschaffungskosten unterstellt eine Automatik der Wiederbeschaffung.[758] Die Unterstellung ist für das hinsichtlich des Betriebszweckes genutzte Anlagevermögen plausibel. Es ist zur Aufrechterhaltung der Produktion oder des sonstigen Betriebszweckes notwendig. Gleiches gilt für Roh-, Hilfs- und Betriebsstoffe, die in Produkte eingehen, deren langfristige Fertigung geplant ist. Eine Bewertung mit den Wiederbeschaffungskosten zeigt jedoch nicht den Wert dieser assets, da sie sich schon im Unternehmen befinden und nicht erst beschafft werden müssen, sondern allenfalls den Wert vergleichbarer assets.[759]

Eine durchgängige Bewertung mit den Wiederbeschaffungskosten zeigt am Bilanzstichtag eine Art Reproduktionswert des Unternehmens, also den Betrag, der aufgewendet werden müsste, um das Unternehmen nachzubauen.[760] Die Bilanz kann diesen Wert jedoch nur in Teilen wiedergeben. Nicht alle immateriellen Werte des Unternehmens werden bilanziert.[761] Die Ermittlung des Reproduktionswertes geht von einer statischen Betrachtung des Unternehmens aus. Diese vernachlässigt, dass sich Produkte am Markt weiterentwickeln und das Unternehmen bei Wiederbeschaffung nicht vergleichbare, sondern weiterentwickelte Produkte erwirbt. Im Hinblick auf die dynamische Betrachtung eines Unternehmens ist der Reproduktionswert nicht aussagekräftig.

Weiterhin ist nicht ersichtlich, welche Informationen mit einer durchgängigen Bewertung mit Wiederbeschaffungskosten vermittelt werden sollen. Informationen aus Jahresabschlüssen sind darauf gerichtet, dem Adressaten Prognosen über künftige Entwicklungen, insbesondere über künftige Cashflows bzw. Erträge und Aufwendungen, zu ermöglichen (predictive value) oder schon angestellte Prognosen zu überprüfen (feedback value). Eine durchgängige Bewertung mit den Wiederbeschaffungskosten stellt auf die Reproduktion des Unternehmens ab, die jedoch nicht erfolgt. Wie gezeigt besteht sogar die Gefahr, dass aus steigenden Wiederbeschaffungskosten auf eine positive

---

[757] Vgl. Revsine, Accounting Review, 1970, S. 513, 515 u. 517-520; im Ergebnis ebenso: Streim/Bieker/Leippe, FS Stützel, 2001, S. 198.

[758] Vgl. Siegel, BFuP, 1998, S. 595 f.; Samuelson, in: Accounting, 1981, S. 274.

[759] Vgl. Sterling, in: Accounting, 1981, S. 299.

[760] Vgl. Schmidt, Tageswertbilanz, 1951, S. 74.

[761] Vgl. Möhrle, DStR, 1999, S. 1414.

Entwicklung des Unternehmens geschlossen wird, obwohl am Markt gegenteilige Informationen verfügbar sind. Wiederbeschaffungskosten weisen in diesem Fall keinen predictive value auf.

Einen predictive value können auf den Zeitpunkt der geplanten Wiederbeschaffung ermittelte Wiederbeschaffungskosten aufweisen. Sie zeigen die Höhe der in Zukunft voraussichtlich anfallenden Investitionen. In diesem Fall wäre jedoch das Kriterium der Objektivierung nicht erfüllt. Zukünftige Wiederbeschaffungskosten müssen geschätzt werden und hierfür subjektive Kriterien zugrunde gelegt werden.[762] Eine Objektivierung ist dann gegeben, wenn am Bilanzstichtag schon ein Wiederbeschaffungsvertrag geschlossen wurde. Jedoch wäre in diesem Fall eine Angabe in den notes der Bewertung mit den Wiederbeschaffungskosten in der Bilanz vorzuziehen. Sonst könnte die Bewertung eines Bilanzpostens in der Bilanz eine Mischung aus fortgeführten Anschaffungs- oder Herstellungskosten und Wiederbeschaffungskosten darstellen.

Ein anderer Sachverhalt als im Jahresabschluss liegt bei der Ermittlung des fair value im Rahmen der Konzernabschlusserstellung vor. Aus der Einzelerwerbsfiktion folgt eine Bewertung zu Wiederbeschaffungskosten.

Eine Rechtfertigung der Bewertung mit den Wiederbeschaffungskosten im Jahresabschluss könnte sich aus der Wirkung auf die Darstellung der Ertragslage ergeben. Die Wiederbeschaffungskosten stellen dann die Abschreibungsgrundlage dar. Abschreibungen werden zwei Funktionen zugeschrieben. Zum einen verteilen planmäßige Abschreibungen gemäß dem matching principle die Anschaffungskosten auf die Perioden, in dem aus dem asset voraussichtlich Erträge erwirtschaftet werden. Zum anderen erfassen außerplanmäßige Abschreibungen Wertminderungen des asset.[763] Liegen die Wiederbeschaffungskosten oberhalb der Anschaffungs- bzw. Herstellungskosten verteilen Abschreibungen auf die Wiederbeschaffungskosten einen höheren Betrag als die Anschaffungs- oder Herstellungskosten auf die Nutzungsdauer des asset, wenn der höhere Abschreibungsaufwand nicht durch eine erfolgswirksame Auflösung von erfolgsneutral erfassten Aufwertungsbeträgen ausgeglichen werden. Erfolgt der Ausgleich durch die Auflösung von Aufwertungsbeträgen über die Nutzungsdauer des asset, besteht im Ergebnis kein Unterschied zu Abschreibungen auf Basis der Anschaffungs- oder Herstellungskosten. Aus der ersten Funktion von Abschreibungen kann folglich keine Notwendigkeit einer Bewertung zu Wiederbeschaffungskosten abgeleitet werden.

---

[762] Vgl. Schmidt, Tageswertbilanz, 1951, S. 73.
[763] Vgl. Coenenberg, Jahresabschluss, 2003, S. 167.

Die Funktion der Erfassung von Wertminderungen wird von außerplanmäßigen Abschreibungen auf die Wiederbeschaffungskosten ebenso erfüllt wie von außerplanmäßigen Abschreibungen auf die Anschaffungs- oder Herstellungskosten. Im Hinblick auf die Funktion von außerplanmäßigen Abschreibungen ist eine Bewertung mit den Anschaffungs- oder Herstellungskosten und eine Bewertung zu Wiederbeschaffungskosten gleichwertig.

Aus den Ausführungen folgt, dass eine Bewertung mit den Wiederbeschaffungskosten dann keine Annäherung an den fair value darstellt, wenn die Produkte nicht wiederbeschafft werden sollen. Bei geplanter Wiederbeschaffung werden bei dynamischer Betrachtung des Unternehmens nicht die Wiederbeschaffungskosten vergleichbarer Produkte verwendet, sondern die von auf dem Markt verfügbarer Produkte. Diese sind im Vergleich zu den im Bestand des Unternehmens befindlichen Produkten hinsichtlich ihrer Produktmerkmale weiterentwickelt. Die Wiederbeschaffungskosten eines weiterentwickelten Produktes zeigen nicht den fair value des sich im Bestand befindlichen asset.

5.5.3. Annäherung durch Veräußerungswerte und Börsenpreise

Eine Annäherung an den fair value kann ferner durch Veräußerungswerte erfolgen, die nicht an der Börse festgestellt werden. Damit könnte das Schuldendeckungspotenzial gemessen und Aussagen darüber getroffen werden, inwieweit unerwartete Verluste ausgeglichen werden können.[764] Allerdings entspricht dies einer statischen Betrachtung. Volatile Märkte hingegen lassen nur eingeschränkt Rückschlüsse auf das künftige Schuldendeckungspotenzial zu.[765]

Das Konzept der Bewertung mit Veräußerungswerten widerspricht der going concern-Prämisse. Es wird auf eine Veräußerungsfiktion abgestellt,[766] die zumindest beim zur Aufrechterhaltung des Betriebszweckes eingesetzten Vermögen nicht der going concern-Prämisse entspricht. Lediglich für spekulativ gehaltene oder zur Veräußerung bestimmte assets kann die Veräußerungsfiktion aufrechterhalten werden.[767]

---

[764] Vgl. Streim/Bieker/Leippe, FS Stützel, 2001, S. 197; Siegel, BFuP, 1998, S. 593.
[765] Vgl. Streim/Bieker/Leippe, FS Stützel, 2001, S. 197 f.
[766] Vgl. im Ergebnis: Streim/Bieker/Leippe, FS Stützel, 2001, S. 199.
[767] Vgl. Streim/Bieker/Esser, BFuP, 2003, S. 471.

Liegt kein Veräußerungsvertrag vor, kann der Veräußerungswert auf dem Absatzmarkt bestimmt werden. Jedoch ist nicht sichergestellt, dass das asset tatsächlich abgesetzt werden kann; auch der Verkaufszeitpunkt steht nicht fest. Handelt es sich um assets, die jederzeit veräußert werden können, deren Preise öffentlich zugänglich sind und die vom Unternehmen spekulativ gehalten werden, also assets die an einer Börse gehandelt werden, wird durch eine Bewertung mit Veräußerungswerten der Marktwert gezeigt. Eine Bewertung mit Veräußerungswerten widerspricht nicht der Zwecksetzung, die das Unternehmen mit spekulativ gehaltenen assets verfolgt. Somit stellen Börsenpreise eine gute Annäherung an den fair value dar.[768] Börsenpreise sind annähernd objektiviert, da es sich um Marktpreise handelt, die öffentlich zugänglich sind. Zudem stellen Börsenpreise auf liquiden Märkten einen Näherungswert für den Barwert künftiger Cashflows aus dem asset dar.[769] Börsenpreise haben damit grundsätzlich einen predictive sowie einen feedback value.

Jedoch ist der predictive value bei volatilen Märkten stark eingeschränkt. Bei einer erfolgswirksamen Erfassung der Anpassungsbeträge auf den fair value werden Erträge oder Aufwendungen ausgewiesen, die bei volatilen Märkten bei Erstellung des Abschlusses nicht mehr bestehen oder sich ins Gegenteil gekehrt haben. Gleiches gilt für den feedback value. Andererseits wird durch Börsenpreise der Marktwert des asset am Bilanzstichtag gezeigt und somit die Zwecksetzung einer fair value-Bewertung erfüllt.

Börsenpreise existieren für Wertpapiere, Rohstoffe und Gold. Keine Annäherung an den fair value stellen Börsenpreise von assets dar, bei denen nur geringe Umsätze stattfinden, so dass jede Transaktion den Preis in beobachtbarem Ausmaß beeinflusst. Eine Abgrenzung, ab welcher Umsatzhöhe ein Börsenpreis eine Annäherung an den fair value darstellt, ist schwierig.

5.5.4. Annäherung durch den value in use

Der value in use unterscheidet sich von den Wiederbeschaffungskosten sowie dem Veräußerungswert dadurch, dass er keine Markteinschätzung, sondern die Einschätzung des Managements hinsichtlich des Unternehmens wiedergibt. Theoretisch zeigt der value in use den Wert, den ein asset für ein Unternehmen hat. Der value in use gibt hinsichtlich der Aktiva eines Unternehmens die künftigen Einzahlungspotenziale und hinsichtlich der Passiva die Aus-

---

[768] Vgl. IAS 39.96 (rev. 2000).
[769] Vgl. Streim/Bieker/Esser, BFuP, 2003, S. 471.

zahlungspotenziale wieder.[770] Damit steht der value in use im Einklang mit der going concern-Prämisse des Jahresabschlusses.[771]

Zur Ermittlung des value in use müssen künftige Cashflows geschätzt und mit einem geeigneten Zinssatz diskontiert werden. Eine Bewertung mit dem value in use kann schon im Anschaffungszeitpunkt zu einer Bewertung des asset oberhalb der Anschaffungsausgaben führen. In diesem Fall würde im Zugangszeitpunkt der Nettokapitalwert des asset als Ertrag oder Eigenkapitalmehrung vereinnahmt werden, in den Folgeperioden würden nur Zinsgewinne ausgewiesen werden.[772]

Mögliche Fehler, die bei der Ermittlung auftreten, können in zwei Gruppen zusammengefasst werden. Dies sind zum einen Fehler, die auf die generelle Risikobehaftung von Zukunftsaussagen zurückzuführen sind.[773] Zum anderen sind es Fehler, die durch die willentliche Beeinflussung der Bewertung durch das Management entstehen.[774] Der value in use erfüllt nicht das Kriterium der Objektivität. Auch wenn er theoretisch einen hohen predictive und feedback value hat,[775] sind diese Kriterien hinsichtlich der praktischen Umsetzung nicht erfüllt. Der Grad der Beeinflussung des Wertes durch das Management ist für den Jahresabschlussadressaten nicht ersichtlich. Ebenso kann das Kriterium der Vollständigkeit nicht nachgeprüft werden. Es ist nicht sichergestellt, dass das Unternehmen alle verfügbaren Informationen bei der Ermittlung des value in use berücksichtigt. Auf Grund der Subjektivität ist auch das Kriterium der Vergleichbarkeit, weder im statischen noch im dynamischen Sinne, erfüllt. Zudem ist der value in use für einzelne assets häufig nicht bestimmbar. Sie generieren nur in Verbindung mit anderen assets Cashflows. Zur Bestimmung des value in use müssen cash-generating units gebildet werden, deren value in use nicht auf die einzelnen assets aufgeteilt werden kann. Soll an dem Prinzip der Einzelbewertung von assets und liabilities festgehalten werden, kann für viele Bilanzposten des Unternehmens kein eigenständiger value in use bestimmt werden.[776]

---

[770] Vgl. Streim/Bieker/Esser, BFuP, 2003, S. 470.
[771] Vgl. Streim/Bieker/Leippe, FS Stützel, 2001, S. 195 u. 202; Barth/Landsman, Accounting Horizons, 1995, S. 101.
[772] Vgl. Sterling, in: Accounting, 1981, S. 292.
[773] ausführlich dazu: Göbel, in: US-amerikanische Rechnungslegung, 2000, S. 174 f.
[774] Vgl. Barth/Landsman, Accounting Horizons, 1995, S. 101 f.
[775] Vgl. Streim/Bieker/Leippe, FS Stützel, 2001, S. 197.
[776] Vgl. Streim/Bieker/Esser, BFuP, 2003, S. 471 f. u. 473.

Der value in use berücksichtigt den Einsatz des asset im Unternehmen. Er entspricht damit nicht der fair value-Definition.

5.5.5. Indirekte Bewertungsmethode von liabilities, value in use und Rückzahlungsbetrag

Der Wert einer liability im Sinne eines Kredites wird häufig über den Wert der korrespondierenden Forderung bestimmt. Die künftig zu erwartenden Zahlungen aus der Forderung werden mit dem Zinssatz, der das Risiko des Investments und damit die Bonität des Unternehmens zeigt, abgezinst.[777] Verschlechtert sich die Bonität des Unternehmens, das den Kredit aufgenommen hat, erhöht sich der Zinssatz, den ein Investor fordern würde, um die korrespondierende Forderung zu übernehmen. Es wird die Meinung vertreten, dass die liability mit dem Barwert der erwarteten Zahlungen zu bewerten sei.[778] Damit müsste die liability bei Verschlechterung der Bonität des Unternehmens, das den Kredit aufgenommen hat, abgewertet werden. Die Minderung kann erfolgswirksam als Ertrag oder erfolgsneutral im Eigenkapital erfasst werden.

Es wird eine betragsmäßige Gleichheit der liability und der korrespondierenden Forderung unterstellt, die während der Laufzeit der liability nicht in jedem Fall zutrifft. Sie besteht nur im Rückzahlungszeitpunkt. Liegen für eine Forderung Börsenpreise vor, kann ihr Marktwert bestimmt werden. Eine Bonitätsverschlechterung beim Unternehmen, das den Kredit aufgenommen hat, bedeutet ein Absinken des Preises für die Forderung. Anders verhält es sich jedoch mit liabilties. Liabilities werden nicht an der Börse gehandelt und das Unternehmen muss die liability in voller Höhe zurückzahlen. Eine Abwertung der Verbindlichkeit würde unterstellen, dass das Unternehmen auf Grund der verschlechterten Bonität nur noch einen Teil der liability zurückzahlen müsste, was gegen die going concern-Prämisse verstößt.[779]

Eine Bewertung der liability in Höhe des Marktwertes oder einer Schätzung des Marktwertes der korrespondierenden Forderung würde widersprüchliche Informationen an die Jahresabschlussadressaten liefern. Eine Bonitätsverschlechterung zeigt auf der einen Seite eine negative Entwicklung des Unternehmens in Bezug auf seine Fähigkeit seine liabilities zu begleichen. Gleich-

---

[777] Vgl. Böcking/Sittmann-Haury, BB, 2003, S. 196; Birck/Meyer, Bankbilanz, 1989, S. V 148.

[778] Vgl. Willis, WPg, 1998, S. 857 f.

[779] Vgl. Kley, DB, 2001, S. 2259.

zeitig würde ein Gewinn oder eine erfolgsneutral erfasste Erhöhung des Eigenkapitals aus der Bonitätsverschlechterung im Jahresabschluss des Unternehmens, das den Kredit aufgenommen hat, ausgewiesen werden.[780]

Theoretisch kann der Wert der liability aus der Sicht des Unternehmens zum Bilanzstichtag gemessen werden, also ein zum value in use analoges Konzept angewandt werden. Das Unternehmen hat die Verpflichtung, die liability im Fälligkeitszeitpunkt zurückzuzahlen und zudem die vereinbarten Zinszahlungen zu leisten. Gleichzeitig investiert es den erhaltenen Betrag und erzielt dadurch eine Verzinsung des Kapitals, die zur Begleichung der Zinszahlungen und eines Teils des Rückzahlungsbetrages verwendet werden kann. Aus Sicht des Unternehmens hat die liability damit den Wert der Zins- und Rückzahlungsbeträge, diskontiert mit der Rendite des Projektes, in das investiert wurde. Diese Bewertung würde gegen den Einzelbewertungsgrundsatz des IAS 1.29 (rev. 1997) verstoßen. Zudem ist der zu verwendende Zinssatz nicht objektivierbar. Daneben gäbe es in der praktischen Anwendung Probleme. Eine liability kann häufig nicht direkt einem Projekt zugerechnet werden und die Renditen der Projekte können nur geschätzt werden.

Somit kommt für liabilities nur eine Bewertung zum undiskontierten Rückzahlungsbetrag als Annäherung an den fair value in Frage.

Liabilities umfassen neben den angesprochenen Krediten auch provisions, also liabilities, die hinsichtlich ihrer Höhe oder ihres Eintrittszeitpunktes unsicher sind.[781] Betrachtet man die Definition des fair value, kommt eine fair value-Bewertung für provisions nicht in Frage. Für eine provision ist eine Veräußerung oder ein Tausch nicht sehr wahrscheinlich.[782] Zudem ist es gemäß der Definition des fair value Voraussetzung, dass beide Parteien „knowledgeable" sind, was bei provisions gerade nicht der Fall sein kann, da sie im Hinblick auf ihre Höhe oder ihre Eintrittszeitpunkte unsicher sind. Man könnte „knowledgeable" auch dahingehend interpretieren, dass die Parteien über verschiedene Alternativen mit den dazugehörigen Wahrscheinlichkeiten ausreichend informiert sein müssen. Dies würde jedoch zur Bestimmung eines Erwartungswertes führen, der sowohl begrifflich als auch konzeptionell von dem fair value abweichen würde.

---

[780] Vgl. Schildbach, WPg, 1999, S. 182.
[781] Vgl. IAS 37.10 (1998).
[782] Vgl. IAS 37.37 (1998).

5.6. Beurteilung der vollständigen fair value-Bewertung

Unabhängig davon, ob man das theoretische Konzept der fair value-Bewertung, das umstritten ist,[783] befürwortet, scheitert es für eine Großzahl der assets und liabilities an seiner praktischen Umsetzung. Der fair value ist nicht bestimmbar und die Bewertungsmethoden zur Annäherung an den fair value sind nur für bestimmte assets hinsichtlich der Informationsfunktion positiv zu bewerten.

Zudem sind die Regelungen der IFRS inkonsequent. Zum einen wird eine Ausweitung der fair value-Bewertung angestrebt, zum anderen dürfen selbsterstellte intangible assets nur unter strengen Voraussetzungen angesetzt werden, wenn nicht ein Ansatzverbot besteht. Für diese assets existiert häufig kein Marktpreis, allerdings könnten sie mit den Herstellungskosten aktiviert werden. Dies wäre eine objektiviertere Bewertung als es bei einer fair value-Bewertung, die nicht von einem active market abgeleitet wurde, häufig der Fall ist.

Im Hinblick auf den Konzernabschluss hat die Untersuchung gezeigt, dass die Übernahme der mit Veräußerungswerten angenäherten fair values des Jahresabschlusses im Erstkonsolidierungszeitpunkt einen Widerspruch zur Einzelerwerbsfiktion darstellt. In den Folgeperioden könnten fair values im Sinne von Veräußerungswerten aus den Jahresabschlüssen in den Konzernabschluss übernommen werden. Die Problematik der Bestimmung besteht jedoch auch im Konzernabschluss. Bei Durchführung der Folgekonsolidierung bei Anteilszukauf und -verkauf würden sich keine konzeptionellen Änderungen im Vergleich zu der aktuellen Praxis ergeben. Damit wäre weder im Hinblick auf die Kapitalkonsolidierungsmethode noch im Hinblick auf die Informationsfunktion des Jahres- und Konzernabschlusses die Durchführung einer vollständigen fair value-Bewertung zu begründen.

---

[783] Vgl. bspw. Willis, WPg, 1998, S. 854-860, die am Beispiel von Finanzinstrumenten Argumente für eine fair value-Bewertung nennt; Schildbach, WPg, 1999, S. 177-185, der sich in der Antwort auf den Artikel von Willis dagegen ausspricht.

6. Ergebnisse

In der Arbeit wurden verschiedene Ausgestaltungsformen der Erwerbsmethode untersucht. Ausgangspunkt für die Ableitung der Ausgestaltungsformen waren die amerikanischen Konzepte des Konzernabschlusses, das proprietary concept, das parent company concept, das parent company extension concept und das entity concept. Sie unterscheiden sich hinsichtlich der Behandlung von Minderheitsgesellschaftern.

Im proprietary concept werden Minderheitsgesellschafter als Außenstehende des Konzerns behandelt. Der Konzernabschluss wird auf die Mehrheitsgesellschafter ausgerichtet und stellt einen erweiterten Abschluss des Mutterunternehmens dar. Aus dem Konzept wird die Quotenkonsolidierung abgeleitet. Eine Untersuchung der Stellung der Minderheitsgesellschafter im Konzern ergab, dass die Minderheitsgesellschafter hinsichtlich der Merkmale von Eigenkapitalgebern nicht mit Mehrheitsgesellschaftern gleichwertig sind, sie aber dennoch als Konzerneigenkapitalgeber zu charakterisieren sind.

Nach dem entity concept sind Mehrheits- und Minderheitsgesellschafter gleichwertige Konzerngesellschafter. Allerdings ist eine Gleichbehandlung von Mehrheits- und Minderheitsgesellschaftern hinsichtlich der bilanziellen Abbildung von ihnen getätigter Transaktionen nicht möglich. Dies ergab die Untersuchung der Abbildung eines Anteilszukaufs oder Anteilsverkaufs von Tochterunternehmen ohne Statusänderung nach dem entity concept. Ferner kann die Vorgehensweise des entity concept, nach dem ein Anteilszukauf oder Anteilsverkauf als Kapitaltransaktion zwischen Konzerngesellschaftern behandelt wird, zur Zahlung von überhöhten Kaufpreisen führen. Die Kapitalkonsolidierungsmethode des entity concept ist die unbegrenzte Neubewertungsmethode mit Hochrechnung eines Goodwills. Eine Analyse möglicher Ursachen eines negativen Goodwills und eines Goodwills ergab, dass weder der Goodwill noch der negative Goodwill im Hinblick auf die Informationsfunktion auf die Minderheiten hochzurechnen ist.

Das parent company concept und das parent company extension concept berücksichtigen die Stellung der Minderheiten zwischen Konzernaußenstehenden und Konzerneigenkapitalgebern. Das parent company concept betont die unterschiedliche Stellung der Mehrheits- und Minderheitsgesellschafter stärker als das parent company extension concept. Aus dem parent company concept wird die beteiligungsproportionale Neubewertungsmethode abgeleitet, aus dem parent company extension concept die unbegrenzte Neubewertungsmethode ohne Hochrechnung eines Goodwills auf die Minderheitsgesellschafter. Eine Untersuchung der beiden Methoden hinsichtlich der Informationsfunktion des Konzernabschlusses ergab eine Überlegenheit der unbegrenzten Neubewertungsmethode. Allerdings stellt das parent company extension concept kein in sich schlüssiges theoretisches Konzept des Konzernabschlusses dar. Es wurde aus dem gewünschten Ergebnis abgeleitet. Bei Anteilszukauf oder Anteilsverkauf von Tochterunternehmen ohne Statusänderungen kann die Abbildung in Anlehnung an das parent company concept oder an das entity concept erfolgen. Die in diesem Zusammenhang angestellten Untersuchungen führten zu dem Ergebnis, dass das parent company extension concept in Anlehnung an das parent company concept anzuwenden ist.

Die Ausgestaltungsformen der Erwerbsmethode können mit und ohne Anschaffungskostenrestriktion angewandt werden. Die Untersuchung der Anschaffungskostenrestriktion ergab, dass Kapitalkonsolidierungsmethoden ohne Anschaffungskostenrestriktion hinsichtlich der Informationsfunktion Kapitalkonsolidierungsmethoden mit Anschaffungskostenrestriktion vorzuziehen sind. Die Folgerung hängt von dem Auflösungskonzept für einen negativen Goodwill ab. Sie basiert auf der hier auf Grund von Objektivierungsüberlegungen vorgeschlagenen linearen Auflösung des negativen Goodwills über einen Zeitraum von fünf Jahren. Der gleiche Zeitraum wird nach der Untersuchung möglicher Ursachen für die Abschreibung eines Goodwills vorgeschlagen.

Als vorläufiges Ergebnis kann damit festgehalten werden, dass hinsichtlich der Informationsfunktion des Konzernabschlusses eine Empfehlung zur Anwendung der unbegrenzten Neubewertungsmethode ohne Anschaffungskostenrestriktion gegeben werden kann. Die Folgekonsolidierung und Endkonsolidierung ist dabei auf Basis des parent company extension concept mit Ausrichtung auf das parent company concept durchzuführen.

Die Einbeziehung der Wahlrechte nach IFRS in die Untersuchung der Kapitalkonsolidierungsmethoden zeigte, dass dann kein Unterschied zwischen der beteiligungsproportionalen und der unbegrenzten Neubewertungsmethode besteht, wenn in den Jahresabschlüssen der einbezogenen Tochterunternehmen eine vollständige fair value-Bewertung durchgeführt wird. Eine Anschaffungskostenrestriktion hat in diesem Fall ebenfalls keine Wirkung. Viele Wahlrechte der IFRS führen jedoch nicht zu einer von der Alternativenwahl unabhängigen fair value-Bewertung im Jahresabschluss. Die Alternativen der Wahlrechte unterscheiden sich meist hinsichtlich der Höhe der stillen Reserven oder stillen Lasten in dem jeweiligen Bilanzposten des Tochterunternehmens. Je geringer die stillen Reserven oder stille Lasten sind, desto geringer sind die Unterschiede zwischen einem nach der beteiligungsproportionalen und einem nach der unbegrenzten Neubewertungsmethode aufgestellten Konzernabschluss.

Wahlrechte, deren Ausübung zu einer unterschiedlichen Bewertung von Bilanzposten im Jahresabschluss des Tochterunternehmens führen wirken sich nicht auf den Konzernabschluss aus, wenn er nach der unbegrenzten Neubewertungsmethode aufgestellt wird. Bei Anwendung der beteiligungsproportionalen Neubewertungsmethode führen Bewertungswahlrechte zu Unterschieden in der Bewertung der Bilanzposten im Konzernabschluss und in der Höhe der Minderheitenanteile. In den Folgeperioden wirkt sich dies auf das Konzernergebnis, das auf die Minderheitsgesellschafter entfällt, aus. Die Ausübung der Wahlrechte kann sich bei einem mittels Kapitalkonsolidierungsmethoden mit Anschaffungskostenrestriktion aufgestellten Konzernabschluss auf die Aufteilung der stillen Reserven auf die Bilanzposten des Tochterunternehmens auswirken. Dies kann zu einer Periodenverschiebung des Konzernergebnisses in den Folgeperioden führen.

Die Einbeziehung der Wahlrechte nach IFRS in die Untersuchung der Kapitalkonsolidierungsmethoden hat das angeführte vorläufige Ergebnis bestätigt. Werden Bewertungswahlrechte beibehalten, haben diese nur bei Anwendung der unbegrenzten Neubewertungsmethode ohne Anschaffungskostenrestriktion keine Wirkung auf den Konzernabschluss. Die Anwendung der unbegrenzten Neubewertungsmethode führt zu einer besseren Vergleichbarkeit von Konzernabschlüssen als dies bei Anwendung von anderen Methoden der Fall ist.

Zuletzt wurde die Tendenz der IFRS zu einer Ausweitung der fair value-Bewertung in die Untersuchung der Kapitalkonsolidierungsmethoden einbezogen. Die Untersuchung führte zu dem Schluss, dass eine Bestimmung des fair value als den Preis, der zwischen zwei unabhängigen, informierten und zum Geschäftsabschluss bereiten Parteien gezahlt werden würde, nicht bestimmbar ist. Lediglich Börsenpreise können den fair value gemäß der Definition annähern. Daneben gibt es verschiedenen Bewertungskonzepte, die als Annährung des fair value vorgeschlagen werden. Es hat sich gezeigt, dass aktuell keines davon zur Annäherung an den fair value geeignet ist.

In den IFRS wird der fair value meist durch Bestimmung des Veräußerungswertes angenähert. Eine Übernahme von Veräußerungswerten aus dem Jahresabschluss im Erstkonsolidierungszeitpunkt widerspricht der Einzelerwerbsfiktion, die der Erwerbsmethode zugrunde liegt. Gemäß der Einzelerwerbsfiktion ist der fair value im Erstkonsolidierungszeitpunkt als Beschaffungswert

zu definieren. Wird der fair value im Jahresabschluss mit Veräußerungswerten und im Konzernabschluss im Rahmen der Erstkonsolidierung mit Be-
schaffungswerten angenähert, führt die beteiligungsproportionale Neubewer-
ungsmethode zu keiner interpretierbaren Bewertung der Bilanzposten des
Tochterunternehmens im Konzernabschluss.

Als Ergebnis der Untersuchungen lässt sich damit festhalten, dass die unbegrenzte Neubewertungsmethode der beteiligungsproportionalen Neubewertungsmethode hinsichtlich der Informationsfunktion auch dann vorzuziehen
ist, wenn im Jahresabschluss eine vollständige fair value-Bewertung durchgeführt wird. Diese Aussage trifft zu, wenn der fair value im Jahresabschluss
mit Veräußerungswerten und im Konzernabschluss gemäß der Einzelerwerbsfiktion ermittelt wird.

Im HGB besteht ein Wahlrecht zwischen der unbegrenzten Neubewertungsmethode und der beteiligungsproportionalen Neubewertungsmethode (Buchwertmethode) mit Anschaffungskostenrestriktion. Eine unterschiedliche Ausübung des Wahlrechts kann zu einer Periodenverschiebung des Konzernergebnisses führen. Es besteht keine sachliche Notwendigkeit für das Wahlrecht. Daher kann die Empfehlung der Abschaffung der beteiligungsproportionalen Neubewertungsmethode (Buchwertmethode) ausgesprochen werden.

Die IFRS weisen ebenso ein Wahlrecht zwischen der beteiligungsproportionalen und der unbegrenzten Neubewertungsmethode auf. Im Rahmen des
Business Combinations Project wurde die beteiligungsproportionale Neubewertungsmethode abgeschafft. Nach obigen Untersuchungen ist dies hinsichtlich der Informationsfunktion positiv zu bewerten. Die Änderungen des Business Combinations Project hinsichtlich Regelungen zur Aufstellung des Konzernabschlusses zeigen, dass das entity concept umgesetzt werden soll. Es soll
nach Abschluss der zweiten Phase des Projektes eine Hochrechnung des
Goodwills auf die Minderheiten und eine Abbildung eines Anteilszukaufs
oder Anteilsverkaufs von Tochterunternehmen ohne Statusänderung als Kapitaltransaktion vorgeschrieben werden. Dies ist kritisch zu sehen. Gleiches
gilt hinsichtlich der sofortigen erfolgswirksamen Vereinnahmung eines negativen Goodwills. Ein Ertrag ist im Erstkonsolidierungszeitpunkt vielfach noch
nicht in voller Höhe entstanden. Der nach IFRS 3 (2004) vorgeschriebene impairment only approach zur Folgebewertung eines Goodwills ist einer planmäßigen Abschreibung hinsichtlich der Informationsfunktion unterlegen.
Positiv ist zu bewerten, dass der Konzernabschluss an einem theoretischen
Konzept ausgerichtet wird. Negativ ist, dass die Änderungen Widersprüche
enthalten. Das Business Combinations Project ist noch nicht abgeschlossen.

Literaturverzeichnis

Achleitner, Ann-Kristin/ Behr, Giorgio, International Accounting Standards: ein Lehrbuch zur internationalen Rechnungslegung, 3. Aufl., München 2003 (Standards).

Adler/Düring/Schmaltz, Rechnungslegung nach Internationalen Standards, bearb. von Hans-Friedrich Gelhausen u.a., Stuttgart 2003 (IAS-Kommentar).

Adler/Düring/Schmaltz, Rechnungslegung und Prüfung der Unternehmen, Kommentar zum HGB, AktG, GmbHG, PublG nach den Vorschriften des Bilanzrichtlinien-Gesetzes, 6. Aufl., bearb. von Karl-Heinz Forster u.a., Stuttgart 1995 (Teilband 1: Vorbem. §§ 252-256 HGB, §§252-263 HGB; Teilband 2: §§ 284-289 HGB), 1996 (Teilband 3: Vorbem. §§ 290-315 HGB, §§ 290-315 HGB), 1997 (Teilband 4: Kommentierung der Rechnungslegungsvorschriften des AktG, GmbHG und PublG; Teilband 5: §§ 264-274, 274a, 275-283 HGB), 1998 (Teilband 6: Vorbem. §§ 238-241 HGB, §§ 238-251 HGB).

Alexander, David/ Archer, Simon, Miller International Accounting/ Financial Reporting Standards Guide, New York 2004 (Guide).

Altmeppen, Holger, Kommentierung zu § 308 AkG, in: Münchener Kommentar zum Aktiengesetz, Bd. 8, §§ 278-328, hrsg. von Bruno Kropff und Johannes Semler, München 2000 (MünchKommAktG).

American Accounting Association, Equity Valuation Models and Measuring Goodwill Impairment, in: Accounting Horizons, Vol. 15 No. 2, 2001, S. 161-170.

Arians, Georg, Das Konzept der handelsrechtlichen Steuerabgrenzung im Überblick - Unter besonderer Berücksichtigung der International Accounting Standards -, in: StuB, 2. Jg. (2000), S. 290-297.

Auler, Wilhelm, Der Unternehmungsmehr- und -minderwert in der Bilanz, in: ZfB, 4. Jg. (1927), S. 839-850.

Baetge, Jörg, Der negative Unterschiedsbetrag aus der Kapitalkonsolidierung nach HGB, IAS und US-GAAP, in: Aktien- und Bilanzrecht, Festschrift für Bruno Kropff, hrsg. von Karl-Heinz Forster u.a., Düsseldorf 1997 (FS Kropff).

Baetge, Jörg, Grundsätze ordnungsmäßiger Buchführung und Bilanzierung, in: HWB, Bd. 1, hrsg. von Waldemar Wittmann u.a., 5. Aufl., Stuttgart 1993, S. 1541-1549 (HWB).

Baetge, Jörg/ Commandeur, Dirk, Kommentierung zu § 264 HGB, Lieferung von 2003, in: Handbuch der Rechnungslegung, Kommentar zur Bilanzierung und Prüfung, hrsg. von Karlheinz Küting und Claus-Peter Weber, 5. Aufl. Stuttgart, Stand: 2003 (HdR).

Baetge, Jörg/ Herrmann, Dagmar, Probleme der Endkonsolidierung im Konzernabschluß, in: WPg, 48. Jg. (1995), S. 225-232.

Baetge, Jörg/ Kirsch, Hans-Jürgen, Kap. 4 , Kommentierung zu den Grundsätzen ordnungsmäßiger Buchführung, Lieferung von 2002, in: Handbuch der Rechnungslegung, Kommentar zur Bilanzierung und Prüfung, hrsg. von Karlheinz Küting und Claus-Peter Weber, 5. Aufl. Stuttgart, Stand: 2003 (HdR).

Baetge, Jörg/ Kirsch, Hans-Jürgen/ Thiele, Stefan, Konzernbilanzen, 6. Aufl., Studentenausgabe, Düsseldorf 2002 (Konzernbilanzen).

Baetge, Jörg/ Schulze, Dennis, Kommentierung zu IAS 27, in: Rechnungslegung nach International Accounting Standards (IAS), Kommentar auf der Grundlage des deutschen Bilanzrechts, hrsg. von Jörg Baetge u. a., 2. Aufl., Stuttgart, Stand: 2003 (IAS-Kommentar).

Baetge, Jörg/ Siefke, Kirsten/ Siefke, Michael, Kommentierung zu IAS 22, in: Rechnungslegung nach International Accounting Standards (IAS), Kommentar auf der Grundlage des deutschen Bilanzrechts, hrsg. von Jörg Baetge u.a., 2. Aufl., Stuttgart, Stand: 2003 (IAS-Kommentar).

Baetge, Jörg/ Thiele, Stefan, Gesellschafterschutz versus Gläubigerschutz - Rechenschaft versus Kapitalerhaltung, in: Handelsbilanzen und Steuerbilanzen, Festschrift zum 70. Geburtstag von Heinrich Beisse, hrsg. von Wolfgang Dieter Budde, Adolf Moxter und Klaus Offerhaus, Düsseldorf 1997, S. 11-24 (FS Beisse).

Baetge, Jörg/ Zülch, Henning, Vermögenslage, in: HWRP, hrsg. von Wolfgang Ballwieser, Adolf G. Coenenberg und Klaus v. Wysocki, 3. Aufl., Stuttgart 2002, Sp. 2518-2539 (HWRP).

Baetge, Jörg/ Zülch, Henning, Fair Value-Accounting, in: BFuP, 53. Jg. (2001), S. 543-562.

Ballwieser, Wolfgang, Zum Nutzen handelsrechtlicher Rechnungslegung, in: Rechnungslegung - Warum und Wie, Festschrift zum 70. Geburtstag von Hermann Clemm, hrsg. von Wolfgang Ballwieser u.a., München 1996, S. 1-25 (FS Clemm).

Ballwieser, Wolfgang, Ergebnisse der Informationsökonomie zur Informationsfunktion der Rechnungslegung, in: Information und Produktion, Beiträge zur Unternehmenstheorie und Unternehmensplanung, Festschrift zum 60. Geburtstag von Waldemar Wittmann, hrsg. von Siegmar Stöppler, Stuttgart 1985, S. 21-40 (FS Wittmann).

Ballwieser, Wolfgang/ Coenenberg, Adolf G./ Schultze, Wolfgang, Unternehmensbewertung, erfolgsorientiert, in: HWRP, hrsg. von Wolfgang Ballwieser, Adolf G. Coenenberg und Klaus v. Wysocki, 3. Aufl., Stuttgart 2002, Sp. 2412-2432 (HWRP).

Barth, Kuno, Die Entwicklung des deutschen Bilanzrechts und der auf ihm beruhenden Bilanzauffassungen, handelsrechtlich und steuerrechtlich, zugleich mit einem wichtigen Buchführungs- und Bilanzbestimmungen enthaltenden Anhang, Bd. I Handelsrechtlich, Stuttgart 1953 (Entwicklung).

Barth, Mary E./ Landsman, Wayne R., Commentary, Fundamental Issues Related to Using Fair Value Accounting for Financial Reporting, Accounting Horizons, Vol. 9 No. 4, 1995, S. 97-107.

Bauer, Jörg, Zur Rechtfertigung von Wahlrechten in der Bilanz, in: BB, 36. Jg. (1981), S. 766-772.

Baukmann, Dirk/ Mandler, Udo, International Accounting Standards: IAS und HGB im Konzernabschluss, München, Wien 1997 (IAS und HGB).

Baumann, Karl-Herrmann/ Spanheimer, Jürgen, Kommentierung zu § 274 HGB, Lieferung von 2003, in: Handbuch der Rechnungslegung, Kommentar zur Bilanzierung und Prüfung, hrsg. von Karlheinz Küting und Claus-Peter Weber, 5. Aufl. Stuttgart, Stand: 2003 (HdR).

Baxter, George C./ Spinney, James C., A closer look at consolidated financial statement theory, in: CA magazine, Vol. 106 No. 1, 1975, S. 31-36.

Beisse, Heinrich, Die paradigmatischen GoB, in: Gesellschaftsrecht, Rechnungslegung, Steuerrecht: Festschrift für Welf Müller zum 65. Geburtstag, hsrg. von Peter Hommelhoff, Roger Zätzsch und Bernd Erle, München 2001 (FS Müller).

Beisse, Heinrich, Gläubigerschutz - Grundprinzip des deutschen Bilanzrechts, in: Festschrift für Karl Beusch zum 68. Geburtstag, hrsg. von Heinrich Beisse u.a., Berlin u.a. 1993, S. 77-97 (FS Beusch).

Bellavite-Hövermann, Yvette/ Barckow, Andreas, Kommentierung zu IAS 39, in: Rechnungslegung nach International Accounting Standards (IAS), Kommentar auf der Grundlage des deutschen Bilanzrechts, hrsg. von Jörg Baetge u.a., 2. Aufl., Stuttgart, Stand: 2003 (IAS-Kommentar).

Beresford, Dennis R., Congress Looks at Accounting for Business Combinations, in: Accounting Horizons, Vol. 15 No. 1, 2001, S. 73-86.

Berger, Axel/ Fischer, Norbert, Kommentierung zu § 274 HGB, in: Beck'scher Bilanzkommentar, Handels- und Steuerrecht - §§ 238 bis 339 HGB -, hrsg. von Axel Berger u.a., 5. Aufl., München 2003 (Beck Bil-Komm.).

Berger, Axel/ Gutike, Hans-Jochen, Kommentierung zu § 253 HGB Rn. 401-415, in: Beck'scher Bilanzkommentar, Handels- und Steuerrecht - §§ 238 bis 339 HGB -, hrsg. von Axel Berger u.a., 5. Aufl., München 2003 (Beck Bil-Komm.).

Berger, Axel/ Lütticke, Stefan, Kommentierung zu §§ 290 u. 308 HGB, in: Beck'scher Bilanzkommentar, Handels- und Steuerrecht - §§ 238 bis 339 HGB -, hrsg. von Axel Berger u.a., 5. Aufl., München 2003 (Beck Bil-Komm.).

Berger, Axel/ Ring, Maximilian, Kommentierung zu §§ 253 HGB Rn. 51-393 u. 249 HGB Rn. 1-116, in: Beck'scher Bilanzkommentar, Handels- und Steuerrecht - §§ 238 bis 339 HGB -, hrsg. von Axel Berger u.a., 5. Aufl., München 2003 (Beck Bil-Komm.).

Berger, Axel/ Schramm, Marianne/ Ring, Maximilian, Kommentierung zu § 253 HGB Rn. 1-30, in: Beck'scher Bilanzkommentar, Handels- und Steuerrecht - §§ 238 bis 339 HGB -, hrsg. von Axel Berger u.a., 5. Aufl., München 2003 (Beck Bil-Komm.).

Bernstein, Leopold A., Financial Statement Analysis: Theory, Application and Interpretation, 5th edition, Virginia 1993 (Financial Statement).

Bernstein, Leopold A., The Concept of Materiality, in: Accounting Review, Vol. 42, No. 1, 1967, S. 86-95.

BGH, Pflicht zur phasengleichen Vereinnahmung der Gewinne einer Tochtergesellschaft mit Beteiligung von 100 % - Urteil vom 12. Januar 1998 - II ZR 82/93 - OLG Köln, abgedruckt in: WPg, 51. Jg. (1998), S. 375-378 (BGH-Urteil II ZR 82/93).

Biener, Herbert/ Schatzmann, Jürgen, Konzern-Rechnungslegung, 7. EG-Richtlinie (Konzernbilanzrichtlinie), Düsseldorf 1983 (7. EG-Richtlinie).

Bilda, Klaus, Kommentierung zu § 304 AkG, in: Münchener Kommentar zum Aktiengesetz, Bd. 8, §§ 278-328, hrsg. von Bruno Kropff und Johannes Semler, München 2000 (MünchKommAktG).

Birck, Heinrich/ Meyer, Heinrich, Die Bankbilanz, Aufstellung, Struktur, Gliederung und Bewertung in den Jahresabschlüssen der Kreditinstitute nach Handels- und Steuerrecht einschließlich Bilanz- und Reservepolitik, Handkommentar, 3. Aufl., Wiesbaden 1989 (Bankbilanz).

Bleier, Ernst, Insolvenzfrüherkennung mittels praktischer Anwendung der Diskriminanzanalyse, 2. Aufl., Wien 1985 (Insolvenzfrüherkennung).

BMJ, Bundesjustizministerium stellt Entwurf eines Bilanzrechtsreformgesetzes vor, Dezember 2003, http://www.bmj.bund.de/ger/themen/wirtschaft_und_recht/10000860/?si d=9389c3a25fa10bdc30f9668c1d918d4c, abgefragt am 12.01.2004 (Entwurf).

BMJ, Gesetzesentwurf der Bundesregierung, Entwurf eines Gesetzes zur weiteren Reform des Aktien- und Bilanzrechts, zu Transparenz und Publizität (Transparenz- und Publizitätsgesetz), 6.2.2002, http://www.bmj.bund.de/images/11313.pdf, abgefragt am 30.10.2003 (TransPuG).

BMJ, Referentenentwurf, Gesetz zur Einführung internationaler Rechnungslegungsstandards und zur Sicherung der Qualität der Abschlussprüfung (Bilanzrechtsreformgesetz - BilReG), Dezember 2003, http://www.bmj.bund.de/images/11736.pdf, abgefragt am 12.01.2004 (Entwurf BilReG).

BMJ/ BMF, Pressemitteilung Nr. 10/03, Bundesregierung stärkt Anlegerschutz und Unternehmensintegrität, 25.2.2003, http://www.bmj.bund.de/ger/service/gesetzgebungsvorhaben/10000668/? sid=da334da860530015dfcd3ba6565a813d&offset=19, abgefragt am 11.11.2003 (Pressemitteilung Nr. 10/03).

Böcking, Hans-Joachim/ Sittmann-Haury, Caroline, Forderungsbewertung - Anschaffungskosten versus Fair Value, in: BB, 58. Jg. (2003), S. 195-200.

Bores, Wilhelm, Konsolidierte Erfolgsbilanzen und andere Bilanzierungsmethoden für Konzerne und Kontrollgesellschaften, Leipzig 1935 (konsolidierte Erfolgsbilanzen).

Brücks, Michael/ Wiederhold, Philipp, Exposure Draft 3 "Business Combinations" des IASB - Darstellung der wesentlichen Unterschiede zu den bestehenden Regelungen -, in: KoR, 3. Jg. (2003), S. 21-29.

Budde, Wolfgang D., Müssen die börsennotierten Gesellschaften eigene Wege gehen?, in: Rechnungslegung - Warum und Wie, Festschrift zum 70. Geburtstag von Hermann Clemm, hrsg. von Wolfgang Ballwieser u.a., München 1996, S. 389-412. (FS Clemm).

Busse von Colbe, Walther, Internationale Entwicklungstendenzen zur Einheitstheorie für den Konzernabschluss, in: Unternehmensrechnung, Konzeption und praktische Umsetzung, Festschrift zum 68. Geburtstag von Gerhard Scherrer, hrsg. von Stefan Göbel und Bernhard Heni, München 2004, S. 41-63 (FS Scherrer).

Busse von Colbe, Walther u.a., Konzernabschlüsse: Rechnungslegung nach betriebswirtschaftlichen Grundsätzen sowie nach Vorschriften des HGB und der IAS/IFRS, 7. Aufl., Wiesbaden 2003 (Konzernabschlüsse).

Busse von Colbe, Walther, Geschäfts- oder Firmenwert, in: HWRP, hrsg. von Wolfgang Ballwieser, Adolf G. Coenenberg und Klaus v. Wysocki, 3. Aufl., Stuttgart 2002, Sp. 884-899 (HWRP).

Busse von Colbe, Walther, Kapitalkonsolidierung, Erwerbsmethode/ Purchase Method, in: HWRP, hrsg. von Wolfgang Ballwieser, Adolf G. Coenenberg und Klaus v. Wysocki, 3. Aufl., Stuttgart 2002, Sp. 1312-1324 (HWRP).

Busse von Colbe, Walther/ Pellens, Bernhard (Hrsg.), Lexikon des Rechnungswesens, Handbuch der Bilanzierung und Prüfung, der Erlös-, Finanz-, Investitions- und Kostenrechnung, 4. Aufl., München u.a. 1998 (LdR).

Cairns, David, Applying International Accouting Standards, Third edition, London 2002 (Applying).

Canadian Instiute of Chartered Accountants, Materiality in Auditing, Toronto 1977 (Materiality).

Claussen, Carsten P., Zum Stellenwert des Rechnungslegungsrechts, in: Aktien- und Bilanzrecht, Festschrift für Bruno Kropff, hrsg. von Karl-Heinz Forster u.a., Düsseldorf 1997, S. 431-444 (FS Kropff).

Claussen, Carsten P./ Scherrer, Gerhard, Konzernrechnungslegung I, §§ 290-299 HGB unter Einschluß von IAS und US-GAAP, in: Kölner Kommentar zum Aktiengesetz, Bd. 6, 2. Lfg., hrsg. von Wolfgang Zöllner, 2. Aufl., Köln u.a. 2000 (Kölner Kommentar zum AktG).

Claussen, Carsten P./ Scherrer, Gerhard, Konzernrechnungslegung II, §§ 300-315 HGB unter Einschluß von IAS und US-GAAP, in: Kölner Kommentar zum Aktiengesetz, Bd. 6, 2. Lfg., hrsg. von Wolfgang Zöllner, 2. Aufl., Köln u.a. 2003 (Kölner Kommentar zum AktG).

Coenenberg, Adolf G., Jahresabschluss und Jahresabschlussanalyse: Betriebswirtschaftliche, handelsrechtliche, steuerrechtliche und internationale Grundlagen - HGB, IAS/IFRS, US-GAAP, DSR, 19. Aufl., Stuttgart 2003 (Jahresabschluss).

Coenenberg, Adolf G., Jahresabschluß und Jahresabschlussanalyse: Betriebswirtschaftliche, handelsrechtliche, steuerrechtliche und internationale Grundlagen - HGB, IAS, US-GAAP -, 18. Aufl., Landsberg/Lech 2001 (Jahresabschluß).

Coenenber, Adolf G./ Haller, Axel, Externe Rechnungslegung, in: Ergebnisse empirischer betriebswirtschaftlicher Forschung, Zu einer Realtheorie der Unternehmung, Festschrift für Eberhard Witte, hrsg. von Jürgen Hauschildt und Oskar Grün, Stuttgart 1993, S. 557-599 (FS Witte).

Coenenberg, Adolf G./ Hille, Klaus, Latente Steuern nach der neu gefaßten Richtlinie IAS 12, in: DB, 50. Jg. (1997), S. 537-544.

De Moville, Wig/ Petrie, George A., Accounting for a Bargain Purchase in a Business Combination, in: Accounting Horizons, Vol. 3 Iss. 3, 1989, S. 38-43.

Delaney, Patrick R. u.a., GAAP 2001, Interpretation and Application of GENERALLY ACCEPTED ACCOUNTING PRINCIPLES 2001, New York u.a. 2001 (GAAP).

Deutscher Bundesrat, Entwurf eines Gesetzes zur weiteren Reform des Aktien- und Bilanzrechts, zu Transparenz und Publizität (Transparenz- und Publizitätsgesetz), BR-Drucksache 109/02, 2002 (Drucksache 109/02).

Deutscher Bundestag , Entwurf eines Gesetzes zur Durchführung der Siebenten und Achten Richtlinie des Rates der Europäischen Gemeinschaften zur Koordinierung des Gesellschaftsrechts, BT-Drucksache 10/3440, 1985 (Drucksache 10/3440).

Deutscher Bundestag, Beschlußempfehlung und Bericht des Rechtsausschusses (6. Ausschuß) zu dem von der Bundesregierung eingebrachten Entwurf eines Gesetzes zur Durchführung der Vierten Richtlinie des Rates der Europäischen Gemeinschaften zur Koordinierung des Gesellschaftsrechts (Bilanzrichtlinien-Gesetz) - Drucksache 10/317 -; Entwurf eines Gesetzes zur Durchführung der Siebenten und Achten Richtlinie des Rates der Europäischen Gemeinschaften zur Koordinierung des Gesellschaftsrechts - Drucksache 10/3440 -, Drucksache 10/4268, 1985 (Drucksache 10/4268).

Deutscher Bundestag, Entwurf eines Gesetzes zur Durchführung der Vierten Richtlinie des Rates der Europäischen Gemeinschaften zur Koordinierung des Gesellschaftsrechts (Bilanzrichtlinien-Gesetz), BT-Drucksache 10/317, 1983 (Drucksache 10/317).

Deutscher Bundestag, Entwurf eines Aktiengesetzes, BT-Drucksache 4/171, 1962 (Drucksache 4/171).

DRSC, Organisation und Ziele des DRSC, Hompage, http://www.standardsetter.de/drsc/docs/gasc_about.html, abgefragt am 30.10.2003 (Homepage).

Drukarczyk, Jochen, Finanzierung: Eine Einführung, 9. Aufl., Stuttgart 2003 (Finanzierung).

Drukarczyk, Jochen, Unternehmensbewertung, 4. Aufl., München 2003 (Unternehmensbewertung).

Dusemond, Michael/ Weber, Claus-Peter/ Zündorf, Horst, Kommentierung zu § 301 HGB, in: HdKR, Kommentar zur Bilanzierung und Prüfung, Bd. II, hrsg. von Karlheinz Küting und Claus-Peter Weber, 2. Aufl, Stuttgart 1998 (HdKR).

Dyer, Jack L., A search for objective materiality norms in accounting and auditing, Ann Arbor Michigan, zugl. Diss. Univ. Kentucky, 1973 (norms).

Eckes, Burkhard/ Weber, Claus-Peter, Kommentierung zu § 302 HGB, in: HdKR, Kommentar zur Bilanzierung und Prüfung, Bd. II, hrsg. von Karlheinz Küting und Claus-Peter Weber, 2. Aufl., Stuttgart 1998 (HdKR).

Edwards, Edgar O./ Bell, Philip W., The Theory and Measurement of Business Income, 5th edition, Berkley, Los Angeles 1967 (Business Income).

Egner, Henning, Bilanzen, Ein Lehrbuch zur Bilanztheorie, München 1974 (Bilanzen).

Ellrott, Helmut/ Bartels-Hetzler, Sibylle, Kommentierung zu § 266 HGB Rn. 90-167, in: Beck'scher Bilanzkommentar, Handels- und Steuerrecht - §§ 238 bis 339 HGB -, hrsg. von Axel Berger u.a., 5. Aufl., München 2003 (Beck Bil-Komm.).

Ellrott, Helmut/ Gutike, Hans-Jochen, Kommentierung zu § 255 HGB Rn. 141-180, in: Beck'scher Bilanzkommentar, Handels- und Steuerrecht - §§ 238 bis 339 HGB -, hrsg. von Axel Berger u.a., 5. Aufl., München 2003 (Beck Bil-Komm.).

Emmerich, Volker, Kommentierung zu § 302 AktG, in: Aktien- und GmbH-Konzernrecht, hrsg. von Volker Emmerich und Mathias Habersack, 3. Aufl., München 2003 (Aktien- und GmbH-Konzernrecht).

Emmerich, Volker/ Sonnenschein, Jürgen/ Habersack, Mathias, Konzernrecht - Das Recht der verbundenen Unternehmen bei Aktiengesellschaft, GmbH, Personengesellschaften, Gewerkschaft, Verein und Stiftung, 7. Aufl., München 2001 (Konzernrecht).

Epstein, Barry J./ Mirza, Abbas Ali, IAS 2003, Interpretation and Application, New York u.a. 2003 (IAS).

Ernstberger, Jürgen, Planmäßige Abschreibungen nach IFRS im Lichte der Informationsfunktion, in: Unternehmensrechnung, Konzeption und praktische Umsetzung, Festschrift zum 68. Geburtstag von Gerhard Scherrer, hrsg. von Stefan Göbel und Bernhard Heni, München 2004, S. 87-110 (FS Scherrer).

Europäisches Parlament und Rat der europäischen Union, Verordnung (EG) Nr. 1606/2002, 19. Juli 2002, http://europa.eu.int/smartapi/cgi/sga_doc?smartapi!celexapi!prod!CELE Xnumdoc&lg=de&numdoc=32002R1606&model=guichett, abgefragt am 12.01.2004 (Verordnung Nr. 1606/2002).

Focken, Elke/ Lenz, Hansrudi, Spielräume der Kapitalkonsolidierung nach der Erwerbsmethode bei Beteiligungserwerb durch Anteilstausch, in: DB, 53. Jg. (2000), S. 2437-2442.

Förschle, Gerhart/ Deubert, Michael, Kommentierung zu §§ 301 HGB Rn. 1-269 u. 302 HGB , in: Beck'scher Bilanzkommentar, Handels- und Steuerrecht - §§ 238 bis 339 HGB -, hrsg. von Axel Berger u.a., 5. Aufl., München 2003 (Beck Bil-Komm.).

Förschle, Gerhart/ Deubert, Michael, Kommentierung zu § 301 HGB Rn. 1-263, in: Beck'scher Bilanzkommentar, Handels- und Steuerrecht - §§ 238 bis 339 HGB -, bearb. von Wolfgang D. Budde u.a., 4. Aufl., München 1999 (Beck Bil-Komm.).

Förschle, Gerhart/ Hoffmann, Karl, Kommentierung zu § 309 HGB, in: Beck' scher Bilanzkommentar, Handels- und Steuerrecht - §§ 238 bis 339 HGB -, hrsg. von Axel Berger u.a., 5. Aufl., München 2003 (Beck Bil-Komm.).

Förschle, Gerhart/ Kroner, Matthias, Kommentierung zu § 297 HGB Rn. 1-172 u. Rn. 210-252, in: Beck'scher Bilanzkommentar, Handels- und Steuerrecht - §§ 238 bis 339 HGB -, hrsg. von Axel Berger u.a., 5. Aufl., München 2003 (Beck Bil-Komm.).

Förschle, Gerhart/ Kropp, Manfred, Kommentierung zu § 256 HGB, in: Beck' scher Bilanzkommentar, Handels- und Steuerrecht - §§ 238 bis 339 HGB -, hrsg. von Axel Berger u.a., 5. Aufl., München 2003 (Beck Bil-Komm.).

Förschle, Gerhart/ Lust, Peter, Kommentierung zu § 297 HGB Rn. 172-203, in: Beck'scher Bilanzkommentar, Handels- und Steuerrecht - §§ 238 bis 339 HGB -, hrsg. von Axel Berger u.a., 5. Aufl., München 2003 (Beck Bil-Komm.).

Franke, Günter/ Laux, Helmut, Der Wert betrieblicher Informationen für Aktionäre, in: NB, 23. Jg. (1970), S. 1-8.

Frankfurter Wertpapierbörse, Bedingungen für Geschäfte an der Frankfurter Wertpapierbörse (FWB04), Stand: 1.4.2004, http://www1.deutsche-boerse.com/INTERNET/EXCHANGE/zpd.nsf/ PublikationenID/HAMN-52CEZ4/$FILE/FWB04-04-04-01.pdf?Open Element, abgefragt am 29.4.2004 (FWB04).

Gabelsberger, Franz Xaver, Equity-Bewertung im Jahresabschluß: Bilanzierung von Beteiligungen unter besonderer Berücksichtigung der Informationsfunktion des Jahresabschlusses, Frankfurt am Main u.a., zugl. Diss Univ. Regensburg 2000 (Equity-Bewertung).

Göbel, Stefan, Die Bilanzierung von Tageswerten und die Saldierung von Gewinnen und Verlusten, in: US-amerikanische Rechnungslegung: Grundlagen und Vergleiche mit dem deutschen Recht, hrsg. von Wolfgang Ballwieser, 4. Aufl., Stuttgart 2000 (US-amerikanische Rechnungslegung).

Göbel, Stefan, Kommentierung zu § 255 HGB, in: Bonner Handbuch Rechnungslegung, Aufstellung, Prüfung und Offenlegung des Jahresabschlusses, hrsg. von Max A. Hofbauer u.a., Bonn 1986/2004 (BHR).

Gräfer, Horst/ Scheld, Guido A., Grundsätze der Konzernrechnungslegung mit Fragen, Aufgaben und Lösungen, 8. Aufl., Berlin 2003 (Grundzüge).

Groh, Manfred, Der Fall Tomberger - Nachlese und Ausblick, in: DStR, 36. Jg. (1998), S. 813-819.

Gross, Gerhard/ Schruff, Lothar/ v. Wysocki, Klaus, Der Konzernabschluss nach neuem Recht, Aufstellung - Prüfung - Offenlegung, 2. Aufl., Düsseldorf 1987 (Konzernabschluss).

Grünberger, David/ Grünberger, Herbert, Business Combinations: IFRS-Entwürfe zur Kapitalkonsolidierung und Firmenwertbilanzierung, in: StuB, 5. Jg. (2003), S. 118-122.

Harms, Jens E./ Küting, Karlheinz, Zur Anwendungsproblematik der angelsächsischen Methode der Kapitalkonsolidierung im Rahmen der 7. EG-Richtlinie, in: AG, 25. Jg. (1980), S. 93-100.

Hartle, Joachim, C 10 Grundlagen und Grundsätze des Konzernabschlusses, Lieferung von 2001, in: Beck HdR, Bd. II, hrsg. von Edgar Castan u.a., München Stand: 2003 (Beck HdR).

Heinen, Edmund, Handelsbilanzen, 12. Aufl., Wiesbaden 1986 (Handelsbilanzen).

Heinze, Gerhard B./ Roolf, Willy, Die Behandlung des derivativen negativen Geschäftswerts in der Handels- und Steuerbilanz sowie bei der Einheitsbewertung, in: DB, 29. Jg. (1976), S. 214-218.

Hense, Burkhard/ Geißler, Horst, Kommentierung zu § 252 HGB, in: Beck'scher Bilanzkommentar, Handels- und Steuerrecht - §§ 238 bis 339 HGB -, hrsg. von Axel Berger u.a., 5. Aufl., München 2003 (Beck Bil-Komm.).

Hense, Burkhard/ Schellhorn, Mathias, Kommentierung zu § 264 Rn. 1- 60 HGB, in: Beck'scher Bilanzkommentar, Handels- und Steuerrecht - §§ 238 bis 339 HGB -, hrsg. von Axel Berger u.a., 5. Aufl., München 2003 (Beck Bil-Komm.).

Hense, Burkhard/ Suhrbier, Helmut, Kommentierung zu § 310 HGB, in: Beck' scher Bilanzkommentar, Handels- und Steuerrecht - §§ 238 bis 339 HGB -, hrsg. von Axel Berger u.a., 5. Aufl., München 2003 (Beck Bil-Komm.).

Henselmann, Klaus, Unternehmensrechnungen und Unternehmenswert: Ein situativer Ansatz, Aachen, zugl. Habil. Univ. Bayreuth, 1999 (Unternehmensrechnungen).

Herzig, Norbert/ Bär, Michaela, Die Zukunft der steuerlichen Gewinnermittlung im Licht des europäischen Bilanzrechts, in: DB, 56. Jg (2003), S. 1-8.

Heuser, Paul J./ Theile, Carsten, IAS Handbuch, Einzel- und Konzernabschluss, Köln 2003 (IAS-Handbuch).

Hilke, Wolfgang, Markt, Marktformen und Marktverhaltensweisen, in: HWB, Bd. 2, hrsg. von Waldemar Wittmann u.a., 5. Aufl., Stuttgart 1993, Sp. 2769-2782 (HWB).

Hitz, Jörg-Markus/ Kuhner, Christoph, Die Neuregelung zur Bilanzierung des derivativen Goodwill nach SFAS 141 und 142 auf dem Prüfstand, in: WPg, 55. Jg. (2002), S. 273-287.

Hoffmann, Wolf-Dieter/ Lüdenbach, Norbert, Praxisprobleme der Neubewertungskonzeption nach IAS, in: DStR, 41. Jg. (2003), S. 565-570.

Huijgen, Carel A., Valuation of Purchased Goodwill. Economic and accounting approaches, Capelle a/d Ijssel, zugl. Diss. Rijksuniv. Groningen 1996 (Valuation).

IASB, Business Combinations (Phase II) - Application of the Purchase Method, Stand: 26.1.2004, http://www.iasb.org/uploaded_files/documents/16_10_buscom2-ps.pdf, abgefragt am 15.4.2004 (Business Combinations II).

IASB, Business Combinations (Phase II) - Application of the Purchase Method, Stand: 8.7.2003, http://www.iasb.org/uploaded_files/documents/10_10_buscom2-ps.pdf, abgefragt am 20.7.2003 (Business Combinations II).

IASB, Improvements to International Accounting Standards, Project Summary, Stand: Mai 2002, http://www.iasc.org.uk/docs/projects/improve-ps.pdf, abgefragt am 28.10.2003 (Project Summary).

IASB, International Accounting Standards Board issues wide-ranging improvements to Standards, press release, 18. Dezember 2003, http://www.iasc.org.uk/cmt/0001.asp?s=450011&sc={38730DA6-906B-4425-81C9-86A4C987F321}&n=4246, abgefragt am 20.1.2003 (press release).

IASB, Update December 2002, http://www.iasc.org.uk/docs/update/upd0212.pdf, abgefragt am 12.1.2003 (Update December 2002).

IASB, Update January 2004, http://www.iasc.org.uk/docs/update/upd0401.pdf, abgefragt am 27.1.2004 (Update January 2004).

IASC, Discussion Paper, G4+1 Position Paper: Recommendations for achieving convergence on the methods of accounting for Business Combinations, London 1998 (G4+1 position paper).

IDW Standard: Grundsätze der Durchführung von Unternehmensbewertungen (IDW S 1), in: WPg, 53. Jg (2000), S. 825-842.

IDW (Hrsg.), WP-Handbuch, 2000, Handbuch für Rechnungslegung, Prüfung und Beratung, Bd. I, bearbeitet von Gerd Geib u.a., 12. Aufl. Düsseldorf 2000 (WP-Handbuch, Bd. I).

IDW (Hrsg.), Verlautbarung des HFA: Zur phasengleichen Vereinnahmung von Erträgen aus Beteiligungen an Kapitalgesellschaften nach dem Urteil des BGH vom 12. Januar 1998, in: WPg, 51. Jg (1998), S. 427-428.

IDW (Hrsg.), HFA Stellungnahme 1/1991, Zur Bilanzierung von Anteilen an Personenhandelsgesellschaften im Jahresabschluß der Kapitalgesellschaft, in: WPg, 44. Jg. (1991), S. 334-335.

IDW (Hrsg.), HFA Stellungnahme 2/1983, Grundsätze zur Durchführung von Unternehmensbewertungen, in: WPg, 36. Jg. (1983), S. 468-480.

Jacobs, Otto H., Kommentierung zu IAS 2, in: Rechnungslegung nach International Accounting Standards (IAS), Kommentar auf der Grundlage des deutschen Bilanzrechts, hrsg. von Jörg Baetge u.a., 2. Aufl., Stuttgart, Stand: 2003 (IAS-Kommentar).

Jaensch, Günter, Wert und Preis der ganzen Unternehmung, Köln und Opladen 1966 (Wert).

Johnson, L. Todd/ Petrone, Kimberly, R., Is goodwill an asset, in: Accounting Horizons, Vol. 12 No. 3, 1998, S. 293-303.

Jonas, Heinrich H., Der Konzernabschluß: Grundlagen und Anwendung in der Praxis nach neuem Handelsrecht, Stuttgart 1986 (Konzernabschluß).

JWG, Draft Standard and Basis for Conclusions, Financial Instruments and Similar Items, Summary, Stand: Dezember 2000, http://www.iasc.org.uk/docs/fijwg/fijwg-1.pdf, abgefragt am 18.11.2003 (Draft Standard).

Käfer, Karl, Probleme der Konzernbilanzen, in: Mitteilungen aus dem handelswissenschaftlichen Seminar der Universität Zürich, hrsg. von R. Büchner und K. Käfer, Heft 107, Konzernbilanzen von Karl Käfer und Hans Münstermann, Zürich 1958 (Mitteilungen).

Karrenbauer, Michael/ Döring, Ulrich/ Buchholz, Rainer, Kommentierung zu § 253 HGB, Lieferung von 2003, in: Handbuch der Rechnungslegung, Kommentar zur Bilanzierung und Prüfung, hrsg. von Karlheinz Küting und Claus-Peter Weber, 5. Aufl., Stuttgart, Stand: 2003 (HdR).

Kleinmanns, Hermann, Die Bilanzierung von Finanzinstrumenten nach IAS - Aktueller Stand der Standards und Änderungsentwurf -, in: StuB, 5. Jg. (2003), S. 101-107.

Kley, Karl-Ludwig, Die Fair Value-Bilanzierung in der Rechnungslegung nach den International Accounting Standards (IAS), in: DB, 54. Jg. (2001), S. 2257-2262.

Kommission Rechnungswesen im Verband der Hochschullehrer für Betriebswirtschaft e.V., Stellungnahme zur Umsetzung der 7. EG-Richtlinie (Konzernabschluß-Richtlinie), in: DBW, 45. Jg. (1985), S. 267-277.

Koppensteiner, Hans-Georg, Kommentierung zu §§ 291-328 AktG, in: Kölner Kommentar zum Aktiengesetz, Bd. 6, 1. Lfg, hrsg. von Wolfgang Zöllner, 2. Aufl., Köln u.a. 1987 (Kölner Kommentar zum AktG).

Kosiol, Erich, Bilanzreform und Einheitsbilanz: grundlegende Studien zu den Möglichkeiten einer Rationalisierung der periodischen Erfolgsrechnung, 3. Aufl., Gernsbach 1999 (Einheitsbilanz).

KPMG Deutsche Treuhand-Gesellschaft (Hrsg.), International Financial Reporting Standards: eine Einführung in die Rechnungslegung nach den Grundsätzen des IASB, 2. Aufl., Stuttgart 2003 (IFRS).

Krämling, Markus, Der Goodwill aus der Kapitalkonsolidierung: Bestandsaufnahme der Bilanzierungspraxis und deren Relevanz für die Aktienbewertung, Frankfurt, zugl. Diss. Techn. Hochsch. Aachen 1998 (Goodwill).

Kraus-Grünewald, Marion, Gibt es einen objektiven Unternehmenswert?, Zur besonderen Problematik der Preisfindung bei Unternehmenstransaktionen, in: BB, 50. Jg. (1995), S. 1839-1844.

Krawitz, Norbert/ Klotzbach, Daniela, Anwendungsvoraussetzungen und Aussagefähigkeit der Fresh-Start-Methode bei der Bilanzierung von Unternehmenszusammenschlüssen, in: WPg, 53. Jg. (2000), S. 1164-1180.

Kronstein, Heinrich/ Claussen, Carsten P., Publizität und Gewinnverteilung im neuen Aktienrecht, Frankfurt 1960 (Publizität).

Kropff, Bruno, Der Konzernabschluss - eine Randerscheinung im Gesellschaftsrecht, in: Festschrift für Carsten Peter Claussen: Zum 70. Geburtstag, hrsg. von Klaus-Peter Martens u.a., Köln 1997 (FS Claussen).

Kropff, Bruno, Kommentierung zu § 153 AktG a.f., in: Aktiengesetz, Kommentar von Ernst Geßler u.a., Bd. III, § 148-178, München 1973 (Aktiengesetz).

Kropff, Bruno (Hrsg.), Aktiengesetz, Textausgabe des Aktiengesetzes vom 6.9.1965 und des Einführungsgesetzes zum Aktiengesetz vom 6.9.1965 mit Begründung des Regierungsentwurfs, Bericht des Rechtsausschusses des Deutschen Bundestages, Verweisungen und Sachverzeichnis, Düsseldorf 1965 (AktG a.F. Textausgabe).

Krumnow, Jürgen, Die deutsche Rechnungslegung auf dem Weg ins Abseits? Ein Ausblick nach der vorläufig abgeschlossenen EG-Harmonisierung, in: Bilanzrecht und Kapitalmarkt, Festschrift zum 65. Geburtstag von Adolf Moxter, hrsg. von Wolfgang Ballwieser u.a., Düsseldorf 1994, S. 679-698 (FS Moxter).

Kübler, Friedrich, Vorsichtsprinzip versus Kapitalmarktinformation - Bilanzprobleme aus der Perspektive der Gesellschaftsrechtvergleichung, in: Rechenschaftslegung im Wandel, Festschrift für Wolfgang Dieter Budde, hrsg. von Gerhard Förschle u.a., München 1995, S. 361-375 (FS Budde).

Kümpel, Thomas, Fair Value Accounting nach IFRS/IAS, Grundlagen und kritische Würdigung, in: DSWR, 32. Jg. (2003), S. 221-224.

Küting, Karlheinz, Der Geschäfts- oder Firmenwert - ein Spielball der Bilanzpolitik in deutschen Konzernen, in: AG, 45. Jg. (2000), S. 97-106.

Küting, Karlheinz/ Dusemond, Michael/ Nardmann, Benita, Ausgewählte Probleme der Kapitalkonsolidierung in Theorie und Praxis, Ergebnisse einer empirischen Erhebung des Instituts für Wirtschaftsprüfung an der Universität des Saarlandes, in: BB, Beilage 8 zu Heft 14, 49. Jg. (1994), S. 1-18.

Küting, Karlheinz/ Elprana, Kai/ Wirth, Johannes, Sukzessive Anteilserwerbe in der Konzernrechnungslegung nach IAS 22/ED 3 und dem Business Combination Project (Phase II), in: KoR, 3. Jg. (2003), S. 477-490.

Küting, Karlheinz/ Harth, Hans-Jörg, Die Behandlung einer negativen Aufrechnungsdifferenz im Rahmen der Purchase-Methode nach ABP 16 und nach IAS 22 - Vergleich und beispielhafte Darstellung -, in: WPg, 52. Jg. (1999), S. 489-500.

Küting, Karlheinz/ Leinen, Markus, Die Kapitalkonsolidierung bei Erwerb eines Teilkonzerns, in: WPg, 55. Jg. (2002), S. 1201-1217.

Küting, Karlheinz/ Wirth, Johannes, Latente Steuern und Kapitalkonsolidierung nach IAS/IFRS, in: BB, 58. Jg. (2003), S. 623-629.

Küting, Karlheinz/ Zündorf, Horst, Die Ermittlung der Minderheitenanteile im Rahmen der Buchwert- und Neubewertungsmethode des künftigen Konzernbilanzrechts, in: BB, 40. Jg. (1985), S. 1166-1173.

Küting, Karlheinz/ Zündorf, Horst, Zurechnungsmodalitäten stiller Reserven im Rahmen der Kapitalkonsolidierung nach künftigem Konzernbilanzrecht, in: BB, 40. Jg. (1985), S. 1302-1311.

Leffson, Ulrich, Die Grundsätze ordnungsmäßiger Buchführung, 7. Aufl., Düsseldorf 1987 (GoB).

Löbler, Helge, Empirische Jahresabschlussforschung, in: Lexikon des Rechnungswesens, Handbuch der Bilanzierung und Prüfung, der Erlös-, Finanz-, Investitions- und Kostenrechnung, hrsg. von Walther Busse von Colbe und Bernhard Pellens, 4. Aufl., München u.a. 1998, S. 212-216 (LdR).

Lück, Wolfgang, Materiality in der internationalen Rechnungslegung, Das pflichtgemäße Ermessen des Abschlußprüfers und der Grundsatz der Wesentlichkeit, Wiesbaden 1975 (Materiality).

Lüdenbach, Norbert/ Frowein, Nils, Der Goodwill-Impairment-Test aus Sicht der Rechnungslegungspraxis, in: DB, 56. Jg. (2003), S. 217-223.

Lutter, Bernd/ Rimmelspacher, Dirk, Einheitstheorie und Kapitalkonsolidierung - mehr Konflikt als Konsens?, in: DB, 45. Jg. (1992), S. 485-491.

Meichelbeck, Andrea, Unternehmensbewertung im Konzern: Rahmenbedingungen und Konzeption einer entscheidungsorientierten konzerndimensionalen Unternehmensbewertung, München, zugl. Diss. Univ. Erlangen, Nürnberg 1997 (Unternehmensbewertung).

Merkt, Hanno, US-amerikanisches Gesellschaftsrecht, Heidelberg 1991 (Gesellschaftsrecht).

Meyer, Hartwig, Der Geschäfts- oder Firmenwert im Unternehmenskaufvertrag, Ein Beispiel bilanzpolitischer Möglichkeiten und Grenzen beim Unternehmenskauf, Hamburg 1991 (Firmenwert).

Meyer-Landrut, Joachim/ Miller, Georg/ Niehus, Rudolf J., Gesetz betreffend die Gesellschaften mit beschränkter Haftung (GmbHG) einschließlich Rechnungslegung zum Einzel- sowie zum Konzernabschluss, unter Mitarbeit von Willi Scholz, Berlin, New York 1987 (GmbHG).

Mishkin, Frederic S./ Eakins, Stanley G., Financial Markets and Institutions, Third edition, Reading, Massachusetts u.a. 2000 (Markets).

Möhrle, Martin, Bilanzierung des derivativen Geschäftswertes im Lichte der Investitionstheorie, Hamburg, zugl. Diss. Univ. Mainz 1999 (Investitionstheorie).

Möhrle, Martin, Ökonomische Interpretation und bilanzielle Behandlung eines negativen derivativen Geschäftswertes, in: DStR, 37. Jg (1999), S. 1414-1420.

Moxter, Adolf, Grundsätze ordnungsmäßiger Buchführung, in: HWRP, hrsg. von Wolfgang Ballwieser, Adolf G. Coenenberg und Klaus v. Wysocki, 3. Aufl., Stuttgart 2002, Sp. 1041-1052 (HWRP).

Moxter, Adolf, Standort Deutschland: Zur Überlegenheit des deutschen Rechnungslegungsrechts, in: Standort Deutschland, Festschrift zum 65. Geburtstag von Anton Heigl, hrsg. von Volker H. Peemöller und Peter Uecker, Berlin 1995, S. 31-40 (FS Heigl).

Moxter, Adolf, Zum Verhältnis von handelsrechtlichen Grundsätzen ordnungsmäßiger Bilanzierung und True-and-fair-view Gebot bei Kapitalgesellschaften, in: Rechenschaftslegung im Wandel, Festschrift für Wolfgang Dieter Budde, hrsg. von Gerhart Förschle, Klaus Kaiser und Adolf Moxter, München 1995, S. 419-429 (FS Budde).

Moxter, Adolf, Bilanzlehre, Bd. II: Einführung in das neue Bilanzrecht, 3. Aufl., Wiesbaden 1986 (Bilanzlehre, Bd. II).

Moxter, Adolf, Bilanzlehre, Bd. I: Einführung in die Bilanztheorie, 3. Aufl., Wiesbaden 1984 (Bilanzlehre, Bd. I).

Moxter, Adolf, Grundsätze ordnungsmäßiger Unternehmensbewertung, 2. Aufl., Wiesbaden 1983 (Grundsätze).

Moxter, Adolf, Bilanzlehre, 2. Aufl., Wiesbaden 1976 (Bilanzlehre).

Moxter, Adolf, Fundamentalgrundsätze ordnungsmäßiger Rechenschaft, in: Bilanzfragen, Festschrift zum 65. Geburtstag von Prof. Dr. Ulrich Leffson, hrsg. von Jörg Baetge, Adolf Moxter und Dieter Schneider, Düsseldorf 1976 (FS Leffson).

Moxter, Adolf, Der Einfluß der EG-Bilanzrichtlinie auf das Bilanzsteuerrecht, in: BB, 33. Jg. (1970), S. 1629-1632.

Mühlberger, Melanie, Die zweckadäquate Bilanzierung von Minderheitsanteilen im ein- und mehrstufigen Konzern nach HGB, IAS und US-GAAP, in: WPg, 54. Jg. (2001), S. 1312-1325.

Mujkanovic, Robin, Fair Value im Financial Statement nach International Accounting Standards, Stuttgart 2002 (Fair Value).

Mujkanovic, Robin, Die Zukunft der Kapitalkonsolidierung - Das Ende der Pooling-of-Interests Method?, in: WPg, 52. Jg. (1999), S. 533-540.

Müller, Eberhard, Aufstellungsmöglichkeiten konsolidierter Bilanzen internationaler Unternehmungen, Düsseldorf, zugl. Diss Univ. Gießen 1974 (konsolidierte Bilanzen).

Münstermann, Hans, Wert und Bewertung der Unternehmung, 3. Aufl., Wiesbaden 1970 (Wert und Bewertung).

Münstermann, Hans, Konsolidierte Bilanzen deutscher Konzerne, in: Mitteilungen aus dem handelswissenschaftlichen Seminar der Universität Zürich, hrsg. von R. Büchner und K. Käfer, Heft 107, Konzernbilanzen von Karl Käfer und Hans Münstermann, Zürich 1958 (Mitteilungen).

Niehues, Michael, EU-Rechnungslegungsstrategie und Gläubigerschutz, in: WPg, 54. Jg. (2001), S. 1209-1222.

Niehus, Rudolf J., Vor-Bemerkungen zu einer Konzernbilanzrichtlinie (TEil II), Die 7. EG-Richtlinie und einige Probleme der Konsolidierungstechnik nach zukünftigem Recht, in: WPg, 37. Jg. (1984), S. 320-326.

Oechsle, Eberhard/ Müller, Klaus/ Doleczik, Günter, Kommentierung zu IAS 21, in: Rechnungslegung nach International Accounting Standards (IAS), Kommentar auf der Grundlage des deutschen Bilanzrechts, hrsg. von Jörg Baetge u.a., 2. Aufl., Stuttgart, Stand: 2003 (IAS-Kommentar).

Ordelheide, Dieter, Kapitalkonsolidierung nach der Erwerbsmethode, Anwendungsbereich und Erstkonsolidierung, C 401, Lieferung von 1987, in: Beck HdR, hrsg. von Edgar Castan u.a., Bd. II, München Stand: 2003 (Beck HdR).

Ordelheide, Dieter, Zur Marktbewertung von Finanzinstrumenten in Deutschland, nach US-GAAP und nach IAS, in: BFuP, 50. Jg. (1998), S. 604-612.

Ordelheide, Dieter, Kaufmännischer Periodengewinn als ökonomischer Gewinn - Zur Unsicherheitsrepräsentation bei der Konzeption von Erfolgsgrößen - in: Unternehmenserfolg, Planung, Ermittlung, Kontrolle, Festschrift für Walther Busse von Colbe zum 60. Geburtstag, hrsg. von Michael Domsch, Wiesbaden 1988 (FS Busse von Colbe).

Ordelheide, Dieter, Kapitalkonsolidierung und Konzernerfolg, in: WPg, 40. Jg. (1987), S. 309-315.

Ordelheide, Dieter/ Böckem, Hanne, Kommentierung zu IAS 18, in: Rechnungslegung nach International Accounting Standards (IAS), Kommentar auf der Grundlage des deutschen Bilanzrechts, hrsg. von Jörg Baetge u.a., 2. Aufl., Stuttgart, Stand: 2003 (IAS-Kommentar).

Otte, Hans-Heinrich, Gestaltungsspielräume bei der Erwerbskonsolidierung nach § 301 HGB, in: BB, 43. Jg. (1988), S. 100-105.

Pahler, Arnold J./ Mori Joseph E., Advanced Accounting, Concepts and Practice, 7th edition, Fort Worth 2000 (Accounting).

Pape, Jochen, Financial Instruments: Standard der Joint Working Group of Standard Setters - Entwurf eines Rechnungslegungsstandards zur Zeitwertbilanzierung von Finanzinstrumenten -, in: WPg, 54. Jg. (2001), S. 1548-1467.

Peffekoven, Frank P., Geht die Reform der Kapitalkonsolidierung in eine falsche Richtung?, in: WPg, 54. Jg. (2001), S. 187-204.

Pellens, Bernhard, Internationale Rechnungslegung, 4. Aufl., Stuttgart 2001 (Internationale Rechnungslegung).

Pellens, Bernhard, Jahresabschluss (Funktionen), in: Lexikon des Rechnungswesens, Handbuch der Bilanzierung und Prüfung, der Erlös-, Finanz-, Investitions- und Kostenrechnung, hrsg. von Walther Busse von Colbe und Bernhard Pellens, München u.a. 1998, S. 367-370 (LdR).

Pellens, Bernhard/ Basche, Kerstin/ Sellhorn, Thorsten, Full Goodwill Methode - Renaissance der reinen Einheitstheorie in der Konzernbilanzierung? - , in: KoR, 3. Jg. (2003), S. 1-4.

Pellens, Bernhard/ Sellhorn, Thorsten, Minderheitenproblematik beim Goodwill Impairment Test nach geplanten IFRS und geltenden US-GAAP, in: DB, 56. Jg. (2003), S. 401-408.

Pellens, Bernhard/ Sellhorn, Thorsten, Kapitalkonsolidierung nach der Fresh-Start-Methode, in: BB, 54. Jg. (1999), S. 2125-2132.

Peters, Lars, Objektivierung der Konzernrechnungslegung unter Berücksichtigung und Beurteilung der 7. EG-Richtlinie, der IAS und der US-GAAP, Frankfurt am Main u.a., zugl. Diss. Univ. Hamburg 2001 (Objektivierung).

Pfitzer, Norbert/ Dutzi, Andreas, Fair Value, in: HWRP, hrsg. von Wolfgang Ballwieser, Adolf G. Coenenberg, Klaus v. Wysocki, 3. Aufl., Stuttgart 2002, Sp. 749-764 (HWRP).

Pfitzer, Norbert/ Oser, Peter, Kap. 2, Kommentierung zu den Zwecken des handelsrechtlichen Jahresabschlusses, Lieferung von 2003, in: Handbuch der Rechnungslegung, Kommentar zur Bilanzierung und Prüfung, hrsg. von Karlheinz Küting und Claus-Peter Weber, 5. Aufl. Stuttgart, Stand: 2003 (HdR).

Popper, Karl, Logik der Forschung, 9. Aufl., Tübingen 1989 (Logik).

Pusecker, Dagmar/ Schruff, Lothar, Anschaffungswertprinzip und "negativer Geschäftswert", in: BB, 51. Jg. (1996), S. 735-742.

PWC (Hrsg.), Understanding IAS, Analysis and Interpretation of International Accounting Standards, Third edition, Copenhagen 2002 (Understanding).

Rammert, Stefan/ Wilhelm, Harald, Die Kapitalkonsolidierung in der Bilanzierungspraxis deutscher Konzerne (Teil I), in: WPg, 44. Jg. (1991), S. 98-104.

Rat der Europäischen Gemeinschaften, Siebente Richtlinie 83/349/EEC vom 13.6.1983, http://europa.eu.int/smartapi/cgi/sga_doc?smartapi!celexapi!prod!CELE Xnumdoc&lg=en&numdoc=31983L0349&model=guichett, abgefragt am 11.12.2003 (7. Richtlinie 83/349/EWG).

Rat der Europäischen Gemeinschaften, Vierte Richtlinie 78/660/EWG vom 25.7.1978, http://europa.eu.int/smartapi/cgi/sga_doc?smartapi!celexapi!prod!CELE Xnumdoc&lg=de&numdoc=31978L0660&model=guichett, abgefragt am 12.11.2003 (4. Richtlinie 78/660/EWG).

Raupach, Arndt, Wandel von Bilanzierungszwecken?, in: Gesellschaftsrecht, Rechnungslegung, Steuerrecht: Festschrift für Welf Müller zum 65. Geburtstag, hsrg. von Peter Hommelhoff, Roger Zätzsch und Bernd Erle, München 2001 (FS Müller).

Reige, Jürgen, Offene Fragen der Erstkonsolidierung bei der Erwerbsmethode nach § 301 HGB, in: BB, 42. Jg. (1987), S. 1211-1219.

Rentschler, Ralph, Kapitalkonsolidierung nach § 301 HGB, Eine Analyse unter informationstheoretischen Aspekten, München, zugl. Diss Univ. Hohenheim, 1988 (Kapitalkonsolidierung).

Reto, Eberle, Neue Standards zur Bilanzierung von Goodwill, Konzeptionelle Analyse von FAS No. 141 und FAS No. 142 und Vergleich mit IAS 22 und IAS 38 (Teil 1), in: ST, 76. Jg. (2002), S. 184-190.

Revsine, Lawrence, On the Correspondance Between Replacement Cost Income and Economic Income, in: The Accounting Review, Vol. 45 No. 3, 1970, S. 513-523.

Risse, Axel, International Accounting Standards für den deutschen Konzernabschluß, Wiesbaden, zugl. Diss. Univ. St. Gallen 1996 (IAS).

Robinson, John R./ Shane, Philip B., Acquisition Accounting Method and Bid Premia for Target Firms, in: The Accounting Review, Vol. 65 No. 1, 1990, S. 25-48.

Ross, Stephen A./ Westerfield, Randolph W./ Jaffe, Jeffrey, Corporate Finance, 6th edition, Boston u.a. 2002 (Corporate Finance).

Rossmanith, Jonas, Der Materiality-Grundsatz, Die Konkretisierung für den handelsrechtlichen Jahres- und Konzernabschluß, Wien, zugl. Diss. Wirtschaftsuniv. Wien 1998 (Materiality-Grundsatz).

Rückle, Dieter, Bewertungsprinzipien, in: HWR, hrsg. von Klaus Chmielewicz und Marcell Schweitzer, 3. Aufl., Stuttgart 1993, S. 192-202 (HWR).

Sahner, F., Kapitalkonsolidierung nach der 7. EG-Richtlinie, in: Der konsolidierte Abschluß: unter Berücksichtigung der 4. und der 7. EG-Richtlinie, hrsg. von Hans H. Kempe, Würzburg 1983 (Abschluß).

Samuelson, Richard A., Should Replacement-Cost Changes be Included in Income?, in: Accounting Theory & Policy, A Reader, hrsg. von Robert Bloom und Pieter T. Elgers, New York u.a. 1981, S. 267-283, ursprünglich abgedruckt in: The Accounting Review, 1980, S. 254-268 (Accounting).

Scharpf, Paul, Rechnungslegung von Financial Instruments nach IAS 39, Stuttgart 2001 (Instruments).

Scherrer, Gerhard, Grundlagen der US-amerikanischen Konzernrechnungslegung, in: US-amerikanische Rechnungslegung: Grundlagen und Vergleiche mit dem deutschen Recht, hrsg. von Wolfgang Ballwieser, 4. Aufl., Stuttgart 2000 (US-amerikanische Rechnungslegung).

Scherrer, Gerhard, Kostenrechnung, 3. Aufl., Suttgart 1999 (Kostenrechnung).

Scherrer, Gerhard, Konzernrechnungslegung, München 1994 (Konzernrechnungslegung).

Scherrer, Gerhard, Kommentierung zu § 301-315 HGB, in: Bonner Handbuch Rechnungslegung, Aufstellung, Prüfung und Offenlegung des Jahresabschluss, hrsg. von Max A. Hofbauer u.a., Bonn 1986/2004 (BHR).

Schildbach, Thomas, Wahlrechte bei Ansatz und Bewertung, in: HWRP, hrsg. von Wolfgang Ballwieser, Adolf G. Coenenberg und Klaus v. Wysocki, 3. Aufl., Stuttgart 2002, Sp. 2607-2625 (HWRP).

Schildbach, Thomas, Zeitbewertung, Gewinnkonzeptionen und Informationsgehalt - Stellungnahme zu "Financial Assets und Liabilities - Fair Value or Historical Cost?", in: WPg, 52. Jg. (1999), S. 177-185.

Schildbach, Thomas, Zeitwertbilanzierung in USA und nach IAS, in: BFuP, 50. Jg. (1998), S. 580-592.

Schildbach, Thomas, Der handelsrechtliche Konzernabschluß, unter Mitarbeit von Michael Feldhoff u.a., 3. Aufl., München, Wien, Oldenburg 1994 (handelsrechtlicher Konzernabschluß).

Schildbach, Thomas, Substanz- und Kapitalerhaltung, in: HWR, hrsg. von Klaus Chmielewicz und Marcell Schweitzer, 3. Aufl., Stuttgart 1993, Sp. 1888-1901 (HWR).

Schildbach, Thomas, Überlegungen zu Grundlagen einer Konzernrechnungslegung (Teil I), in: WPg, 42. Jg. (1989 a), S. 157-164.

Schildbach, Thomas, Überlegungen zu Grundlagen einer Konzernrechnungslegung (Teil II), in: WPg, 42. Jg. (1989 b), S. 199-209.

Schindler, Joachim, Der Ausgleichsposten für die Anteile anderer Gesellschafter nach § 307 HGB, in: WPg, 39. Jg. (1986), S. 588-596.

Schmalenbach, Eugen, Dynamische Bilanz, 13. Aufl., Köln und Opladen 1962 (Bilanz).

Schmalenbach-Gesellschaft - Deutsche Gesellschaft für Betriebswirtschaft e. V., Aufstellung von Konzernabschlüssen, Zfbf Sonderheft 21, hrsg. von Walther Busse von Colbe, Eberhard Müller und Herbert Reinhard, Düsseldorf 1987 (ZfbF Sonderheft 21).

Schmidbauer, Rainer, Der Deutsche Rechnungslegungsstandard Nr. 4 zur Bilanzierung von Unternehmenserwerben im Konzernabschluss, Vergleich mit den bestehenden handelsrechtlichen sowie internationalen Vorschriften und Analyse seiner Bindungswirkung; in: DStR, 39. Jg. (2001), S. 365-372.

Schmidt, Fritz, Die organische Tageswertbilanz, Wiesbaden 1951 (Tageswertbilanz).

Schmidt, Matthias, Die Folgebewertung des Sachanlagevermögens nach den International Accounting Standards, Zu den Regelungen von IAS 16 und IAS 36, in: WPg, 51. Jg. (1998), S. 808-816.

Schneider, Dieter, Betriebswirtschaftslehre, Bd. 2: Rechnungswesen, 2. Aufl., München 1997 (Betriebswirtschaftslehre, Bd. 2).

Schneider, Dieter, Informations- und Entscheidungstheorie, München 1995 (Entscheidungstheorie).

Schneider, Dieter, Marktwertorientierte Unternehmensrechnung: Pegasus mit Klumpfuß, in: DB, 51. Jg. (1998), S. 1473-1478.

Schruff, Wienand, Konzern, in: HWB, Bd. 2, hrsg. von Waldemar Wittmann u.a., 5. Aufl., Stuttgart 1993, Sp. 2274-2287 (HWB).

Schuhmann, Werner, Der Konzernabschluß, Die Bilanzierungspraxis deutscher Konzerne, Wiesbaden 1962 (Konzernabschluß).

Schweitzer, Marcell, Bilanztheorien, organische, in: HWR, hrsg. von Erich Kosiol, Stuttgart 1970 (HWR).

Selchert, Friedrich W., Kommentierung zu § 252 HGB, Lieferung von 2002, in: Handbuch der Rechnungslegung, Kommentar zur Bilanzierung und Prüfung, hrsg. von Karlheinz Küting und Claus-Peter Weber, 5. Aufl. Stuttgart, Stand: 2003 (HdR).

Sellhorn, Thorsten, Ansätze zur bilanziellen Behandlung des Goodwill im Rahmen einer kapitalmarktorientierten Rechnungslegung, in: DB, 53 Jg. (2000), S. 885-892.

Sewing, Peter, Kauf von kleinen und mittleren Unternehmen durch aktive Privatinvestoren: Marktfaktoren in Deutschland, Unternehmensbewertung und Vermögenssteigerungseffekte, Baden-Baden, zugl. Diss Univ. St. Gallen 1992 (Kauf).

Sieben, Günter, Unternehmensbewertung, in: HWB, Bd. 3, hrsg. von Waldemar Wittmann u.a., 5. Aufl., Stuttgart 1993, Sp. 4315-4331 (HWB).

Sieben, Günter, Der Unternehmenserfolg als Determinante des Unternehmenswerts - Berechnung auf der Basis künftiger Entnahme- oder künftiger Ertragsüberschüsse?, in: Unternehmenserfolg: Planung - Ermittlung - Kontrolle; Walther Busse von Colbe zum 60. Geburtstag, hrsg. von Michael Domsch u.a., Wiesbaden 1988 (FS Busse von Colbe).

Siegel, Stanley, The Coming Revolution in Accounting: The Emergence of Fair Value as the Fundamental Principle of GAAP, in: WPK-Mitt. Sonderheft Juni 1997, 36. Jg. (1997).

Siegel, Theodor, Der Zeitwertansatz: Ein konzeptioneller Rahmen für den Konzernabschluß, in: Unternehmensrechnung, Konzeption und praktische Umsetzung, Festschrift zum 68. Geburtstag von Gerhard Scherrer, hrsg. von Stefan Göbel und Bernhard Heni, München 2004, S. 309-329 (FS Scherrer).

Siegel, Theodor, Zeitwertbilanzierung für das deutsche Bilanzrecht?, in: BFuP, 50. Jg. (1998), S. 687-696.

Siepe, Günter, Steuerorientierter Jahresabschluss - anlegerorientierter Konzernabschluss, in: Aktien- und Bilanzrecht, Festschrift für Bruno Kropff, hrsg. von Karl-Heinz Forster u.a., Düsseldorf 1997, S. 619-638 (FS Kropff).

Simon, Herman V., Die Bilanzen der Aktiengesellschaften und der Kommanditgesellschaften auf Aktien, Berlin, 1. Aufl. 1886, 2. Aufl. 1898 (Bilanzen).

Singer, Bettina, A propos IASC..., ST-Redakteurin Bettina Singer im Gespräch mit Arthur R. Wyatt, in: ST, 65. Jg. (1991), S. 268-272.

Solomons, David, Economic and Accounting Concepts of Income, in: Accounting Theory & Policy, A Reader, hrsg. von Robert Bloom und Pieter T. Elgers, New York u.a. 1981, S. 284-301, ursprünglich abgedruckt in : Accounting Review, 1962, S. 374-383 (Accounting).

Sterling, Robert R., Decision Oriented Financial Accounting, in: Accounting Theory & Policy, A Reader, hrsg. von Robert Bloom und Pieter T. Elgers, New York u.a. 1981, S. 284-301, ursprünglich abgedruckt in : Accounting and Business Research, 1972, S. 198-208 (Accounting).

Streim, Hannes/ Bieker, Marcus/ Esser, Maik, Vermittlung entscheidungsnützlicher Informationen durch Fair Values - Sackgasse oder Licht am Horizont?, in: BFuP, 55. Jg. (2003), S. 457-479.

Streim, Hannes/ Bieker, Marcus/ Leippe, Britta, Anmerkung zur theoretischen Fundierung der Rechnungslegung nach International Accounting Standards, in: Wolfgang Stützel - Moderne Konzepte für Finanzmärkte, Beschäftigung und Wirtschaftsverfassung, hrsg. von Hartmut Schmidt, Eberhardt Ketzel und Stefan Prigge, Tübingen 2001 (FS Stützel).

Strobl, Elisabeth, IASC-Rechnungslegung und Gläubigerschutzbestimmungen, in: Rechnungslegung - Warum und Wie, Festschrift zum 70. Geburtstag von Hermann Clemm, hrsg. von Wolfgang Ballwieser u.a., München 1996, S. 389-412. (FS Clemm).

Stützel, Wolfgang, Bemerkungen zur Bilanztheorie, in: ZfB, 37. Jg. (1967), S. 314-340.

Tearney, Michael G., Accounting for Goodwill: A Realistic Approach, in: Accounting Theory & Policy, A Reader, hrsg. von Robert Bloom und Pieter T. Elgers, New York u.a. 1981, S. 522-529, ursprünglich abgedruckt in: The Journal of Accountancy, 1973, S. 41-45. (Accounting).

Thiel, Christian, Funktion(alismus), in: HzW, hrsg. von Helmut Seiffert und Gerard Radnitzky, München 1992, S. 86-88 (HzW).

Ullrich, Thomas M., Endkonsolidierung: Erfolgswirkungen des Ausscheidens von Unternehmen aus dem Konzernverbund und konsolidierungstechnische Abbildung im Konzernabschluß, Frankfurt a. Main u.a., zugl. Diss. Univ. Regensburg 2001 (Endkonsolidierung).

Wagenhofer, Alfred, International Accounting Standards: Bilanzierung und Bewertung; Auswirkungen auf den Jahresabschluss, 3. Aufl., Wien/ Frankfurt 2001 (IAS).

Wagner, Franz W., Zur Informations- und Ausschüttungsbemessungsfunktion des Jahresabschlusses auf einem organisierten Kapitalmarkt, in: ZfbF, 34. Jg. (1982), S. 749-771.

Wagner, Franz W., Der Firmenwert in der Steuerbilanz - Ein ertragswertorientiertes Abschreibungsverfahren, in: WPg, 33. Jg. (1980), S. 477-486.

Weber, Claus-Peter/ Zündorf, Horst, Kommentierung zu § 309 HGB, in: HdKR, Kommentar zur Bilanzierung und Prüfung, Bd. II, hrsg. von Karlheinz Küting und Claus-Peter Weber, 2. Aufl, Stuttgart 1998 (HdKR).

Weber, Claus-Peter/ Zündorf, Horst, Der Einfluß von Veränderungen des Beteiligungsbuchwerts auf die Kapitalkonsolidierung, in: BB, 44. Jg. (1989), S. 1852-1864.

Wentland, Norbert, Die Konzernbilanz als Bilanz der wirtschaftlichen Einheit Konzern: Grundlagen der Konzernrechnungslegung unter Berücksichtigung der Vorschriften des Aktiengesetzes und der Vorstellungen einer 7. EG-Richtlinie, Franfurt am Main, Bern, Las Vegas, zugl. Diss. Univ. Göttingen 1979 (Konzern).

Wiedmann, Harald, Fair Value in der internationalen Rechnungslegung, in: Internationale Wirtschaftsprüfung: Festschrift zum 65. Geburtstag von Prof. Dr. Dr. h.c. Hans Havermann, hrsg. von Josef Lanfermann, Düsseldorf 1995 (FS Havermann).

Willis, Diana W., Financial Assets and Liabilities - Fair Value or Historical Cost?, in: WPg, 51 Jg. (1998), S. 854-860.

Wittmann, Waldemar, Unternehmung und unvollkommene Information, Unternehmerische Voraussicht - Ungewißheit und Planung, Köln und Opladen 1959 (Information).

Wöhe, Günter, Zur Bilanzierung und Bewertung des Firmenwertes, in: StuW, 57 Jg. (1980), S. 89-108.

Wohlgemut, Michael/ Ruhnke, Klaus, Varianten der Erwerbsmethode nach HGB und International Accounting Standards, in: WPg, 50. Jg. (1997), S. 802-810.

Wollmert, Peter, u.a., Kommentierung zu IAS 19, in: Rechnungslegung nach International Accounting Standards (IAS), Kommentar auf der Grundlage des deutschen Bilanzrechts, hrsg. von Jörg Baetge u.a., 2. Aufl., Stuttgart, Stand: 2003 (IAS-Kommentar).

Woolsey, Sam M., Approach to solving the materiality problem, in: JoA, 147. Jg. (1973), S. 47-50.

Wüstemann, Jens, US-GAAP: Modell für das deutsche Bilanzrecht?, in: WPg, 49. Jg. (1996), S. 421-431.

Wüstemann, Jens/ Duhr, Andreas, Geschäftswertbilanzierung nach dem Exposure Draft ED 3 des IASB - Entobjektivierung auf den Spuren des FASB?, in: BB, 58. Jg. (2003), S. 247-253.

Wysocki, Klaus v., Jahresabschluss, in: HWR, hrsg. von Klaus Chmielewicz und Marcell Schweitzer, 3. Aufl., Stuttgart 1993, Sp. 989-999 (HWR).

Zdrowomyslaw, Norbert, Jahresabschluss und Jahresabschlussanalyse: Praxis und Theorie der Erstellung und Beurteilung von handels- und steuerrechtlichen Bilanzen sowie Erfolgsrechnungen unter Berücksichtigung des internationalen Bilanzrechts, München u.a. 2001 (Jahresabschlussanalyse).

Zwingmann, Lorenz, Der Geschäfts- und Firmenwert sowie der Unterschiedsbetrag aus der Kapitalkonsolidierung im Konzernabschluß, in: BB, 49. Jg. (1994), S. 2314-2318.

Regensburger Beiträge zur betriebswirtschaftlichen Forschung

Herausgegeben vom Institut für Betriebswirtschaftslehre
an der Universität Regensburg

Band 1 Hans Jürgen Drumm / Christian Scholz: Personalplanung. Planungsmethoden und Methodenakzeptanz.

Band 2 Irmgard Obermeier: Statistische Abschlußprüfung. Konzeptionen und Verfahren.

Band 3 Elmar Sinz: Konstruktion betrieblicher Basisinformationssysteme.

Band 4 Peer Biendl: Ablaufsteuerung von Montagefertigungen. Heuristische Reihenfolgeplanung vergierender Auftragsstrukturen mittels Prioritätenregeln – Computergestützte Simulationsstudien der Werkstattfertigung.

Band 5 Franz Böcker / Ahron J. Schwerdt: Die Planung und Kontrolle praxisbezogener betriebswirtschaftlicher Lehre.

Band 6 Rudolf Paulik: Kostenorientierte Reihenfolgeplanung in der Werkstattfertigung. Eine Simulationsstudie.

Band 7 Reinhard Rieger: Unternehmensinsolvenz, Arbeitnehmerinteressen und gesetzlicher Arbeitnehmerschutz.

Band 8 Hans Jürgen Drumm: Individualisierung der Personalwirtschaft. Grundlagen, Lösungsansätze und Grenzen.

Band 1 - 8 erschienen bei Verlag Paul Haupt Bern und Stuttgart

Band 9 Monika Sixt: Dreidimensionale Packprobleme. Lösungsverfahren basierend auf den Meta-Heuristiken Simulated Annealing und Tabu-Suche. 1996.

Band 10 Peter Terhart: Chapter 11 Bankruptcy Code: Eine Alternative für Deutschland? Dokumentation, Analyse und Bewertung des amerikanischen Reorganisationsverfahrens mit einer kritischen Stellungnahme zur neuen deutschen Insolvenzordnung. 1996.

Band 11 Joachim Eigler: Transaktionskosten als Steuerungsinstrument für die Personalwirtschaft. 1996.

Band 12 Frank Richter: Konzeption eines marktwertorientierten Steuerungs- und Monitoringsystems. 1996. 2., überarbeitete und ergänzte Auflage 1999.

Band 13 Georg Stocker: Prämiendifferenzierung bei der Versicherung kommerzieller Bankkredite anhand von Risikoklassen. 1997.

Band 14 Christoph Plein: »Neue« Organisationskonzepte für die Versicherungsunternehmung. Organisationstheoretische Grundlagen und die Verwendbarkeit von Lean Management und Business Reengineering in der Versicherungsunternehmung. 1997.

Band 15 Ernst Eichenseher: Dezentralisierung des Controlling. 1997.

Band 16 Matthias Bauch: Unternehmensinsolvenzen: Prophylaxe und Bewältigung in Frankreich. Darstellung und ökonomische Analyse von *procédure d'alerte, règlement amiable* und *redressement et liquidation judiciaires.* 1997.

Band 17 Andreas Polifke: Adaptive Neuronale Netze zur Lösung von Klassifikationsproblemen im Marketing. Anwendungen und Methodenvergleich von ART-Netzen. 1998.

Band 18 Andreas Listl: Target Costing zur Ermittlung der Preisuntergrenze. Entscheidungsorientiertes Kostenmanagement dargestellt am Beispiel der Automobilzulieferindustrie. 1998.

Band 19 Andreas Schüler: Performance-Messung und Eigentümerorientierung. Eine theoretische und empirische Untersuchung. 1998.

Band 20 Carola Raab-Stahl: Dezentrale Mikroorganisation. Gestaltungsansätze unter dem Leitbild der "Neuen Dezentralisation". 1999.

www.peterlang.de

Jürgen Stauber

Voluntary Value Reporting auf Basis der IFRS/IAS

Grundlagen, Inhalte, qualitative Beurteilung

Frankfurt am Main, Berlin, Bern, Bruxelles, New York, Oxford, Wien, 2004.
395 S., zahlr. Abb., Tab. und Graf.
Beiträge zum Rechnungs-, Finanz- und Revisionswesen.
Verantwortlicher Herausgeber: Adolf Gerhard Coenenberg. Bd. 53
ISBN 3-631-52793-4 · br. € 56.50*

Wertsteigerungsmassnahmen schlagen sich nur dann im Börsenkurs nieder, wenn diese dem Kapitalmarkt auch vermittelt werden. Die traditionelle finanzielle Berichterstattung im Geschäftsbericht liefert für eine umfassende Unternehmensbeurteilung zwar bereits eine solide Informationsgrundlage. Insbesondere Finanzanalysten und institutionelle Investoren benötigen jedoch weitaus umfangreichere Angaben. Daher werden in der Arbeit konkrete Vorschläge dahingehend unterbreitet, wie die inhaltliche Ausgestaltung einer wertorientierten Unternehmensberichterstattung auf freiwilliger Basis *(Voluntary Value Reporting)* aussehen könnte. Zudem wird eine Methodik vorgestellt, mit der sich das Berichterstattungsniveau quantifizieren lässt. Ein der Diskussion der beiden Hauptfragen vorangestellter Grundlagenteil fasst die bislang zum *Value Reporting* vorliegenden Erkenntnisse in Form einer Bestandsaufnahme zusammen.

Aus dem Inhalt: Grundlagen des *Value Reporting* · Determinanten des *Voluntary Value Reporting* · Inhalte des *Voluntary Value Reporting* · Qualitative Beurteilung des *Voluntary Value Reporting*

Frankfurt am Main · Berlin · Bern · Bruxelles · New York · Oxford · Wien
Auslieferung: Verlag Peter Lang AG
Moosstr. 1, CH-2542 Pieterlen
Telefax 00 41 (0) 32 / 376 17 27

*inklusive der in Deutschland gültigen Mehrwertsteuer
Preisänderungen vorbehalten
Homepage http://www.peterlang.de